北京航空航天大学人文与社会科学高等研究院　主办

张耀南／主编

自然国学评论

Review of Natural Science Studies in Chinese Classics and Culture

第一号

社会科学文献出版社
SOCIAL SCIENCES ACADEMIC PRESS (CHINA)

返本开新　化铸梵欧

——《自然国学评论》发刊词

张耀南

“中华格式”，即中华文明之“操作系统”，此“操作系统”，含直、不、绕三款。

如五行之关系，就含相生、相克、相乘、相侮、相化、相制六式，分三组：相生与相乘为一组，一活一死；相克与相侮为一组，一活一死；相化与相制为一组，前者通过第三者而生，为活，后者通过第三者而克，为死。第一组为直款之两式，第二组为不款之两式，第三组为绕款之两式。

同样地，《墨辩》“负而不挠说在胜”一段中亦含三款：“权胜重也”，为直款；“权不胜重也”，为不款；“权重相若也”，为绕款。

《庄子·则阳》“言而足”一段中亦含三款：“言而足”，为直款；“言而不足”，为不款；“言默”与“非言非默”，为绕款。

周易哲学亦然，易一名而含三义，即变易、不易、简易三款。变易为易之肯定义，为直款；不易为易之否定义，为不款；简易为易之肯定兼否定义，为绕款。

此种“直款－不款－绕款”格式，乃是中华哲学家共同构建而成的“公共哲学框架”。

运用此框架，可修正中华哲学中若干重大问题，如变“曹洞五位”为“曹洞六位”，变“临济四宾主”为“临济六宾主”，变“曹洞四宾主”为“曹洞六宾主”，变“临济四料简”为“临济六料简”，变“四记答”为“六记答”，修正“冯友兰格式”为“中外哲学比较研究”提供框架，等等。

运用此框架，亦可破解欧西哲学中若干重大问题，如可以纠谬柏拉图之“分有说”，可以匡正康德之“二律背反说”，可以将语言哲学一分为三、可以将“知识社会学”拓展为“独立知识论”，等等。

“华学”“国学”所探讨者，主要就是“中华格式”，主要就是“中华思想家之思维方式”，就是渗透在中华哲学、中华文学、中华史学等具体学问之中的“有别于梵欧，又能化铸梵欧之中华思维”。

设“本体论”为直款，“现象论”为不款，则“中华思维”，就是“合本体论与现象论、同时离本体论与现象论”之思维，不偏执于直款，不偏执于不款，同样不偏执于绕款，是三款并重之“大本主义”。

设“自然主义”为直款，“人文主义”为不款，则“中华思维”，就是“合自然主义与人文主义、同时离自然主义与人文主义”之思维，不偏执于直款，不偏执于不款，同样不偏执于绕款，是三款并重之“大自然主义”。

设“进化论”为直款，“循环论”为不款，则“中华思维”，就是“合进化论与循环论、同时离进化论与循环论”之思维，不偏执于直款，不偏执于不款，同样不偏执于绕款，是三款并重之“大化主义”。

设“主谓式句辞”（subject-predicate proposition）为直款，“相关律名学”（correlation-logic）为不款，则“中华思维”，就是“合主谓式句辞与相关律名学、同时离主谓式句辞与相关律名学”之思维，不偏执于直款，不偏执于不款，同样不偏执于绕款，是三款并重之“大名主义”。

设“内在关系”（internal relation）为直款，“外在关系”（external relation）为不款，则“中华思维”，就是“合内在关系与外在关系、同时离内在关系与外在关系”之思维，不偏执于直款，不偏执于不款，同样不偏执于绕款，是三款并重之“大内主义”。

设“实在论”（realism）为直款，“符号论”（symbolism）为不款，则“中华思维”，就是“合实在论与符号论、同时离实在论与符号论”之思维，不偏执于直款，不偏执于不款，同样不偏执于绕款，是三款并重之“大实主义”。

整体主义、全息主义、机体主义、情义主义等，诸多描绘“中华思维”“中华格式”之词，均是此种不偏执于直款，不偏执于不款，同样不偏执于绕款之思维，均是此种三款并重之“大某主义”。

此种“大某主义”，到今天，正愈益焕发出其“化铸梵欧”之强大生命力。

“自然国学”，就是“中华格式”“中华思想家之思维方式”，在自然科学中之运用。“自然国学”虽与“人文国学”相对，但它们之思维方式却是一体的、共通的。

由此而知，“自然国学”之研究，与“人文国学”之研究，乃是一体之两面。

这是一整套“有别于梵欧又能化铸梵欧”之独立“思想体系”，有了这套独立“思想体系”，中华民族不怕没有复兴之一日。

《自然国学评论》　是北京航空航天大学人文与社会科学高等研究院自然国学中心主办的综合性、国学类人文社科学术集刊，2017 年创刊，每年出版两号，分别于 6 月和 12 月由社会科学文献出版社出版。

《自然国学评论》　以“凸显自然国学，完善国学体系，熔铸华梵中西，敦请返本开新”为办刊主旨，目标是为“实施中华优秀传统文化传承发展工程”尽绵薄之力。

《自然国学评论》　严守学术规范，强调学术价值引领，把握学术研究流变，立足文史哲艺、政经法管等多学科，却又重在突破学科界限，致力于自然国学与文化传承创新视域下各学科领域间之交叉整合、融汇互通。

《自然国学评论》　主要刊载华学国学汉学比较研究、自然国学、人文国学、中华传统文化、中外哲学与文化比较研究、中外逻辑学与知识论比较研究、中外思维方式比较研究、文际传播格式等多学科的最新研究成果，鼓励原创性，欢迎观点新颖、视野独特、逻辑严密、气度恢宏之“宏大叙事”。

《自然国学评论》　设有“国学论衡”、“格式探讨”、“前沿探索”、“古学发微”、“经典释读”、“跨文化视角”、“学术观察”等栏目。

其他拟设栏目还有汉学国学华学、比较国学、比较经学、思维方式研究、比较逻辑学与比较知识论、国学批评与哲学批评、史料钩沉、旧文新刊、名家访谈等。

《自然国学评论》 力求开掘文化资源，积淀文化力量，凝聚文明共识，促进文化发展，为坚定文化自信、实现中华传统文化创造性转化与创新性发展做出努力。

返本开新，化铸梵欧，正在路上。

中华民族之伟大复兴，正在路上。

国学论衡

自然国学：一门新颖而古老的学问

孙关龙　孙　华*

摘　要： 本文较为详细地叙述了整体论思维的自然国学的提出，是当今整体论为主科学时代的需要，是时代的产物。又以充分的事实证明，自然国学是国学不可或缺的部分，是国学的两大组成部分之一（另一大部分为人文国学）。然而，百余年国学研究一直缺失这一大部分，为振兴中国传统文化，为提升科技创造力，丰富具中国特色的科技现代化道路，一批先觉者不得不提出自然国学这个重大命题。可见，自然国学的提出是复兴中华传统文化的需要，树立全面国学观的必然，亦是当代科技创新之必须。文中指出，自然国学是一门横跨中国哲学、科技史和自然史的综合性学问，包括中国传统思维、中国传统科学技术、中国历史自然学三大部类的数十个学科或门类。文中最后提出，自然国学是一门当今富有活力、有着重大历史和现实价值的学问，能在国学研究、科技史研究、哲学史研究以及当代科技创新和具有中国特色的科技现代化建设中发挥重大作用的学问。

关键词： 自然国学　整体论思维　全面国学观　科技创新

* 孙关龙，中国大百科全书出版社资深编审，中国炎黄文化研究会自然国学促进会会长，研究方向为科学史、自然国学、百科全书；孙华，北京嘉信科林口腔门诊部主治医师；研究方向为中医学。

自然国学，一个新颖的词。它是孙关龙、宋正海等在国家社会科学基金资助项目“中国传统文化在当代科技前沿探索中如何发挥重要作用”的课题研究中，于2001年创新提出的新研究方向，并一起发表由刘长林起草的《自然国学宣言》[1]。与20世纪初提出的新词“国学”相比，晚将近100年，然而与国学一样古老，都是早在被称为轴心时代（或称原典时代、子学时代）的春秋战国时期即已成为一门学问。

百余年来，中外学界对国学或中国传统学术文化中的政治观、思想观、文学观、历史观、伦理观、经济观、社会观、文化观、民俗观等进行了大量的、深入且系统的研究，著作不计其数，并成就了当前社会上的“国学热”。但是，对国学或中国传统学术文化中的自然观、科学观、技术观、生态观等，不但缺乏全面系统的研究，著作凤毛麟角，而且至今被各个方面所忽视、冷落。这严重地影响了国学的全面振兴和发展，严重影响了当代科学技术的原始创新和当代社会的持续发展，也严重地影响了具有中国特色的科学技术现代化的进程。

一　自然国学的提出

自然国学是一个新概念。那么，什么是自然国学，它是怎么提出的？

1. 自然国学内涵

国学，是指中国传统学术文化。自20世纪初被提出后，已为学术界、文化界所公认。然而一提起国学，多少年来人们想到的便是中国传统的文学、历史、哲学（内含道德、伦理）、艺术、法律和政治等人文社会科学的内容（可概括称为“人文国学”）。实际上，国学还有同样重要、同样辉煌、同属中国传统文化精髓的另一半，即自然和科技的内容（可概括称为“自然国学”）。

1　刘长林、孙关龙、宋正海等：《自然国学宣言》，《汉字文化》2001年第4期。

它由中国传统思维、中国历史自然学、中国传统科学技术三部分组成。具体地说，中国传统思维包括传统自然观、传统科学观、传统技术观、传统生态观及传统方法论等；中国历史自然学，包括中国历史天文学、历史气候学、历史地质学、历史地貌学、历史水文学、历史海洋学、历史动物学、历史植物学、历史灾害学等；中国传统科学技术，包括中国天学、舆地学、算学、传统农学、传统医学、传统工艺学等。

2. 自然国学的提出

20 世纪 80 年代中后期，孙关龙与中国科学院自然科学史研究所宋正海教授，在从事多年中国科学技术史研究工作中，萌发出了一些新的思考和想法，并开始研究中国传统科学技术与中国传统文化的关系。

首先，发现仅用当前流行的、由西方传入的近现代科学技术体系和方法研究中国传统科学技术，会造成研究工作中的许多盲点、死角，乃至曲解、误识。过去数十年和现在通用的是西方传入的近现代科学技术体系，即分科论用数学、物理学、化学、天文学、地理学、地质学、生物学、农学（狭义）、林学、西医、冶金、水利、建筑、造船、机械等学科和门类分别研究中国传统科学技术。这是一个重要的研究途径和手段，且取得了丰硕的成果，发掘了大量中国传统科学技术成就。

但是，它不应该是研究中国传统科学技术成就的唯一途径和手段，因为中国传统科学技术有其独特的形态和系统，并与现在通行的由西方传入的近现代科学技术体系，在风格上、方法上、体系上迥然不同。两者分属两种风格，代表两个体系，使用的亦是两种很不相同的研究方法。因此，仅用现行的西方科学技术研究中国传统科学技术成就必然而且已经造成一系列盲点、死角和曲解、误识。例如，认为《周易》是算命的书；风水术宣扬封建迷信；中医不是科学；认为中国古代只有化生思想，没有进化思想，甚至提出中国古代没有科学技术，或说中国古代只有技术，没有科学，等等。由此，我们萌发并提出了按中国原有的传统科学技术内容、特点和体系，开展研究中国传统科学技术成就的想法，并发表了《试析中国传统地理学的特点》《中国传统地理学内容研究》等论文[1]。

而且，20 世纪 70、80 年代，科学已开始进入综合科学、交叉科学时代，从线性科学、非复杂性科学为主的时代发展到以非线性科学、复杂性科学为主的时代，由小科学发展为大科学。所以对中国传统科学技术成就的研究，再不能局限于过去和现行的按一个一个学科和门类孤立研究的路子，应该勇于开拓综合地研究中国古代科学技术成就的方向。

同时，已往数十年中国科学技术史研究工作中，各学科发展史的分期很多是套用社会政治史分期的做法。这是值得商榷的。例如，1987 年出版的《中国地理学发展史》一书，把中国古代地理学划分为五个时期：第一个时期，为“原始社会时期地理知识的萌芽”；第二个时期，为“奴隶社会时期（夏至春秋中叶）地理知识的发展”；第三个时期，为“封建社会早期（春秋中叶至南北朝）地理学的发展”；第四个时期，为“封建社会中期（隋至元）地理学的发展”；第五个时期，为“封建社会晚期（明至鸦片战争）的地理学”[2]。

这种方法很不科学，抹杀了各学科的个性和特色，曲解了不少成就，不利于中国传统科学技术史研究水平的提高和各学科史的深入研究、健康发展。正确的学科史分期，应该显示出学科的个性，即充分显示各学科、各门类的特色，应该根据各个学科自身发展的历史阶段进行分期，并能按照其各个阶段的特点给予命名。为此，孙关龙专门撰写发表《中国传统地理学分期新探》等论文[3]。

鉴于上述考虑和想法，孙关龙发表了包括上述三文在内的一批论文；宋正海联合一批志同道合的专家学者于 1990 年在北京创办了“天地生人学术讲座”。讲座以传统文化与现代文化相结合、自然科学与社会科学相结合、基础理论研究与技术应用研究相结合的“三结合”为宗旨，提倡打破学科界限，开展大综合、大交叉研究。讲座自开办至今已有 28 年，截至 2016 年 12 月底

1 孙关龙：《试析中国传统地理学的特点》，《地域研究与开发》1990 年第 2 期。孙关龙：《中国传统地理学内容研究》，《地域研究与开发》1991 年第 1 期。

2 鞠继武：《中国地理学发展史》，南京：江苏教育出版社，1987 年。

3 孙关龙：《中国传统地理学分期新探》，《地域研究与开发》1992 年第 1 期。

共已举办1070讲。

1997年，我们倡议并协助中国科学院、国家科委（今国家科技部）香山会议组委会组织和召开第58次香山科学会议，即“中国传统文化与当代科学前沿发展”学术研讨会。会后，与会专家学者联合发表了由宋正海起草的《中国传统文化在21世纪科技前沿探索中可以作出重大贡献》的呼吁书[1]。

1998年底，在路甬祥、卢嘉锡、侯仁之、陈述彭、王绶琯、贾兰坡、席泽宗等院士，季羡林、张岱年、李学勤等教授，以及许多同人的支持下，我们提出“中国传统文化在当代科技前沿探索中如何发挥重要作用”的研究课题，后被列为国家社会科学基金资助项目，批准号为99BZS026。

1999年底，在浙江教育出版社支持下，我们撰写论文，并从全国范围内收集精选有关中国传统文化与科学技术现代化关系的论文共99篇，出版了基金课题的第一部学术性著作《中国传统文化与现代科学技术》[2]。该书从七个方面，既有理论又有实践地论述了中国传统文化可以在现代科学技术中发挥作用。

2001年，孙关龙与几位同人正式提出“自然国学”的命题。当年，又一起发表了《自然国学宣言》。接着，在“天地生人学术讲座”中开辟自然国学专题讲座。当年，我们及同人与中国社会科学院东方文化研究中心等单位，共同发起、组织首届全国“中华科学传统与21世纪”学术研讨会（北戴河会议）。当年，我们编著的基金课题第二部著作《图说中国古代科技成就》出版[3]。

2003年，我们及同人与韩国社会学思想研究会联合组织“东方科学传统与21世纪”学术研讨会。当年，与曲阜师范大学等单位一起组织第二届“中华科学传统与21世纪”学术讨论会（曲阜会议）。

2005年，我们及同人与黄山学院、中国科技大学科技史与科技考古系等单位共同组织了全国第三届“中华科学传统与21世纪”学术讨论会（黄山会议）。

2006年，在学苑出版社及其社长孟白的大力支持下，我们基金课题组的

1 宋正海、孙关龙等：《中国传统文化在21世纪科技前沿探索中可以作出重大贡献——中国传统文化与当代科学前沿发展会议与会高级专家呼吁书》，《科技智囊》1997年第3期。

2 宋正海、孙关龙：《中国传统文化与现代科学技术》，杭州：浙江教育出版社，1999年。

3 宋正海、孙关龙：《图说中国古代科技成就》，杭州：浙江教育出版社，2001年。

第三部著作《自然国学——21 世纪必将发扬光大的国学》出版[1]。

2009 年，启动《自然国学》丛书编纂出版工作，由深圳海天出版社出版。2012 年出版第一辑（9 本），2013 年出版第二辑（7 本），2014 年出版第三辑（8 本），2015 年出版第四辑（6 本），2016 年出版第五辑（7 本），截至 2016 年底已共出版 5 辑 37 本。

2012 年 12 月，在学苑出版社资助下，中华自然国学学会筹备委员会在北京成立。

2013 年 1 月 15 日，山东省委机关报《大众日报》创办《自然国学》专刊。截至 2017 年 3 月底，已出版约 50 期。2013 年 6 月，在大众日报社全额资助下，中华自然国学学会筹委会、中国哲学史学会、大众日报社在青岛联合召开第一届中华自然国学全国学术研讨会。

2015 年 12 月，在中华炎黄文化研究会指导下，中国航空工业集团公司资助下，中华自然国学学会筹委会、中国航空工业研究院等单位，在北京联合召开第二届中华自然国学全国学术研讨会，主题是“自然国学与当代科技创新”。

2017 年 3 月，在中华炎黄文化研究会、中国生态学学会的指导下，金五星园林工程公司、学苑出版社等资助下，中华自然国学学会筹委会、北京市中医生态文化研究会等单位在北京联合召开第三届中华自然国学全国学术研究会，主题是“传统生态文化及其当代价值”。当年同月，中华炎黄文化研究会自然国学促进会在北京成立。

事实证明，“自然国学”如同百年前出现的国学概念一样，是有生命力的。

二　国学由两部分组成

国学自古即有人文国学和自然国学两部分组成。在中国传统学术分类中，不但有人文国学类，同时也有自然国学类。即使在经书类、史书类等人文古籍中亦含有大量的自然国学论述和知识。

1　孙关龙、宋正海：《自然国学——21 世纪必将发扬光大的国学》，北京：学苑出版社，2006 年。

1. 中国传统学术分类中的自然国学

国学是一个庞大的体系。著者认为，现存中国第一个国学知识体系是孔子教学的科目“六艺”，“六艺”为礼、乐、书、射、御、数。礼，指古代五种礼制（吉礼、凶礼、军礼、宾礼、喜礼）；乐，指黄帝至周武王六代的古乐（《云门》《大咸》《大韶》《大夏》《大濩》《大武》）；书，为汉字六大功能（象形、指事、会意、形声、转注、假借）；射，指古代五种射法（白矢、参连、剡注、襄尺、井仪）；御，为古代五种驾法（鸣和鸾、逐水曲、过君表、舞交衢、逐禽左）；数，指古代九种算法（方田、粟米、差分、少广、商功、均输、方程、赢不足、旁要）[1]。

对这六个科目，现代史学家蔡尚思认为“分为三类。书即文字，数即计数，这是学习文化的基本知识。礼和乐，包括当时贵族从事政治活动与宗教活动的主要知识。射，射箭；御，驭车；这二者则是关于战争活动的主要技能”[2]。著者认为亦可分为两大类，“按照现今的分类，书、礼、乐属于人文社会科学知识，或说属于人文国学；数、射、御则属于自然科学、技术科学，即科学技术知识，或说属于自然国学”[3]。

总结先秦国学知识、现存中国和世界最早的知识分类著作《尔雅》（成书于公元前 3 至公元前 2 世纪），今本 19 篇《释诂》《释言》《释训》《释亲》《释宫》《释器》《释乐》《释天》《释地》《释丘》《释山》《释水》《释草》《释木》《释虫》《释鱼》《释鸟》《释兽》《释畜》。前四篇，为人文社会篇；续后三篇，既有人文社会方面的知识，又有科技方面的知识；再后 12 篇（自《释天》到最后），则为自然、科技篇。可见，自然国学内容的篇幅在现有中国和世界最早的百种类工具书《尔雅》中占约 2/3[4]。《尔雅》开创的雅书以

1 孙关龙：《孔子自然观初论》，深圳：海天出版社，2016 年，第 131 ~ 133 页。

2 蔡尚思：《孔子思想体系》，上海：上海人民出版社，1982 年，第 175 页。

3 孙关龙：《孔子自然观初论》，深圳：海天出版社，2016 年，第 131 ~ 132 页。

4 孙关龙：《世界上现存最早的科学分类著作——〈尔雅〉》，《澳门研究》（澳门大学），第 39 卷，2007 年 4 月；孙关龙：《〈尔雅〉，中国和世界现存最早的百科类工具书》，《孙关龙百科论集》第四卷，北京：中国大百科全书出版社，2006 年，第 120 ~ 133 页。

后2000多年延绵不断，至清代达到高潮，形成“雅学”[1]。这些雅书，多承袭《尔雅》传统，其中北宋陆佃的《埤雅》（20卷）、罗愿的《尔雅翼》（32卷），近代王国维的《尔雅草木虫鱼鸟兽释例》等，都专释草木鸟兽虫鱼（《埤雅》还加释天）[2]。

西汉巨著、中国目录学的奠基之作——刘歆的《七略》，除辑略（目录的说明）外，有六艺略、诸子略、诗赋略、兵书略、术数略、方技略（此书已佚，在《汉书・艺文志》中见其概貌）[3]。以大类（“略”为大类）而言自然国学方面即有术数略、方技略，占该书的1/3，其他四略中均有大量自然国学知识。清代巨著、中国古代最全的目录《四库全书总目》，收录一万余部、17万多卷古籍，分为经、史、子、集四部，子部下面分14类，其中至少有农家、医家、天文算法、术数、谱录（含器物、食谱、草木鸟兽虫鱼小类）等类[4]，归属于自然国学，其他部、类中自然国学内容亦是大量的。

2. 经书类中的自然国学

经即经典，我们以《周易》《诗经》《春秋》三经为例进行简述。

（1）《周易》。它为五经之首，群经之首，是中华自然国学之源。它以天、地、雷、风、水、火、山、泽八种自然现象和实体为基础，即八卦（天为乾卦，地为坤卦、雷为震卦、风为巽卦，水为坎卦，火为离卦，山为艮卦，泽为兑卦），并按太极→两仪→四象→八卦→六十四卦的自然生成模式释解万物，为中国传统文化的整体论、生成论、有机论奠定基础；所提出的“一阴一阳之谓道”“刚柔相推而生变化”“生生之谓易”“穷则变，变则通，通则久”[5]等，为中国传统辩证思维、创造性思维奠定理论基础。这一切也为中华自然国

1 《中国大百科全书・语言文字》，北京：中国大百科全书出版社，1988年，第437页。

2 《中国大百科全书・语言文字》，北京：中国大百科全书出版社，1988年，第66、307页。

3 《中国大百科全书・图书馆学・情报学・档案学》，北京：中国大百科全书出版社，1993年，第258、286页。

4 《中国大百科全书・图书馆学・情报学・档案学》，北京：中国大百科全书出版社，1993年，第395页。

5 《周易・系辞》。

学奠定思想理论基础。

（2）《诗经》。郭沫若说《诗经》是“我国文献中一部可靠的古书”[1]。梁启超指出：“现存先秦古籍，真赝杂糅，几乎无一书无问题，具精金美玉、字字可信可宝者，《诗经》其首也。”[2] 所以，孔子在2500年前即号召人们读《诗经》要“多识于鸟兽草木”[3]。为展现孔子这一号召的深度和广度，孙关龙在《孔子自然观初探》中把《诗经》中“鸟兽草木”类自然及其物化了的科技知识作了一个初步展示，包括“天象知识、气象知识、地象知识、水象知识、生物象知识、人体象知识、器具知识、服饰知识、数字知识”[4]。

例如，生物象知识。《诗经》中记载“动物109种、植物143种，出现在约250首诗篇中，约占整个305篇诗的82%；以动植物为篇名的诗篇约有110篇，占整个诗篇的三分之一多。凡植物者，或冠以‘草’字头，或冠以‘木’字旁。凡冠以‘草’字头者，都为草本植物，如荷、荼、荇、蒲、荠、芹（水芹）等；凡冠以‘木’字旁者，都是木本植物，如松、柏、杨、榆、桃、李等”。“凡动物者，或冠以‘虫’字旁，或冠以‘鱼’字旁，或冠以‘鸟’字头，或冠以‘豸’‘犭’旁。凡冠以‘虫’字旁者，皆为无脊椎动物，如蜂、螟、蜩（蝉）、蟋蟀、蝇、蜉蝣等；凡冠以‘鱼’字旁者，多为水生动物，其中绝大多数为脊椎动物中鱼类动物，如鲤、鳣、鲂、鲔、鳢、鳟等；凡冠以‘鸟’字旁者，都是脊椎动物中的鸟类动物，如鹤、莺、鹭、鸠、鸮、鸳鸯等；凡冠以‘豸’‘犭’旁者，皆为脊椎动物中的哺乳动物，又称兽类动物，如猫、狐、狼、豹、豺、貉等。”这是中国生物系统分类的萌芽，“为秦汉之间成书的、现有中国和世界最早的科学分类著作《尔雅》中的《释草》《释木》《释鱼》《释鸟》《释兽》篇奠定科学的基础”[5]。

再如，数字知识。在《诗经》中，对“数字的运用已是相当的熟练、丰富，其熟练之程度，丰富之数量，与当今相比有过之而无不及”。“一至

1 郭沫若：《中国古代社会研究》（第二版），北京：人民出版社，1964年，第77页。
2 梁启超：《要籍解题及其读法》，长沙：岳麓书社，2010年。
3 《论语·阳货》。
4 孙关龙：《孔子自然观初论》，深圳：海天出版社，2016年，第87~115页。
5 孙关龙：《孔子自然观初论》，深圳：海天出版社，2016年，第91~92页。

九的基本数字在159首诗篇中出现264次；十、百、千、万、亿、秭等位数在99首诗篇中出现155次"，"乃至出现数字化诗篇《豳风·七月》"。"《豳风·七月》篇，以时系物，以物缀时，运用诗歌的手法，直叙中国上古时代豳地12个月的农事和物候"（见表1）。它是豳历，"一种很特殊、很古拙的"历法，"即先周的历法"[1]。有些文章说《豳风·七月》是"周历"[2]，这是不正确的。《豳风·七月》全诗383字，是国风中最长的诗篇，"其中数的字数达40字，占全诗字数的十分之一多，且是全诗之纲"。它是"中国和世界上最早的一首十二月民歌，堪称当时中国和世界数字化诗篇之最"[3]。

表1　《诗经·豳风·七月》中的农事和物候

豳历	周历	夏历	物候	农事
一之日	十一月	一月	觱发（寒风猛吹）	于貉（狩貉）
二之日	十二月	二月	栗烈（寒气凛冽）	其同（同猎）　凿冰冲冲
三之日	一月	三月		于耜（修理农具） 纳于凌阴（冰块入窖）
四之日	二月	四月	摆韭菜	举趾（开始动锄耕田） 其蚤（祭祀天地）
蚕月	三月	五月	有鸣仓庚（黄莺在鸣）	条桑（采摘嫩桑叶）
四月	四月	六月	秀葽（苦葽结果实）	
五月	五月	七月	鸣蜩（知了鸣叫） 斯螽动股（蚂蚱跳动）	
六月	六月	八月	莎鸡振羽（纺织娘展翅）	食郁及薁（食郁李、野葡萄）
七月	七月	九月	鸣鵙（杜鹃叫鸣） 在野（蟋蟀在野外）	亨葵及菽（食冬葵、豆子） 食瓜

1　孙关龙：《孔子自然观初论》，深圳：海天出版社，2016年，第104~113页。
2　周国林：《"勤劳勇敢"的经学依据》，《光明日报》2017年4月22日。
3　孙关龙：《孔子自然观初论》，深圳：海天出版社，2016年，第110~112页。

续表

豳历	周历	夏历	物候	农事
八月	八月	十月	在宇（蟋蟀在屋檐下）	萑苇（割苇子）　载绩（织麻）　其获（收庄稼）　剥枣　断壶（摘瓠瓜）
九月	九月	十一月	在户（蟋蟀进入房间） 肃霜（下霜）	叔苴（收获苴麻） 筑场圃
十月	十月	十二月	陨萚（草枯叶落） 蟋蟀入我床下	获稻　纳禾稼　涤场 （打扫场圃）

（3）《春秋》。过去2500年中，《春秋》一书的内容一直被公认为“贬天子，退诸侯，讨大夫”，具体说则是“弑君三十六，亡国五十二”[1]。它“包含关于政治、社会、伦理学等各个方面的原则”，被视为“经学中最具政治理论色彩”的书籍[2]。当然也有一些学者认为《春秋》是“断烂朝报”“流水账簿”“一部不成东西的历史”“极不可读的史书”[3]，他们没有读懂或没有完全读懂《春秋》。孙关龙于2009年发表了《春秋灾异考》一文[4]，2015年出版了《〈春秋〉科学考》一书。书中指出，《春秋》是“一部伟大的著述。它是中国历史上第一部编年史，且开创大历史记事和研究的范式；它的文字创造了一种写法——春秋笔法，2000多年来一直沿用至今；它的出现命名了一个时代——春秋时代，是中国数千年王朝史上唯一以书命名的时代；它富有人本主义精神，成为中国完成由神本社会转化为人本社会的重要标志，中国传统文化的元典之一”，而且它还是“现知中国和世界第一部全面系统记述自然现象的著作，它是一部富有原创价值的科学文献”[5]。

《春秋》中“记录自然史料的类型全，现代自然史料的六大类型（天象、气象、地象、水象、生物象、人体象）都有；项目多……达31项之多，其中自然灾害和自然异常（统称自然灾异）项目至少有24项；数量大……达243

1　《史记·太史公自序》。
2　晁岳佩选编《春秋学研究》，北京：国家图书馆出版社，2009年，前言。
3　孙关龙：《〈春秋〉科学考》，深圳：海天出版社，2015年，第3页。
4　孙关龙：《〈春秋〉灾异考》，《东洋社会思想》第5集，2009年。
5　孙关龙：《〈春秋〉科学考》，深圳：海天出版社，2015年，前言。

次（内含重复31次），其中灾异记录为164次（见表2）；而且，200多年间对每一个（或次）自然史料都按年月或年月日有序记载，非常系统”[1]。

表2 《春秋》中自然记录

大类	天象记录				气象记录										
具体类别	日食	彗星	流星雨	陨石	大雹	大雪（含雪）	大雨（含雨）	大雩	长时间不雨	大旱	雷震	霜降	冷暖失时	白天漆黑	天火
次数	37	4	1	1	3	3	6	21	5	2	2	2	18	1	10
小计	43				73（重14次）										

大类	地象记录				水象记录				生物象记录						人体象记录	
具体类别	地震	山崩	山	丘	大水	河	湖池	泉	螽害	其他动物灾害	动物异常	农作物异常	动物	植物	疫	大饥（饥）
次数	5	2	7	20	9	15	7	3	12	10	3	7	14	7	1	5
小计	34（重2次）				34				53（重15次）						6	

例如，《春秋》中系统记载37次日食（见表3）[2]，这不仅在中国，而且在全世界都是最早的全面系统的日食记录。

表3 《春秋》日食记录

序号	《春秋》中的记载	公历年-月-日（公元前）	古代记录	顾栋高文	张培瑜文	关立言文	胡铁珠文	较多学者意见
1	隐公三年春王二月己巳日有食之	720-02-22	日食	√	√	√	√	√
2	桓公三年秋七月壬辰朔日有食之既	709-07-17	全食	√	√	√	√	√
3	桓公十七年冬十月朔日有食之	695-10-10	日食	√	√	√	√	√
4	庄公十八年春王三月日有食之	676-04-15	日食	?	√	√	√	√

1 孙关龙：《〈春秋〉科学考》，深圳：海天出版社，2015年，第4页。
2 孙关龙：《〈春秋〉科学考》，深圳：海天出版社，2015年，第25页。

续表

序号	《春秋》中的记载	公历年－月－日（公元前）	古代记录	顾栋高文	张培瑜文	关立言文	胡铁珠文	较多学者意见
5	庄公二十五年六月辛未朔日有食之	669－05－27	日食	√	√	√	√	√
6	庄公二十六年冬十二月癸亥朔日有食之	668－11－10	日食	√	√	√	√	√
7	庄公三十年九月庚午朔日有食之	664－08－28	日食	√	√	√	√	√
8	僖公五年九月戊申朔日有食之	655－08－19	日食	√	√	√	√	√
9	僖公十二年春王三月庚午日有食之	648－04－06	日食	√	√	√	√	√
10	僖公十五年夏五月日有食之	645－05－03	夜食	√	√	√	○	○
11	文公元年二月癸亥日有食之	626－02－03	日食	?	√	√	√	√
12	文公十五年六月辛丑朔日有食之	612－04－28	日食	√	√	√	√	√
13	宣公八年秋七月甲子日有食之既（“七”是“十”之误，应为十月甲子）	601－09－20	全食	?	?	√	√	√
14	宣公十年夏四月丙辰日有食之	599－03－06	日食	√	√	√	√	√
15	宣公十七年六月癸卯日有食之	592－05－17	夜食	√	√	√	○	√
16	成公十六年六月丙寅朔日有食之	575－05－09	日食	√	√	√	√	√
17	成公十七年十有二月丁巳朔日有食之	574－10－22	日食	√	√	√	√	√
18	襄公十四年二月乙未朔日有食之	559－01－14	日食	√	√	√	√	√
19	襄公十五年秋八月丁巳日有食之（杜预注：八月无丁巳，丁巳为七月初一日）	558－05－31	日食	√	√	√	√	√
20	襄公二十年冬十月丙辰朔日有食之	553－08－31	日食	√	√	√	√	?
21	襄公二十一年九月庚戌朔日有食之	552－08－20	日食	√	√	√	√	√
22	襄公二十一年冬十月庚辰朔日有食之	552－09－19	日食	○	○	○	○	○
23	襄公二十三年春王二月癸酉朔日有食之	550－01－05	日食	√	√	√	√	√

续表

序号	《春秋》中的记载	公历年－月－日(公元前)	古代记录	顾栋高文	张培瑜文	关立言文	胡铁珠文	较多学者意见
24	襄公二十四年秋七月甲子朔日有食之既	549－06－19	全食	√	√	√	√	√
25	襄公二十四年八月癸巳朔日有食之	549－07－18	日食	○	○	○	○	○
26	襄公二十七年冬十有二月乙亥朔日有食之(《左传》指出,应是十一月乙亥)	546－10－13	日食	√	√	√	√	√
27	昭公七年夏四月甲辰朔日有食之	535－03－18	日食	√	√	√	√	√
28	昭公十五年六月丁巳朔日有食之	527－04－18	日食	√	√	√	√	√
29	昭公十七年夏六月甲戌朔日有食之(此条六月甲戌有误,应为九月癸酉)	525－08－21	日食	√	√	√	√	√
30	昭公二十一年秋七月壬午朔日有食之	521－06－10	日食	√	√	√	√	√
31	昭公二十二年十有二月癸酉朔日有食之	520－11－23	日食	√	√	√	√	√
32	昭公二十四年夏五月乙未朔日有食之	518－04－09	日食	√	√	√	√	√
33	昭公三十一年十有二月辛亥朔日有食之	511－11－14	日食	√	√	√	√	√
34	定公五年春王三月辛亥朔日有食之	505－02－16	日食	√	√	√	√	√
35	定公十二年十有一月丙寅朔日有食之	498－09－22	日食	√	√	√	√	√
36	定公十五年八月庚辰朔日有食之	495－07－22	日食	√	√	√	√	√
37	哀公十四年五月庚申朔日有食之	481－04－19	日食	√	√	√	√	√

注:“√”为肯定的日食,“○”为否定的日食,“?”为存疑的日食。

又如,《春秋》中系统记载鲁国国都曲阜发生的5次有感地震(见表4),这是中国和世界最早有确切时间和地点的一组地震[1]。

1　孙关龙:《〈春秋〉科学考》,深圳:海天出版社,2015年,第79页。

表 4　《春秋》中地震记载

年代	记录	地点	折算公元时间	震级(约数)
鲁文公九年	九月癸酉地震	鲁都曲阜	前 618 年 9 月 22 日	4
鲁襄公十六年	五月甲子地震	鲁都曲阜	前 557 年 3 月 27 日	4
鲁昭公十九年	五月己卯地震	鲁都曲阜	前 523 年 4 月 13 日	4
鲁昭公二十三年	八月乙未地震	鲁都曲阜	前 519 年 8 月 6 日	4
鲁哀公三年	夏四月甲午地震	鲁都曲阜	前 492 年 3 月 17 日	4

再如，《春秋》中系统记录了在鲁国发生的 12 次蝗虫灾害，每次都有时间与地点的记述（见表 5）。这是中国和世界最早的系统蝗虫记录，也是中国和世界最早的系统生物灾异记录[1]。

表 5　《春秋》蝗虫灾害记录

害虫	年份	季节或月份	地点	备注
螽	桓公五年(前 707)	秋	鲁	
螽	僖公十五年(前 645)	八月	鲁	
螽	文公三年(前 624)	秋	宋	雨螽
螽	文公八年(前 619)	冬十月	鲁	
螽	宣公六年(前 603)	秋八月	鲁	
螽	宣公十三年(前 596)	秋	鲁	
螽	宣公十五年(前 594)	秋	鲁	
螽	宣公十五年(前 594)	冬	鲁	蝝生
螽	襄公七年(前 566)	八月	鲁	
螽	哀公十二年(前 483)	冬十二月	鲁	
螽	哀公十三年(前 482)	九月	鲁	
螽	哀公十三年(前 482)	十二月	鲁	

而且，在《春秋》创造的大历史记述和研究范式的影响下，中国以后的史学类著述多不限于政治史、经济史、军事史、社会史等，还记述有天象、气象、地象、水象、生物象、人体象等自然史料，从而在中国形成了当今世界上

1　孙关龙：《〈春秋〉科学考》，深圳：海天出版社，2015 年，第 103、105 页。

独一无二的、内容多样、系列性长、连续性好、综合性强的自然史料库（详见下述）。

3. 史书类中的自然国学

以二十五史为例来叙述。在《春秋》大历史记述范式的影响下，西汉史学家、文学家司马迁在《史记》中继承《春秋》的传统，首创八书，其中有系统记载天象的《天官书》，系统记录气象的《历书》和《律书》（后者还记录天象），系统记录水象的《河渠书》。另四书（《礼书》《乐书》《平准书》《封禅书》）。另四书中亦有不少自然国学知识的记载，如《封禅书》记地象知识，《乐书》记声学知识等。东汉史学家、文学家班固承继《春秋》的传统，在《史记》八书的基础上首创十志，包括有系统记录天象的《天文志》，系统记录气象的《律历志》，系统记载水象的《沟洫志》，还有首创系统记述地象的《地理志》、系统记载灾异的《五行志》（另外五志是《礼乐志》《刑法志》《食货志》《郊祀志》《艺文志》），并在《五行志》卷首明确告示："以传《春秋》，著于篇。"[1]

《汉书》十志奠定以后历代正史的志部。在二十五史中，载《天文志》（包括《天官书》《天象志》《司天考》）的有 17 部，载《律历志》（包括《律书》《历书》《历象志》《时宪志》）的有 16 部，载《五行志》（包括《符瑞志》《祥瑞志》《灵徵志》《灾异志》）的有 15 部，载《地理志》（包括《郡国志》《州郡志》《郡县志》《地形志》《职方考》）的有 17 部，载《河渠志》（包括《河渠书》《沟洫志》）的有 7 部。而且，随时代的推后篇幅似有增大趋势，以统一王朝的正史为例，《史记》为 4 卷，《汉书》《后汉书》分别增为 5 卷、17 卷，《隋书》为 11 卷，《旧唐书》《新唐书》分别为 10 卷、19 卷，《元史》是 19 卷，《明史》为 28 卷，最后的《清史稿》最多，达 60 卷（见表 6）[2]，仅二十五史中自然国学方面的即达 287 卷。

1 《汉书·五行志》。

2 孙关龙：《〈春秋〉科学考》，深圳：海天出版社，2015 年，第 14～15 页。

表 6　二十五史志部载自然史料卷一览

正史书名	卷数	志部（或书部）卷数	律历志	天文志	五行志	地理志	河渠志	小计（卷）	修撰人	备注
史记	130	8	2	1			1	4	司马迁（西汉）	律历志分称律书、历书，天文志别称天官书，河渠志别称河渠书
汉书	100	10	1	1	1	1	1	5	班固（东汉）	河渠志别称沟洫志
后汉书	120	30	3	3	6	5		17	范晔（南朝·宋）	地理志别称郡国志
三国志	65								陈寿（晋）	
晋书	130	20	2	3	3	2		10	房玄龄等（唐）	
宋书	100	30	3	4	8	4		19	沈约（梁）	五行志中含符瑞志 3 卷地理志别称州郡志
南齐书	59	11		2	2	2		6	萧子显（梁）	五行志中含祥瑞志 1 卷地理志别称州郡志
梁书	56								姚思廉（梁）	
陈书	36								姚思廉（梁）	
魏书	114	10	1	1	1	3		6	魏收（北齐）	天文志别称天象志，地理志别称地形志，五行志别称灵徵志
北齐书	50								李百药（唐）	
周书	50								令狐德棻等（唐）	
南史	80								李延寿（唐）	
北史	100								李延寿（唐）	

续表

正史书名	卷数	志部(或书部)卷数	律历志	天文志	五行志	地理志	河渠志	小计(卷)	修撰人	备注
隋书	85	30	3	3	2	3		11	魏徵等(唐)	
旧唐书	200	30	3	2	1	4		10	刘昫等(后晋)	
新唐书	225	50	6	3	3	7		19	欧阳修等(宋)	
旧五代史	150	12	1	1	1	1		4	薛居正等(宋)	地理志别称郡县志
新五代史	74	3		2		1		3	欧阳修等(宋)	天文志别称司天考，地理志别称职方考
宋史	496	162	17	13	7	6	7	50	脱脱等(元)	
辽史	116	32	3			5		8	脱脱等(元)	律历志别称历象志
金史	135	39	2	1	1	3	1	8	脱脱等(元)	
元史	210	58	6	2	2	6	3	19	宋濂等(明)	
明史	332	75	9	3	3	7	6	28	张廷玉等(清)	
清史稿	529	135	9	14	5	28	4	60	赵尔巽等(清末民初)	律历志别称时宪志，五行志别称灾异志
合计(卷)		745	71	59	46	88	23	287		

三　一门古老而辉煌的学问

中华自然国学历史长久，萌芽十分早。如果承认人类五次技术革命观点

（石器革命、火的使用、农业革命、工业革命、信息技术革命）[1]，从石器制造开始，则由安徽繁昌人字洞发现的石器算起，距今有200多万年。若从人类第二次技术革命——火的使用开始，那也至少距今也有50万年以上的历史，即从北京周口店北京猿人开始。由人类第三次技术革命——农业革命开始，则不会有多少分歧意见，中华自然国学萌芽距今1.2万~1.0万年。下面介绍中华自然国学的简史及其材料和成果。

1. 简史

中华自然国学万年历史，按现有材料著者认为大致可划分为以下几个阶段。

（1）萌芽阶段，距今1.2万~1.0万年至公元前21世纪。标志性事件是中国独立发明了耕牧、建筑、纺织、造船、冶金，支撑农业革命的五大技术[2]（应加制陶技术，为六大技术），城市的形成等。

（2）累积阶段，公元前21世纪至公元前八九世纪，相当于夏、商、西周时期。标志性事件是大禹成功治水，青铜冶炼技术鼎盛，桥梁、宫殿、园圃等出现。

（3）形成阶段，又称轴心时代、元典时代，公元前八九世纪到公元前二三世纪，相当于春秋战国时期。标志性事件是铁器的出现和广泛使用，精耕细作的形成，天学、地学（舆地学）、算学、农学、医学初步形成。

（4）发展阶段，公元前二三世纪至公元17世纪中期，相当于汉代至明末。标志性事件，如造纸术、印刷术、指南针、火药四大发明等。途径三次高峰：第一次高峰是东汉至南北朝时期，代表性人物有张衡、刘徽、张仲景、祖冲之、贾思勰、郦道元等；第二次高峰是宋元时期，代表性人物有沈括、郭守敬，以及宋元数学四大家（秦九韶、李治、杨辉、朱世杰）、宋元农学四大家（陈旉、元代司农司、王祯、鲁善明）、金元医学四大家（刘河间、张子和、李东桓、朱丹溪）等；第三次高峰是晚明，晚明有六大科技人物所著的六大

1　《中国大百科全书》（第二版）第11卷，北京：中国大百科全书出版社，2009年，第95~96页。

2　孙关龙、宋正海：《中国传统文化的瑰宝——自然国学》，深圳：海天出版社，2012年，第63~64页。

科技著作：朱载堉的《乐律全书》、李时珍的《本草纲目》、徐光启的《农政全书》、宋应星的《天工开物》、吴有性的《瘟疫论》、徐霞客的《徐霞客游记》。这六大科技著作，无论在中国还是世界都是古代每个领域的最高峰，因此其整体上代表中国传统科学技术的顶峰，也是世界古代科学技术的顶峰。而且中国传统的造船技术和航海技术（如郑和船队七下西洋）、传统的建筑技术（如明故宫、明长城）、传统的冶金技术（如永乐大钟）、传统医学、传统农学和地学等顶峰都是在明代[1]。《中国大百科全书》（第二版）的“中国科学技术史”条也指出，明末是中国古代科学技术的“第三次高峰”[2]（此条由著名科学史专家董光璧撰写，经科技史方面唯一的院士席泽宗、著名科技史专家华觉明等审阅同意）。可是，至今有些科技史著作说“大约从元末开始，我国传统科技陷入缓慢发展阶段”[3]，把明代科学技术，包括把明末六大科技著作打入“缓慢发展阶段”，是违背客观现实的。

（5）衰亡阶段，17 世纪中期至 20 世纪末，尤是 1840 年鸦片战争以后中华自然国学直线式地衰亡。至 20 世纪初，传统的天学、地学、算学、农学等先后消亡，仅剩传统医学（中医）。中医也长期被质疑，一次又一次被戏谑为“伪科学”，被打入取缔之列：1929 年初，民国政府卫生部支持召开全国卫生工作会议，会上通过“废止旧医（即中医，著者注）以扫除医事卫生之障碍案”；2005 年，一位大学教授在个别所谓的中国科学院“院士”支持下，发起了“中医伪科学网上签名运动”；2014 年 1 月 11 日，部分人士在上海召开“第一届反中医大会”[4]；等等。

（6）复兴阶段，2001 年至今。标志性事件是：2001 年提出“自然国学”一词，发表《自然国学》宣言；2012 年开始出版系列《自然国学》丛书；2017 年成立“中华炎黄文化研究会自然国学促进会”等。

1　孙关龙：《明末六大科技著作——世界古代科技的高峰》，《大众日报》2014 年 11 月 26 日。

2　《中国大百科全书》（第二版）第 29 卷，北京：中国大百科全书出版社，2009 年，第 53～56 页。

3　中国科学院自然科学史研究所：《中国古代重要科技发明创》，北京：中国科学技术出版社，2016 年，前言。

4　孙关龙：《中医，当今世界上唯一活着的古老科学》，《大众日报》2016 年 4 月 16 日。

2. 材料和成果

仅就文献材料而言，中华自然国学材料之丰富远远超出人们的想象：从孔夫子发出“多识于鸟兽草木”的号召、“智者乐水，仁者乐山”山水观、“工欲善其事，必先利其器”技艺观、“知之为知之，不知为不知”科学观，经邹衍“大九州说”、屈原《天问》、荀子《天论》等，到《尔雅》成为中国和世界上现存最早的科学分类著述；从汉代《九章算术》、张衡地动仪，到南北朝祖冲之的圆周率、贾思勰《齐民要术》；从北宋沈括《梦溪笔谈》，经宋元算学四大家、宋元农学四大家、金元医学四大家到晚明六大科技著作；从西周初的《诗经・豳风・七月》，经战国的《楚辞》之《橘颂》、东晋陶渊明的田园诗、唐初王维的山水诗，到北宋苏东坡的“大江东去”；从“被遗忘的自然学家”南宋朱熹的宇宙观，到清代王夫之的格物学、近代孙中山的具有中国特色的新进化思想，中华自然国学是一座富矿，其材料之丰富高居古代世界各国之首。

中华自然国学成就之著，对世界贡献之大也远远超过一般人所知。远古时期，中国是世界三大农业发源地之一（另两个是西亚、南美），是世界四大文明古国之一（另三个是古埃及、古巴比伦、古印度）。轴心时期（约公元前800年至前200年），中国是世界三大轴心国之一（另两个为古希腊、印度）。自有甲骨文记载的商周以来至17世纪上半叶，中国古代的科学技术一直居于古代世界的前列，时间上前后长达3000年。公元3～15世纪，中国的科学技术独步世界，占据世界领先地位长达千余年。据统计，公元前6世纪至公元1500年的2000余年中，中国的技术、工艺发明成果约占全世界的54%[1]，也就是说这2000多年中国的技术、工艺发明成果超过世界其他所有国家技术、工艺发明成果的总和。

而且，中国这些发明成果的质量之高、对世界的影响之大在古代世界中亦是不多见的。例如，中国于先秦时期发明的“十进位值制”，成为当今全世界计数的标准位值制度，诚如英国学者李约瑟所言：“如果没有这种十进位制，

1 孙关龙、宋正海：《中国传统文化的瑰宝——自然国学》，深圳：海天出版社，2012年，总序。

就几乎不可能出现我们这个统一化的世界。”[1] 再如，中国四大发明（造纸术、印刷术、指南针、火药），开创了世界的计量航海时代、世界的纸文化时代、世界的印刷文化时代、世界的热兵器时代，才有欧洲的近代化和资本主义的社会。日本学者薮内清在1982年说：“没有中国四大发明的西传，就没有欧洲的文艺复兴运动，而没有文艺复兴运动，也就没有欧洲的近代化。”马克思在1861年指出，这些发明“预告资产阶级社会到来”。英国哲学家F. 培根在1620年即认为，这些发明“已改变了全世界的面貌和世间一切事物的状态”“任何帝国、任何宗教、任何巨人在世间都没有这些技术发明所带来的影响大”[2]。

四　一门新颖而富有活力的学问

中华自然国学不但古老、辉煌，而且新颖、充满时代的活力、价值连城。

1. 一门时代呼唤的学问

中华自然国学是门综合性学问，它横跨中国传统哲学、中国科学技术史和自然史学，具有鲜明的整体性、生成性、有机性、直觉性、人文性等特性。这些特性与中国人着眼于时间的流动和延续，把对时间的体察看得重于对空间的度量有关；与中国人尊重自然和热爱生命，推己及物，视天地万物都“生生不已”，视自然界为生命的孕育过程密切相关；与中国人的思维具有内向性，擅长通过体验、直觉等内省性形式认识外部世界相关联。这些特性决定了中华自然国学对世界的认识，重综合而不是分析，偏重于整体而不是局部，偏重于直觉、灵感而不是逻辑、演绎。在西方，从古希腊的柏拉图开始，就重理性，轻感性；重分析、轻综合，到近代西方哲学之父笛卡尔更是如此。随着工业社会发展而形成的近代科学，是分析型科学体系，具有明显的分析性、还原性、

1　孙关龙、孙又新：《十进位制也是中国人的伟大发现》，《大众日报》2014年3月9日

2　孙关龙、宋正海：《中国传统文化的瑰宝——自然国学》，深圳：海天出版社，2012年，第149～150页。

构造性、逻辑性、演绎性等特性。这与西方人在传统上视空间重于时间，把世界看作物理的密切相关；与时间性虚、空间性实，时间只能共享，空间则可以切割和占有，时间的本质趋向综合和整体，空间的本质则趋向分解和局部有关；也与西方人趋向于外向性思维，侧重有形的实体与物质构成，喜爱分析，在群体中强调个人的独立价值，在整体中注重局部的构成，具有分割性研究和讲究逻辑、演绎的传统相关。

东西方人的思维、文化颇有对称性的优势互补，东西方的科学体系亦有颇为对称性的优势互补，本应该取长补短，协同发展，这有利于西方，有利于世界，也有利于东方和中国。但是在强权主义时代，西方独尊，他们绝不允许被征服的国家和地区发展、强盛，绝不允许被征服的国家和地区有话语权。

近几百年所建立起来的庞大分析型科学体系，极大地促进了社会生产力的发展，造就了资本社会的大繁荣和大发展，缔造了史前无例的工业文明，为世界历史的发展做出了不可磨灭的贡献。然而，分析型科学重视局部，忽略整体；重视结构，忽略功能；重视线性运动，忽视非线性运动；长于分析，短于综合。客观世界是局部与整体的统一，结构与功能的统一，线性与非线性的统一，不但需要分析，而且还要综合。随着科学技术的发展，分析型科学体系的不足愈来愈明显，愈来愈适应不了客观世界的发展与需要。突出地表现在人与自然的关系上，分析型科学强调征服自然，引发了人类的贪婪和无休止的掠夺，恶化了大自然整体良性发展的环境，激化了人与自然的矛盾，造成全球性环境危机、资源危机、人口危机等，严重威胁人类社会的持续发展。于是，整体性科学迅速地发展和崛起，人与自然的协调发展得到重视，富有整体性的、人文性的、天人合一论的中华自然国学开始复兴。可见，自然国学之新颖是新在当代综合科学时代之需。著者不提出这个概念，也会有其他人提出这个概念，这是时代潮流。

有人说自然国学就是科学技术史，没有必要另提一个新概念。这个观点是值得商榷的。第一，在研究内容上两者并不相同，自然国学比科学技术史宽广得多，它还包括中国传统思维、中国历史自然学。第二，在研究方法上两者也很不相同，科学技术史偏重于分析型研究、分科性研究，自然国学偏重于综合型研究、整体性研究。诚如宋正海教授所言，自然国学与科学技术史的不同，“正如中西医有区别那样，是整体论与还原论（或说整体论与分析论，著者注）的区别”[1]。

事实也已说明两者是很不相同的，《自然国学丛书》已出版的有《孔子自然观初探》《庄子自然观》《邹衍自然观》《董仲舒自然观》《张载自然观》《苏轼自然观》《朱熹的自然研究》《王夫之的自然世界》《〈周易〉的科学理念》《〈春秋〉科学考》《〈周礼〉的自然生态观》《元气论，自然国学的哲学与方法论基石》《太极系列，自然界的联系网络》等书，都不可能是科学技术史领域的研究和成果。

2. 一门充满活力的学问

正因为自然国学是一门时代呼唤的学问，所以它充满活力。

20 世纪 50 年代初，射电天文学研究兴起。苏联科学院通讯院士、莫斯科大学教授 N. C. 什克洛夫斯基，“向中国科学院请求研究中国的史书”，以“证实新星爆炸”。后来成为中国科学院院士的席泽宗接受了此项研究任务。1955 年，什克洛夫斯基看到席泽宗关于中国历史上的超新星记录与射电源关系论证的论文，不但全文吸收采用，而且兴奋地说：“超时代的最新科学——无线电天文学（现称射电天文学）的成就，和伟大中国古代天文学家的观测记录联系起来了。”什克洛夫斯基还说，中国古人的观测记录，是一笔“宝贵的财富”，纳入了“20 世纪 50 年代的科学宝库，我们贪婪地吸取史书里一行行的每一个字”。并称赞早在公元 1000 年，中国人已经“是第一流的观测者”[2]。

1972 年，时任中国科学院副院长的气象学家竺可桢发表了《中国近五千年来气候变迁的初步研究》一文。文中指出：距今 5000 ~ 3000 年前，黄河流域的年平均温度比现在高 2℃，冬季温度高 2 ~ 5℃，与现在长江流域相似；距今 3000 年中国气候有一系列冷暖波动，每个波动历时 300 ~ 800 年，年平均温

1 宋正海：《自然国学与中医原创思维》，在第 594 次香山科学会议的发言（2017 年 4 月 26 ~ 27 日）。

2 N. C. 什克洛夫斯基：《无线电天文学》，北京：科学出版社，1958 年，第 168 ~ 172 页。

度变化为0.5～1℃；等等。文章轰动中国和世界，被立即译成英、德、法、日和阿拉伯诸种文字。英国《自然》杂志称赞说：竺可桢论点“特别有说服力”，西方学者“为能获得这篇综合性研究文章感到高兴”。此文的资料来自中国古代的经、史、子、集以及笔记、小记、日记、地方志等书籍，竺可桢从1925年开始收集，花费了47年。这篇论文开创了中国和世界历史气候学研究方向。[1]

2001年初，中国国家科学技术最高奖第一次颁奖大会在人民大会堂举行。获得最高奖的科学家是数学家吴文俊和水稻专家袁隆平。吴文俊于20世纪50年代在拓扑学领域创造性地提出“吴示性类”和“吴示嵌类”，导出“吴公式”后，于20世纪70年代初转向中国传统数学史研究。他把中国传统数学的机械化思想、几何学代数化的方法应用到当代数学前沿——几何定理机器证明研究，发明一种方法，被命名为“吴文俊消元法”，简称“吴方法”。自1975年后的几年中，此法成功地证明了600多个定理，1977年在平面几何定理的机器证明获得成功，1978年推广到微分几何，以后又推广到非欧几何、仿射几何等。1983年，中国留美学者在美国召开的国际学术会议上介绍吴方法，并一鼓作气证明了500多个几何定理，轰动国际学术界。1990年以后，几何定理机器证明发展到整个数学机械化的研究，取得超出预期目标的成果，并陆续应用到相关的理论物理研究、计算机科学和机器人机构学中，从而得到国家最高科技奖。吴文俊指出，“吴方法”是“我国自《九章算术》以迄宋元时期数学的直接继承”，并认为“继续发扬中国古代传统数学的机械化特色……建立机械化数学，则是本世纪（20世纪，著者注）以至可能绵亘整个21世纪才能大体趋于完善的事”，我们的目标是使“中国数学传统机械化思想的光芒，普照于整个数学的各个角落”[2]。中国科学院数学与系统科学研究院院长、郭蕾院士说：“最令吴先生自豪的是他‘第一个认识了中国古代数学的真实价

1 席泽宗：《科技史与现代科学》；宋正海、孙关龙：《中国传统文化与现代科学技术》，杭州：浙江教育出版社，1999年，第74～78页。

2 王渝生：《传统数学的机械化特征与21世纪数学发展》；宋正海、孙关龙：《中国传统文化与现代科学技术》，杭州：浙江教育出版社，1999年，第365～369页。

值'"，并以此开辟了中国数学史研究的新思路与新方法[1]。

2015 年 12 月 10 日，诺贝尔奖颁奖典礼在瑞典斯德哥尔摩音乐厅隆重举行，中国女药学家屠呦呦登台领奖。屠呦呦及其团队以 40 多年前发明治疗疟疾的药物青蒿素，荣获 2015 年诺贝尔生理学或医学奖。这是中国医学界也是中国科学界迄今为止所获得的最高奖项。该项研究始于 1964 年，1967 年成立"523"科研组，屠呦呦 1969 年加入，并任科研组组长。该组全国有 60 多个单位参加，前后参与人员共 500 多人。疟疾是一种严重危害人类健康的世界重大流行性疾病，死亡率很高。世界上许多国家都在研究抗疟疾药物，如 1972 年美国华尔特里德陆军研究员就已筛选了 21.4 万种化合物，仍没有找到理想的抗疟疾药。屠呦呦他们坚信依靠中国历史悠久的中医药，一定会找到理想的抗疟疾药，她另辟蹊径，从研究中国本草入手，翻阅大量古籍，收集、整理出包括植物药、动物药、矿物药在内的 2000 多个中国方药，又从中精选编辑成含有 640 个方药的《抗疟方药集》，一一进行实验。在经历 190 次失败后，屠呦呦从东晋葛洪《肘后备急方》的"青蒿一握，以上二升渍，绞取汁，尽服之"记载中得到灵感，提出用乙醚替代酒精，并低温提取，终于在 1971 年 10 月 4 日第 191 号原料中提取的药物获得对疟原虫 100% 的抑制率，最终确认了青蒿的抗疟作用。然后，屠呦呦与有关同事为验证青蒿素有否毒性，不顾危险毅然在自己身上做试验。1978 年通过鉴定，多个青蒿素类抗疟药先后诞生。2001 年，世界卫生组织向非洲推荐该药，拯救了数百万疟疾患者的生命，病愈出院的患者高呼"中国神药"。青蒿素，为中医药，系中国原创，也是迄今中国唯一被世界公认的原创新药。获奖后，屠呦呦深有感触地说，"青蒿素是传统中医药送给世界人民的礼物""中医药确实是一个伟大的宝库，有宝贵的财富需要我们去发现、挖掘和研究"。[2]

1 齐芳、詹媛：《吴文俊，出题给西方做的数学家》，《光明日报》2017 年 5 月 8 日。

2 田雅婷：《为人类作出最有价值的贡献——写在中国女药学家屠呦呦获领诺贝尔奖之际》，《光明日报》2015 年 12 月 11 日；张蕾、叶乐峰：《青蒿素带给中医专家的思考》，《光明日报》2015 年 10 月 12 日。

3. 一门价值连城的学问

自然国学的提出和复兴，无论是其实用价值还是理论价值都很大。从目前已看到的，著者认为至少有以下四个方面的价值。

第一，有利于克服百余年国学研究的重大缺陷，建立全面国学观。20 世纪初，梁启超等人提出“国学”一词，百余年来国学研究的成果丰硕，涌现出章太炎、刘师培、黄节、邓实等大家，清华大学国学四大家（梁启超、王国维、陈寅恪、赵元任），北京大学国学五大家（熊十力、梁漱溟、马一浮、胡适、冯友兰），20 世纪海外新儒学四大家（牟宗三、唐君毅、张君劢、徐复观），以及郭沫若、钱穆、季羡林、张岱年、饶宗颐等。然而，他们的研究领域都毫无例外地限于人文社会科学内容[1]。早在 90 多年前，清华国学院主持人吴宓教授似觉察了这个问题，在《清华国学研究院开学典礼上的讲话》中特别指出在大力开展人文社会内容研究的同时，要研究国学中的自然知识，他说：“自然方面，如河川的变迁，动植物名实之繁殖，前人虽有记录，无不需要专门之研究。”[2]

季羡林、张岱年教授在晚年对此也似有觉察，他们极力支持我们对传统文化开展人文与科技综合性研究，同意担任宋正海、孙关龙主编的《中国传统文化与现代科学技术》一书的顾问[3]。季羡林教授指出“现在的国学研究还很粗糙，很多应该包括的内容还没有挖掘出来”，且于 2007 年提出开展大国学研究方向[4]。张岱年教授专门出席了我们于 1995 年召开的“《天地生人丛书》出版座谈会”，并发表了讲话，强调对传统文化要开展人文、科技的综合研究，提出“科学易”的研究是易学研究不可或缺的一大部分[5]；2001 年又专门为我们题字“自然国学之光”。令人遗憾的是吴宓、季羡林、张岱年的真知灼见，均没有引起国学界的重

1 孙关龙、宋正海：《中国传统文化的瑰宝——自然国学》，深圳：海天出版社，2012 年，第 16～19、24～25 页。

2 吴宓：《在清华国学研究院开学典礼上的讲话》，《清华周刊》1925 年第 351 期。

3 宋正海、孙关龙：《中国传统文化与现代科学技术》，杭州：浙江教育出版社，1999 年，扉页。

4 季羡林：《国学应是大国学》，《人民日报海外版》2007 年 6 月 22 日。

5 《〈天地生人丛书〉出版座谈会纪要》，《回忆 · 译述 · 总结——天地生人学术讲座》（内部出版），2012 年，第 167～169 页。

视或足够重视。所以，百余年来的国学研究，存在着缺失自然国学这一重大缺陷。

也正因为这种状况，使我们不得不提出“自然国学”一词，不得不发表《自然国学宣言》，以指出国学还存在一个长期缺失的，与已有的人文社会国学同样古老、同样辉煌的自然国学。这样，从学科体系上和整体性上揭示了国学的基本构成和本质特征，有益于全面地、正确地认识和研究国学，从根本上纠正百余年的国学片面观，实现国学认识史上的一次质的飞跃。因此可以说，自然国学概念的正式提出，标志着中国全面国学观开始建立。

同时，自然国学概念的提出扩展了国学内容，有利于国学的综合研究，提升国学的重要性和地位。它表明国学中不是仅有人文社会科学的内容、体系，还有一个自然和科学技术的内容、体系。这样，不但理所当然地把“四大发明”“郑和七下西洋”“陆上丝绸之路”“海上丝绸之路”“都江堰”“大运河”“颐和园”“苏州园林”“历史灾异录记”和《考工记》《黄帝内经》《九章算术》《水经注》《梦溪笔谈》《农政全书》《本草纲目》《天工开物》《徐霞客游记》等纳入国学范畴，而且也理所当然地把整个中国传统思维（含自然观、科学观、技术观、生态观、方法论等）、整个传统科学技术（含天学、地学、算学、农学、医学、技术工艺学等）、整个历史自然学（历史天文学、历史地质学、历史地貌学、历史气候学、历史水文学、历史植物学、历史动物学等）全部纳入国学范畴，使国学包含的内容极大地扩展、充实。这有利于克服以往国学研究仅限于人文社会科学内容所造成的误区和死角，开拓整体性国学综合研究的新方向，亦大大地有利于国学更好、更全面地结合当今的实际（不仅是思想道德领域的实际，而且还包括自然、经济、科技等领域的实际）开展研究，真正地实现季羡林先生大国学研究的方向。这将有力地提升国学的地位和价值，特别是提升国学在国民经济建设、科学技术创新中以及现代化进程中的作用和地位。

第二，有利于中国传统科学技术研究的深入，开辟一系列新研究领域，获取一系列崭新成果。用西方传入的近现代科学体系及其分析论方法研究中国传统科学技术是必要的，且已取得了丰硕成果，例如英国李约瑟的一套《中国科学技术史》、中国科学院自然科学史所的又一套《中国科学技术史》等，应该继续进行研究。同时，也必须看到它产生了许多盲点、死角导致了许多曲解、误识。而从自然国学体系及其整体论方法研究中国传统科学技术成就，会产生一系列崭新的研究领域、崭新的研究课题，并有一系列的新发现。

例如上述竺可桢开创的历史气候学研究、吴文俊开创的机械化数学、屠呦呦团队发明的青蒿素药物。又如孙关龙发现《春秋》中首创系统的自然记录，尤其是系统的历史灾异记录，已成为当今全球气候变化、探索自然史和宇宙一些变化规律等不可或缺的史料，还首创“陨石”“地震”“山崩”等名词[1]，发现《尔雅》是集先秦自然国学之作，是现知中国和世界最早的科学的知识分类著述[2]。现代科学已发展到综合研究时代，中国传统科学技术研究再也不能局限于西方的分科论体系和分析论研究方法。

第三，有利于中国哲学史研究的深入，开辟一系列新的研究领域，获取一系列崭新成果。长期以来中国传统哲学的研究，尤其是百余年来中国哲学史的研究，成果丰硕。然而，对中国传统哲学的整体论研究，包括对诸子百家自然观等方面研究基本缺失，造成了一系列的曲解和误认。例如，德国哲学家黑格尔说：“孔子只是一个实际的世向智者，在他那里思辨的哲学是一点也没有的。”[3] 中国哲学家冯友兰认为，“孔子所说的天，基本上仍然是当时传统的宗教所说的天、帝或上帝，是宇宙最高的主宰”；孔子不但主张“自然界的事情是受上帝的命令支配的”，还认为“人的生死、贫富、贵贱，以及成功、失败，都是由天命决定的”[4][5]。孙关龙、宋正海、刘长林主编的《自然国学丛书》，即以研究诸子百家的自然观为重点，开拓了这一方面的研究，获取了一系列新成果，如《孔子自然观初论》等。刘长林的《中国象科学观》[6]，开拓了中国传统整体性思维研究。相信随着以后研究的深入，国学研究者肯定会在

1 孙关龙：《〈春秋〉科学考》，深圳：海天出版社：2015 年，前言。

2 孙关龙：《先秦自然国学的集大成者——〈尔雅〉》，《太原师范学院学报》2006 年第 5 期；孙关龙：《世界上现存最早的科学分类著作——〈尔雅〉》，《澳门研究》（澳门大学）第 39 卷，2007 年 4 月。

3 〔德〕黑格尔：《哲学演讲录》第 1 卷，上海：上海人民出版社，2013 年，第 119 页。

4 冯友兰：《中国哲学史新编》上册，北京：人民出版社，1998 年，第 171 ~ 177 页。

5 林存光：《孔子新论》，北京：人民出版社，第 201、207 ~ 208 页。

6 刘长林：《中国象科学观》，北京：学苑出版社，2015 年。

这方面贡献更多的成果。

第四，有利于当代科学技术的创新，走出富有中国特色的科学技术现代化道路。自然国学思路、体系、方法等与现在流行的西方科学技术的思路、体系、方法等，很不一样。自然国学具有崇尚生成论、讲究整体观和有机观、勤于观察、善于推类、重于应用等优点，西方近代科学则具有崇尚结构论、讲究局部观和分析观、勤于实验、擅长逻辑、重于效益等优点。两者各有所长，亦各有所短。它们的结合会迸发出无限的创造性思维，前述的竺柯祯、吴文俊、屠呦呦是如此，国外创立协同学的 H. 哈肯、耗散结构理论的 I. 普里高津、有机建筑论的 F. L 怀特等无不如此。

人们常说中国原始创新不够，那是近现代，是自然国学被泯灭的年代。在自然国学发展的古代，中国人富有创新精神，其技术、工艺的发明数量不但位列世界各国之首，而且超过古代世界各国技术和工艺发明之总和。事实证明，中华自然国学具有创新性思维。当代中国创新不够，其中一条重要的原因是与中国科学技术人员缺乏国学知识和思维，尤其是缺乏自然国学知识和思维。前些年笔者发表的《自然国学是现代科学技术的创新源泉》一文中即指出：自然国学能在观念上、理论上、方法上、史料上、技术基因上、灵感上等方面对当代科技创新发挥重大的启迪或实用功能[1]。

第二次世界大战以后，尤其是 20 世纪 70 年代以来，社会和科学高度发展，交叉学科、综合学科、横断学科、系统学科等像雨后春笋般地发展起来，促使科学从简单科学时代进入复杂科学时代，从线性科学时代进入非线性科学时代，从分析型科学时代进入综合型科学时代。概括为一句话：从小科学进入大科学时代。我国科技人员不能再故步自封，死守分科性体系、分析论方法，而置富具整体观、生态观、有机观的中国人自己的自然国学于不顾，捧着金饭碗去要饭吃。试想，科学已从分析型为主的时代进入综合型为主的时代，从分科论为主的时代进入整体论为主的时代，我们的科技人员如果还仅有过去在学

1　孙关龙：《自然国学是现代科学技术创新的重要源泉》，《科学新闻》2003 年第 17 期；
孙关龙、宋正海主编：《自然国学——21 世纪必将发扬光大的国学》，北京：学苑出版社，2006 年，第 85 ~ 90 页。

校中学到的分析型、分科论思维（顺便说一下，科学进入综合型为主、整体论为主的时代已有数十年，我们的教育却依然停留在分析型、分科论的时代，太跟不上时代的发展），不随时代前进，不注重学习综合型、整体论思维，怎么能跟上当今科学发展的步伐？怎么会具有时代特色的创新性思维？

中国要走出具有中国特色的科技现代化道路，也必须继承光大自然国学。众多事实已经证明，自然国学中的整体观、生成观、天人合一观、有机观、和谐观、元气说、阴阳说、中庸说、相生相克说、天地人“三才”说、道法自然说、厚德载物说、经络说、太极模型、象数论、有机建筑论、因地制宜论、因人制宜论，以及数学机械化法、生物除虫治虫法、医学以毒攻毒法等，至今仍有价值，甚至有时比现代科学的一些学说、观点更适合当前的交叉科学时代、综合科学时代，更能解决一些非线性问题、复杂性问题。亦已证明中国特有的地域广阔、数量巨大、类型多样、连续性好、较为可靠、系列又长的自然史料，至今仍有价值，且是世界上他国所不具有的、独一无二的历史自然史料。因此，只要重视自然国学，中国完全有条件加快中国科技现代化的进程，中国也完全有条件走出具有中国特色的科技现代化道路。

自然国学的内涵、框架与体系

马晓彤 *

摘　要： 自然国学与人文国学两大板块，构成中华文化的完整系统。前者是规律之学，体现着科学传统；后者是价值之学，体现着人文传统。自然国学的框架以道、法、术反映观念、原理、技术三个方法论层次，其体系则由天、地、律、算、工、农、兵、医八个主要的知识范畴构成。认知模式是自然国学的灵魂，包含整体论、还原论、系统论三个模式，并且以系统论模式为主流。自然国学发展经历两个高峰，一个在秦汉，一个在宋明，均体现出哲学开路、科学繁盛的规律。清中期以降，自然国学走下坡路，西学东渐将其体系几乎整体掩盖，唯有中医学一家独存于现代科学体系之中。西方还原论科学弊病显现，系统论的自然国学可发挥纠偏之效。中医学应该发挥主导作用，首先实现自身现代化，再拉动其他兄弟学科复兴，最后联合西方新兴的系统科学共同推动科学革命。

关键词： 自然国学　整体论　系统论　还原论　中医学

* 马晓彤，中国中医科学院中医基础理论研究所副研究员，中华炎黄文化研究会自然国学促进会副会长，研究方向为中医理论、科学哲学、自然国学的认知模式与体系框架。

自然国学正在被越来越多的人所注意与关心，同时，人们对它的认识也在不断加深。最基本的问题就是何为自然国学？包括哪些内容？有何价值？这些问题虽说简要，但直指根本，需要给出明确的回答。自自然国学概念于 2001 年正式提出以来，不少学者从不同角度阐发了对它的理解，形成了一批丰富的思想成果。结合当下的社会变化情况，不断使之明晰的努力还有必要继续进行，这样可持续推动这个古老而又年轻的学术领域循着时代的脉搏向前发展。

一 自然国学的内涵

在说明自然国学内涵的时候，要找到两个对应范畴，一个是人文国学，一个是西方科学，否则就难以明辨其特征。所谓国学，就是从中华文明本根生发演化而来的学问，有别于源自其他文明的学问体系，其中包括探索事物存在与变化规律的自然国学，以及追求人生价值与审美情趣的人文国学。以往谈国学，一般是指人文国学，基本不涉及自然国学，原因主要在于科学观，认为中国文化体系中不存在科学，因而自然国学也就无从谈起。所谓科学，是近代以来形成于西方，后传播于世界并且影响不断扩大的体系化规律之学。通常谈到科学，往往认为它属于西方文化，对中国来说是舶来品，与中国文化没有关系。其实这是一种误解，问题出在文化观其本质还是科学观，不少人认为科学是西方文化的特征之一，其他文化体系则缺少这种成分，这是对科学的片面理解，科学具有不同类型，不同文化体系都有科学，只是类型不同罢了。中国与西方文化体系中均有整体论与还原论科学模式，但由于文化背景与社会发展状况有别，中国科学的主流是整体论，而西方科学的主流是还原论，不论何种类型，它们都是规律之学，都有助于认识自然，促进生产力发展，不断改善人类生活，增进福祉。

有趣的是，对自然国学最有抵触情绪的恰恰是与它关系最为密切的两个学术领域，一个是前面提到的人文国学，另一个则是科学史。当代人文国学沿用了古代传统的经史子集框架，并与西方人文学科进行不同视角的比较诠释，形成了一套今人对古人的理解模式，同时也向世界学术界表明，中国具有一个不同于西方，但同样源远流长、博大精深，且不失其现代价值的文化体系。需要注意的是，现代西方学问将科学与人文分得很清，通常人文学科不涉及对科学的讨论，各门具体科学问题科学家管，分科之学之外的整体性科学通识问题则由科学哲学及科学史家去管，不仅对象区分干净，而且方法也泾渭分明。那些以还原论模式探索自然的学问被视为科学，而通过整体论模式获得的自然知识不被认为是科学，至于社会与人生问题更是被排除在科学之外。久而久之，多数国学家们也自然而然地认为，中国文化中没有科学，或者说只有一些根本无法与西方现代科学相提并论的科学萌芽而已。

科学哲学与科学史家可以说是科学与人文相通，兼备两方面学养的跨学科学者，但他们也多数按照西方狭义的科学观看待中国文化，只从自然国学的技术成果中选择一些与西方科学吻合或者仅仅具备实践价值的内容，写入中国科技史的篇章。总体来看，反映在科技史中的中国科学基本上以技术为主，加上一些自然哲学的抽象观念，而其认知模式的微观机制、技术规范、体系框架这些科学知识的表述要素，则根本难窥其貌。自然国学则从道、法、术多个层面，天、地、律、算、工、农、兵、医不同领域，系统阐述中国文化中的科学传统，这就显得有些另类，难以充分理解。

还需要说明的是，自然国学虽说谈的是科学传统，但它人文内容也十分丰富，且无法剥离。这是由它“天人合一”的认知模式决定的，与西方“天人相分”的认知模式显著不同。也许说它是中国文化中的科学传统也不准确，因为在中国文化的语境中不区分科学与人文，不仅就对象而言自然与人生浑然一体，从方法角度来看也是主体客体相融。之所以这样表述，完全是因为当下语境使然，否则更是容易引起误会。

如何看待这样南辕北辙的两种文化？能否找到统一的路径？这是当代学者必须解决的问题，它不仅关乎人类认识的局限如何突破，更重要的还可能化解文明的冲突。面对这样的复杂问题，不能从既定的任何观念出发，更不能无原则地顺从已有的习惯，必须平心静气地回溯历史脉络、面对现实问题。从历史上代表性人类文明成形的轴心时代看，横断三个体系：西方（不是地域的西方，而是文化的西方，包括古埃及、美索不达米亚、希腊、罗马等在当时已经融合的文明体系）、印度、中华。

由此以降，形成西方、阿拉伯、印度、中华四个传统。其中：西方文明包括欧洲与希伯来两个方面；阿拉伯文明融合了部分西方与东方文明要素，又增加了新形成的伊斯兰宗教文化；印度文明则在保留固有传统的同时，也加入了部分周边文化的成分；中华文明受到印度文化的深刻影响，佛教成为华夏最大的宗教。可见，在历史的长河中，后世的西方、印度、中华各文明体系已经与轴心时代有所不同，而且增加了更为年轻的阿拉伯文明。在当前世界舞台上，这是四个主要的文明体系，尽管从远古走来，它们各自沾满了历史尘埃，也与其他文明有所交叉互换，但基调清晰可见。不论哪一种文明，从形成之初，都具有两方面的知识：一个是关于“这是什么?”的科学知识；另一个是关于“我该如何?”的人文知识。科学即规律之学，人文即价值之学。

当然“科学”与“人文”都是西方现代文化术语，古时候各文明并无此称谓，但不影响这样谈论过去的事情。可以这样说，用科学表述的规律之学近代以来在西方出现，并传播世界，但不用此词表述的规律之学世界各地古已有之。知识是为人生幸福服务的，不论科学还是人文概莫能外。不同时代、地域、人群，遇到的生活问题不同、需求不同，科学与人文知识便内容有别，不同内容的知识需要面对不同对象、采用不同的方法。概括起来，人类科学与人文活动，通常都是密不可分的，对象在不同文明体系中也大同小异，包括自然、社会、思维等领域，只是具体划分的方式有所不同。

方法在不同文明之中也基本相似，不外乎整体论、还原论、系统论三个主要类型。当然，这些术语也是现代产物，但能较准确地说明过去的事情，不妨使用。需要强调的是，不同文明体系在不同时代，采用的方法有不同倾向，因而形成不同的科学类型，并且发展水平也不尽相同，这是我们理解科学时必须注意到的复杂情况，如果不慎，便会陷入混乱。例如，西方科学在整体论、还原论、系统论中，倾向于还原论，并在近代以来取得了辉煌成就，造就了以牛顿《自然哲学的数学原理》为代表的现代科学主流模式。[1] 印度科学则倾向于整体论，并在古代社会便大获成功，《阿

1 牛顿：《自然哲学的数字原理》，赵振江译，北京：商务印书馆，2006年。

育吠陀》是其典范。[1] 中华科学倾向于系统论，不是像西方与印度那样分别向还原论与整体论一偏，而是主张中庸之道，兼容整体论与还原论，《黄帝内经》便是范本[2]。这里还有一点需要交代，那就是整体论与系统论的差别。

不加特别说明，整体论与系统论是一回事，如果细分，可以认为整体论是绝对整体论，是强纲领，不容还原论混入。而系统论则是相对整体论，属于弱纲领，容许还原论融入，甚至要求还原论融入。前一种情况如中国的道家，走中庸的系统论路线，兼有整体论与还原论，不走极端。而儒家则是整体论，墨家属于还原论，它们彼此排斥，而道家则与两家均相容。后一种情况则如现代西方系统科学，它是一个复杂的学科群，由近代还原论科学发展而来，如果没有还原论的支撑，它将不知所措。也正是由于这一点，它在面对真正的复杂系统时，便显得捉襟见肘。

目前关于这些概念并无定论，也未进行深入讨论，但著者认为这样区分有利于深度解读自然国学的模式，一个重要的观点便是，系统论不是现代知识产物，而是古已有之，它并非整体论发展而来，而是与整体论同时降生。这三论概括了人类认识世界的基本模式，只是不同时代有其不同的形式而已。

二　自然国学的框架

“框架”是方法论意义的语汇，对知识体系进行抽象的层次结构说明，不涉及具体内容。而与其容易混淆的“体系”，则涉及具体的知识内容，或者说范畴。前者相对稳定，而后者则处于持续的发展变化之中。讨论自然国学的框架与体系有一个预设，那就是自然国学乃体系化知识，而非碎片化知识。这是对以往人们中国科学观的颠覆，因此著者也打算通过本文对此做一初步的论证。碎片化知识属于经验知识范畴，虽有价值，但层次低、难传承、局限大。

体系化知识有三个特点：连续而持久的传承，较大规模的传播，多学科通

1　米歇尔·S. 芳汀：《阿育吠陀疗法》，邢彬译，海口：海南出版社，2017 年。

2　代军、刘更生整理《灵枢经》，北京：人民卫生出版社，2005 年。

约的认知模式。自然国学自战国秦汉形成体系之后两千多年来，连绵不绝，影响不同程度地波及亚、欧、非、美，不断被“新瓶装旧酒、洋妞穿华服”。在学术演化的复杂过程中，不论有多少学科起起落落，多少学人荣辱褒贬，多少观念交替往复，但贯穿各个知识范畴的认知路径始终清晰可辨，那就是以“天人合一”观念、“取象比类”方法、“实践优位”取向为标志的系统论模式。

按照传统说法，自然国学体系包含道、法、术三个层次，这就是对这个知识体系的框架做出的生动说明。其中的“道”指的是观念，“法”指的是方法，“术”指的是技术。这种表述与现代西方科学的表述有所不同，但也不难诠释。可以近似地将“道”理解成“哲理”，“法”理解成“原理”，“术”理解成“技术”。由此可见，三对概念中，差别较大的是法与原理之间的联系，而道与哲理、术与技术则较为接近。与道、法、术这一较为标准的说法同时存在的还有三种不那么规范的说法，一个是“大法”，另一个是“道术”，还有一个是“道器”。其中大法之说来自佛教，意为道、法、术兼备的体系，用法统摄了上游的道与下游的术，强调了中间层面的原理，这也许是佛教中具有较丰富的逻辑学（因明学）内容之故。

道术之说来自道家，省去了中间的原理，着眼于上游的道与下游的术，在这里逻辑基本中空，直觉成为原理的核心内容。道器之说来自儒家，与道家的说法看上去较为接近，似乎同样强调了上游的道与下游的器，但有一个根本的差异，儒家的道与器着重人之外的存在，道是抽象的规律，器是具象的物件，它们分属上下游。道家所讲的道与术则是以人为本，兼及客观存在的混合物，不分主体与客体。可见，道、法、术的说法实际上是融合儒、道、佛的综合表达方式，先秦时的显学墨学发达的逻辑学在这里不存在了，但佛教中存在的因明学在一定程度上给予了补偿。

然而墨学中关于物质结构性的知识，却不能在儒、道、佛的三合一体系中有效保留，直到西方科学东渐之后，才被重新发现与重视，不过因为有西学的贡献，它自身的学术价值已经不显，只能在全面理解与诠释中华文化传统的面貌时，体现精神与历史价值了。

站在今天的文化语境中，采用道、法、术作为自然国学的框架是适当的，它全面体现了中华文化独立自主最后阶段的叙事方式，同时也与目前占据主流地位的西方叙事方式可以较方便地对接，省去了各种麻烦。事实上，不同历史阶段自然国学的框架呈现方式是不同的，除非某些特殊需要，我们可以省略这些差异，尽可能简捷地通过一种模式来说明自然国学的框架，事实证明这是行得通的。不论是自然国学中的基础学科天、地、律、算，还是应用学科工、农、兵、医，均可采用道、法、术进行系统说明。不论哪一学科，道的部分离不开两件事，认知模式与价值倾向；法的部分主要说明知识的逻辑结构与演化历程；术的部分要交代清楚技术标准与行为规范。

尽管先秦三家儒、道、墨各有其认知模式与价值倾向，可分别概括为整体论、系统论与还原论，但事实上经过历史的磨合，在人文国学领域儒家整体论呈主导之势，而在自然国学领域则由道家系统论当家。墨家倾向于还原论的科学传统被道家吸收和转化，以补充者身份存在，而其与儒家针锋相对的人文精神则从庙堂隐退到绿林，成为革命者的旗帜。因此，当我们谈及自然国学的道时，基本认知模式是属于道家的，而价值取向则可能有儒家的思想因素，不过由于历史诸多因素的复杂影响，两者之间的界限并不明显，通常已不再细分，统称为“天人合一”模式，表现在认知方面是“取象比类”，价值方面则是“实践优位”。而自然国学的法，则是一系列与各个学科密切联系的原则与规律的集合，如兵学的“不战而屈人之兵”“知己知彼，百战不殆”“其势险，其节短”等。

医学的“上工治未病”“经脉者，所以能决死生，处百病，调虚实，不可不通也”“气为血之帅，血为气之母”等。自然国学之术是框架的下游，主要内容是技术标准与行为规范，通常以不同时期的学术经典作为依据，如《孙子兵法》、《黄帝内经》、《天工开物》和《农政全书》分别是兵学、医学、工学与农学的技术标准与行为规范的蓝本。从道、法、术三个层次比较而言，道具有最大程度的跨学科特性，或者说自然国学的认知模式与价值倾向具有多学科的通约性，术则专业性最强，跨学科性最弱，而法则介于两者之间，具有中度跨学科性。

三　自然国学的体系

自然国学是一个探索规律之学的知识体系，这就是它的基本内涵。而它的框架包括前面提到的道、法、术三个认识层面与天、地、律、算、工、农、兵、医等八个主要知识范畴构成的交叉网络。从大的格局看，它是相当成熟的，基本上涵盖了西方科学涉及的所有领域，只是视角不同、粗细各异而已。提出自然国学概念有何现实意义？概括来说有三个方面：首先，建立广义科学观，解放思想，放开视野，增强创造力；其次，正确认识文化的本质，不以偏概全，既克服中华民族近代以来因为被动落后而产生的文化自卑感，也促使引领文化主流的西方不要妄自尊大，能够理性看待不同文化的价值；最后，增进跨文化理解与合作，减少文化间的冲突，巩固世界和平。

如果不加区分，泛泛地谈及中华文化的特点与价值，那在实践中常常会隔靴搔痒，不解决实际问题。若明确地在当下语境将中华文化划归人文学科，比上述中性的隔靴搔痒危害更大，它将直接导致对中华文化体系的性质错解与价值误判。只有全面深入了解中华文化的全貌，看到它人文与科学两个传统，才能真正把握其要旨，发挥其效用。

自然国学体系成形于春秋战国及秦汉时期，其标志是在较短的历史跨度之内，成群落地涌现出可通约的多学科知识门类，而且遍及人类生活的方方面面，人才辈出，佳作不断。正是在这一时期，诸子百家群星灿烂，各路英豪大放异彩。这些学问按照前面所说的框架来看，道的层面有自然观、科学观、技术观；法的层面有方法论、方法学；术的层面有标准与规范。体系主要是分门别类的知识范畴，主要包括天、地、律、算、工、农、兵、医。通常在进行中西科学比较的时候，认为西方科学是分科之学，而中国科学则是不作区分的整体学问。这种看法有失偏颇，中国科学不是不分门别类，而是不那么细分，同时不同学科之间普遍存在交叉关系。

这种区别，一方面是由于古代与现代的知识成熟度有别，另一方面则是存在东西方思维模式差别之故。西方现代科学认识论倾向于还原论，凡事都要找到那块基元性的“宇宙之砖”；中国古代科学的认识论则倾向于系统论，为了方便把握研究对象，也进行适度的划分，但不求穷尽，只要能够满足实践需求即可。除了实践优位这样的价值取向，造成这一认知现象的原因还有两个：一个是尽量不破坏研究对象的整体性，避免失真；另一个则是减少资源浪费，保障人类生活的可持续性。

秦汉是中华帝国的成型时期，社会生活已经全面展开，各种需求已经十分丰富，这就为自然国学的发展提供了必要的社会基础。同时，因为先秦百家争鸣，几乎囊括人类智慧方方面面的各种思想充分涌现，为自然国学的体系化创造了既有深度又有广度的知识条件。人类知识的深度从古到今都可以通过分类的精度来体现，这已经被认为是一个规律，自然国学的发展也证明了这一点。早期自然国学著作，往往都类似百科全书，各种知识散见于经史子集之中。

到了汉代，专门化的著作开始多起来了，但还是主要表现为综合性，如医学著作《黄帝内经》。后来才渐渐开始分门别类，如内科学的《伤寒杂病论》、导引术的《周易参同契》和针灸学的《针灸甲乙经》等。自然国学的发展不是简单的直线，而是波折的曲线。如果把秦汉看作第一个高峰，那么宋明便是第二个高峰。两者的共性是，哲学先繁荣，科学再进步。先秦诸子百家为秦汉的科学大发展开路，宋明理学高地则托起同时代科学的尖峰。

需要说明的是，在两峰之间，依然有不可忽视的自然国学成就，而且还不乏天才的原创性成果，只是规模较小，个体化色彩较浓。两者之间的差异是，秦汉自然国学综合性明显，而宋明自然国学则专门化程度较高。可见，虽然自然国学基本模式都是系统论，但不同历史阶段还是存在程度上的区别的。总的趋势是，在系统论的框架之内，整体论成分逐渐减少，而还原论的成分逐渐增多。这就可以理解，为什么在明代末年，徐光启、方以智这些大学问家能够深度理解并接受利玛窦等西方传教士带来的西方还原论风格的科学著作了。

明之后，自然国学开始走下坡路，之所以如此，既有社会因素，也有知识体系内部的因素。出现两个不适应，一个是社会性的生产关系不适应生产力的发展，另一个是知识性的整体论认知模式不适应研究细致化对象结构的需要。有三个医学方面的典型例子：李时珍运用自然分类法撰写的《本草纲目》[1]，以吴又可病原学思想为本的《温疫论》[2]，以及王清任通过解剖学观察完成的《医林改错》[3]，它们

1 李时珍：《本草纲目》，北京：中国中医药出版社，1998 年。

2 吴又可：《温疫论》，北京：中国医药科技出版社，2011 年。

3 窦志芳：《医林改错注释及临床应用》，太原：山西科学技术出版社，2006 年。

都在一定程度上体现了还原论认知模式的特点，但这些有别于传统整体论模式的中医学新成果，并未能在中医学内部有所作为，反而被后来的西方学者所接受。

李时珍得到生物学家的普遍尊重，被看作最有现代风格的古代中国医家。这一现象令人深思，它反映了自然国学的复杂性，不能简单地理解为不同于西方还原论科学的整体论科学。虽然它的主流是整体论，确切地说是系统论，但从先秦开始，它内部便有了成体系的墨家还原论风格的科学内容。而到了明清时期，整体论模式的自然国学体系内部也发生了嬗变，开始自发涌现出还原论的苗头，只是基于两方面的原因未能发展起来：一方面，传统的整体论知识惯性和与之相适应的社会环境让它丧失了独立存在的可能性；另一方面，西学东渐带来了成熟的还原论科学，使它失去了自主发展的必要性。

站在今天的时代立场，该如何看待自然国学的体系及其未来的前途？凡事三十年河东，三十年河西，一切皆因时随势，不能以僵化的眼光看万象更新的世界。需要采用两个视角，一个是历史的，另一个是现实的。历史上，不论东西方各个科学体系，均存在整体论、还原论、系统论三个认知模式，随着时代演化，渐渐形成以中国和欧洲为代表的东西科学传统，中国倾向于系统论，欧洲则倾向于还原论，而当下，西方科学成为世界性主流科学，而东方科学则是边缘化的地方性知识。西方科学的弊病已经出现，东方科学应该纠偏，这就是时代的呼唤。那么既然如此，过去是什么样已经不是问题的关键，需要关注的重点在于：现在怎么办，未来何处去。

纠还原论之偏，只能用自然国学中的系统论，其中的还原论可以继续休息，而在现时代发力，传统系统论不能满足实际需要，应该现代化。这只是原则性答案，那么具体如何干？不论是系统论部分还是还原论内容，自然国学已经全面隐化，唯有中医学尚存在于现代科学体制之中。由于它独立寒秋，身单力薄，处于挣扎生存，面临异化的艰难境地。概括地说，系统论模式的中医学目前是“脚下无基石，身边无兄弟”。

按照自然国学体系八门类的意见，天、地、律、算是中医学的基石，工、农、兵是其兄弟。由于中医学具有现实的合法性地位，它就肩负起了复兴自然国学体系的重任，否则它自身的消亡也只是时间问题。只有与自然国学体系诸学科群落性存在，中医学才能真正茁壮成长。要完成这个任务，任重而道远。但方向首先要明确，并且从当下起步向前走，不能向后退，我们不可能再回到过去，只能借用古代之光照亮未来之路。总体来看，需要三步走：第一步，完成中医自身的现代化，具体标志有两个，按照系统论模式，实现信息化实证与非线性量化；第二步，按照现代中医学模式拉动天、地、律、算、工、农、兵七科的现代化；第三步，与西方科学中的系统科学融合，推进世界性科学革命。

这三步相互联系，密不可分。没有第一步，第二、三步无从谈起。没有第二、三步，第一步也不能真正成功与巩固。或者说，这三步不能一步一趋，需要交叉进行，联动操作。只有这样，才可能有效复兴有益于天下的自然国学，而且也只有成体系地复兴，自然国学才有新生与续存的可能。

自然国学评论

格式探讨

咖啡与茶：中西思维方式比较*

原　理**

摘　要： 思维方式的差异是造成文化差异的一个重要原因，中西不同的思维方式导致了茶与咖啡文化的不同，了解这两种文化背后所隐含的思维方式差异有助于我们真正理解茶文化和咖啡文化。茶文化背后所隐藏的思维方式是一种整体性、过程性、关联性和直觉体悟式思维，茶超越了其自然属性，成为一种承载中国传统道德理想和精神境界的一个重要介质。而西方的咖啡文化体现的是一种二元性、线性和逻辑性思维，咖啡作为一种对象性的物质被进行科学的、理性的探究并加以消费，较少作为一种价值承载的中介。

关键词： 茶　咖啡　中西思维方式　文化差异

* 本研究系中国人民大学茶道哲学研究院阶段性学术成果。

** 原理，中国人民大学哲学院副教授，硕士生导师。

在人类文明的发展过程中，特定区域和民族的人们会根据他们对世界的认识逐渐凝聚成认知和习惯，并形成特殊的思维方式。思维方式是一种特定文化主体固定了的思维习性的基本状态，包括思维结构、价值取向、认知属性、审美情趣等，它是文化中最深层次的一部分，也是最为稳定的一部分，一旦形成，人们就会在这种稳定状态下惯用这种模式进行思维并行为。思维方式体现在民族文化的所有领域，比如：物质文化、精神文化、制度文化、行为文化，尤其体现在哲学、语言、美学、文学、艺术、医学、宗教以及政治、经济、法律、教育、外交、生产和日常生活实践之中。思维文化的差异是造成文化差异的一个重要原因，要深入研究具体的文化现象，就需要深入研究文化现象背后起作用的思维方式。

中国是世界上最早发现、利用和饮用茶的国家。茶发源于神农氏，兴起于唐朝，繁盛于宋代，发展传播于明清，迄今已有四五千年的历史。茶与其所根植的中国文化所衍生出来的茶文化，渗透于中国人生活的方方面面。与之相对，西方最受欢迎的饮品是咖啡。咖啡源于非洲，发展于阿拉伯和埃及，风靡于欧洲和北美。随着全球化进程的加速，作为饮品的茶与咖啡似乎已经不再受限于地域及其传统文化，为世界各地的人们所共享，但很少有人深究这两者所烙有的各自民族思维方式的特征。本文将以茶文化与咖啡文化为例，来探究两者背后所隐藏的中西思维方式差异。

一　茶和咖啡文化的起源与发展

茶树原产于中国西南地区，茶的英文学名最早见于瑞典植物学家林奈的《植物种志》，他在书中把茶的学名定为“Thea Sinensis”。“Sinensis”是拉丁文“中国”的意思。中国的“茶”字最早见于唐朝的《百声大师碑》和《怀晖碑》中，由茶圣陆羽在《茶经》中将“茶”字固化并由此传播至今[1]。

1　吴远之主编《大学茶道教程》，北京：知识产权出版社，2013 年。

历史上真正意义的饮茶起于何时难以确认，根据《中国风俗史》中所记载的“周初至周之中叶，饮物有酒、醴、浆、湆，此外犹有种种饮料，而茶其著”。这表明，在殷周时期，茶才从药用转变为日常饮品。秦始皇统一中国后，茶叶便沿长江而下传遍了半个中国，而茶叶作为商品形式向海外传播最早始于 4 世纪末 5 世纪初。佛教由中国传入高丽国时，茶叶也随之传入朝鲜半岛。新航路的开辟不但开始了西方人的世界之旅，也意味着他们开始接触到充满东方魅力的茶叶。

到了魏晋南北朝时期，茶成为寻常人家的待客之物，饮茶与以茶待客成为约定俗成的事。这时，饮茶不再仅仅为了解渴和提神醒脑，而是有识之士提倡简朴“养廉”的首选。无论是以茶待客，还是用茶来祭祀，都是一种表现精神和情操的方式。到了唐代，茶文化开始正式形成[1]，饮茶的方式自唐代以来逐渐由药饮和粗放式煮饮，发展成为细煎慢啜地品饮，进而演进为艺术化、哲理化的茶文化。总体来说，中国饮茶文化经历了秦汉的启蒙、六朝的萌芽、唐代的确立、宋代的兴盛、明清的简化和普及等阶段。人们在长期的饮茶过程中，逐渐把饮茶作为一种精神上的享受，随之产生了各种文化现象和社会功能[2]。

茶的药用、食用，或粗放式的解渴饮用，仅仅只是利用了茶的自然属性，满足了人的生理需要，而茶的品饮才是真正利用了茶所赋有的精神意味。对茶由“饮”到“品”的转换，体现了对茶叶认识的质的飞跃，也说明人们开始通过开发并赋予茶叶崇高的精神属性发展出越来越丰富的茶文化，满足了中国古人社会心理上的需要。古代文人留下的大量诗词书画说明了茶与精神享受或价值追求的密切关系，“三分解渴七分品”，茶会、茶宴、茶礼等品饮形式使得品茶活动成为能够显示高雅情趣、寄托情感、修养身心的一种生活艺术。并且，中国传统的朴素自然的品饮艺术理念，以及蕴藏在民间的各种饮茶习俗，也体现了中国文化的意蕴和中国人独特的思维形式和观点。

从历史发展上看，唐代的茶文化既与文人的吟咏歌舞、琴棋书画相关联，也与佛教及朝廷的倡导有着极其密切的关系。唐朝廷对佛教的推崇，促成了佛

1 朱自振：《中国茶叶历史资料续辑》，南京：东南大学出版社，1991 年。

2 简伯华：《茶与茶文化概论》，长沙：湖南科学技术出版社，2003 年。

教的兴盛，因为僧众坐禅需要茶的破睡功夫，寺院种茶制茶便逐渐成了风尚。宋代饮茶、斗茶之风兴起，茶文化的形式也开始丰富起来，茶诗、茶词、茶论大量出现。明代倡导以散条茶代替茶饼，以沸水冲泡的泡饮法替代传统的研末煎饮法。饮茶法的变更，导致了绿茶、黑茶、白茶、黄茶、乌龙茶以及花茶等茶类的迅速兴起与发展。清代时期，茶叶生产工艺已经十分成熟，茶叶成了出口产品的一个行业，茶文化活动丰富多彩。

从思想根源上看，中国茶文化是在儒道佛思想的塑造下形成的，它尽管不是中国传统文化中的核心文化，却承载了中国传统文化中的精髓。在茶事活动中，融入哲理、伦理、生活智慧，通过品茗来修身养性、陶冶情操、品味人生、参禅悟道，达到精神上的享受和人格上的洗礼，这就是饮茶的最高境界，茶道。茶之所以能被选中并由此发展成一种文化现象并被发扬光大，是因为茶之淡泊、清纯、自然、朴实的品格与中国传统文化价值观是一致的。在中国茶文化中，茶道是核心，是灵魂。

“茶”字体现了“人在草木中”，茶生于天地草木之中，而人承天地之精华，与天地万物合而为一。“道”是中国古代哲学的核心范畴，是万物之始，也是万物生成和发展的规律和法则。茶以载道，茶作为一种介质，为人们接近道、体验道、悟道提供了一种有效的方式。在《茶经》中，陆羽极富创意地提出了“精行俭德”的茶道精神：“茶之为用。味至寒，为饮最宜精行俭德之人。”儒家强调中庸、仁爱和谐，以茶养廉；道家倡导自然、清静，以茶求静；佛学讲求禅修、悟道，以茶助禅[1]。

儒释道都将茶作为载体来表达其重要思想，元人王旭《题三教煎茶图》诗之一云：“石鼎风香松竹林，三人同坐不同心。从渠七碗浇谈舌，争似忘言味更深。”可见，儒释道三教，以茶为媒，融合合家，三合为一。

根据历史学家的发现，咖啡树最早生长在埃塞俄比亚的卡发省（Kaffa）。但阿拉伯人最早把咖啡豆晒干熬煮后，把汁液当作胃药来喝，认为可以有助消化。后来发现咖啡还有提神醒脑的作用，同时由于伊斯兰教《古兰经》严禁

1　郭丹英：《儒、道、佛与中国茶文化》，《茶叶》2006 年第 1 期。

教徒饮酒，因而就用咖啡取代酒精饮料，作为提神的饮料而时常饮用。15 世纪以后，到圣地麦加朝圣的教徒陆续将咖啡带回居住地，使咖啡渐渐流传到埃及、叙利亚、伊朗和土耳其等国。

宗教是促使咖啡在阿拉伯世界广泛流行，并最终演变为世界性潮流的一个重要因素[1]。咖啡进入欧陆归功于土耳其当时的奥斯曼帝国，由于嗜饮咖啡的奥斯曼大军西征欧陆并在当地驻扎数年之久，在大军最后撤离时，留下了包括咖啡豆在内的大批补给品，维也纳和巴黎的人们得以凭借这些咖啡豆，和由土耳其人那里得到的烹制经验，发展出欧洲的咖啡文化。虽然咖啡诞生于非洲，但是种植和家庭消费离开了非洲本土，而且主要的饮用方式及其相应的文化习俗都是近代才逐渐出现的。实际上，正是欧洲人让咖啡重返故地，将其引进他们的殖民地，在那里，由于有利的土地和气候条件，咖啡才得以兴旺繁荣。

咖啡对于西方人来说，也不仅仅是一种饮品，它隐含着丰富的文化内涵[2]。欧洲结束了漫长的中世纪，文艺复兴所代表的人文主义精神代替了沉闷的神学思想，更多欧洲上流社会的成员和普通公众日益接纳和亲近咖啡，因为追求和享受幸福的人生是人文主义的主旨，在咖啡馆里喝着咖啡讨论人性以及有关人的问题成了当时非常流行的生活方式的一部分。

1554 年，伊斯坦布尔出现了第一家咖啡馆——卡内斯咖啡屋，因为有不少学识丰富的人光顾咖啡馆并在那里交流思想，所以咖啡馆被称作“智慧的学院”，现代意义上的咖啡馆就此出现，伊斯坦布尔也被称为“咖啡通向欧洲的起点站”。自 1615 年威尼斯商人把进口的咖啡豆运回威尼斯开设欧洲第一家咖啡馆开始[3]，到 17 世纪末 18 世纪初，咖啡馆在欧洲特别是西欧各个城市如同雨后春笋般迅速普及。

尤其是 20 世纪以来，咖啡馆成了一种重要的社交休闲场所，人们在这里谈论政治，构思文学作品，闲聊生活琐事。一些欧洲著名的咖啡馆里长期聚集着来自四面八方的学者和艺术家，他们在那里构筑了全世界哲学家、作家和艺

1 齐鸣：《咖啡咖啡》，南京：江苏凤凰科学技术出版社，2012 年。

2 江健：《法国咖啡文化与茶文化发展及启示》，《艺术文化交流》2015 年第 5 期。

3 Thorn，Jon，*The Coffee Companion*，London：Quintet Publishing Ltd，1997.

术家心中的圣地和精神家园。17 世纪中后期，伦敦的咖啡馆已经成为主要的聚会场所，对于英国人来说，咖啡馆是个沟通交流、学习思考甚至进行商贸交易的场所，圆形或椭圆形的咖啡桌四周围着侃侃而谈的人们，彼此间的对话平等、随和、自由，咖啡的消费只需几便士，所以咖啡馆在当时又有“便士大学”的美称，暗含了咖啡馆自由平等的精神。

18 世纪的巴黎咖啡馆是政治家、文学家、思想者、诗人和艺术家的聚集地。卢梭、伏尔泰、罗伯斯庇尔、马拉都是咖啡馆的常客。19 世纪末，咖啡馆早已不仅仅是喝咖啡的场所，宴会、展览、婚礼、沙龙、创作、歌舞表演等几乎一切活动都在咖啡馆进行。哲学家萨特曾在巴黎的花神咖啡馆留下凝思，存在主义作家波伏娃也曾在氤氲的咖啡香气中陶醉。

18 世纪中叶开始，北美咖啡馆逐渐成为政治家、商人聚会的场所，经常笼罩着浓郁的政治氛围，波士顿的咖啡馆成为当时策划革命的大本营。不管是欧陆还是北美，最早的咖啡馆都是政治思想萌芽和发展的温室，咖啡史学家威廉・乌克斯在其 *All about Coffee* 中写道：“每当一个国家引进咖啡，就会引起革命。咖啡是人间最激进的饮料，它总能引发人们思考。而老百姓一思考，就会反抗暴政和专制，对极权统治者构成威胁。”[1] 美国人目前是世界上最爱喝咖啡的族群，但美国人喝咖啡，没有任何规则，比欧洲冲调咖啡时更不讲究，不强调咖啡的口感，也不甚讲究环境和情调，更随性自由，咖啡对于美国来说更像是为了高效工作的快速强心针。

从美食的角度讲，意大利的咖啡文化擅长对咖啡本身进行深入的研究和探索。意大利人专注于开拓咖啡的外延，为咖啡加奶沫、加巧克力酱，甚至加各类酒、奶油等。复杂、精细和量化的咖啡制作过程，孕育了意大利独特的咖啡文化和不胜枚举的咖啡种类。Cappuccino、Latté、Mocha、Macchiato 等耳熟能详的花式咖啡名字都来自意大利语，正因为意大利人的想象力和钻研精神，咖啡才会呈现今日的多姿多彩。意大利人对咖啡本身给予了充分的尊重，把咖啡制作提升为一门手工艺术，他们反对美式的快餐式咖啡，要求尽量保留和发展

1　转引自马克・彭德格拉斯特《左手咖啡，右手世界》，张瑞译，北京：机械工业出版社，2013 年，第 17 页。

咖啡本身的香味。对于意大利人来说，追求美味即是追求个体生命的张扬，是一种轻松、自由、平等的生活方式，一种志趣和品位。

时至今日，对于大多数西方人来说，喝不喝咖啡不重要，泡不泡咖啡馆却是一件大事情，咖啡并非是他们去咖啡店的主要目的，而是去咖啡馆的一个理由。因为咖啡馆可以提供一个与友人自在聊天、放松和个人沉思的场所[1]。西方的咖啡文化是和咖啡馆文化缠绕在一起。与在西方充当重要角色的咖啡馆相比，中国茶馆在中国历史上似乎并没有发挥过类似的作用，它只是商业形式的一种，茶文化更多地与儒释道人生哲学密切关联。

二　文化现象的背后：中西思维方式的分殊

季羡林先生曾说过，东西文化的区别就在于中西思维模式不同。不同的文化孕育着不同的思维方式，而这种稳定的思维方式，又会影响文化的塑成和发展。思维方式的差异本质上是文化差异的表现。从地理和文化的角度来看，世界可以分为东方和西方两大区域，西方古代以希腊和罗马为代表，近代以北美和西欧为代表，东方则以中国为代表。李约瑟曾指出："当希腊人和印度人很早就仔细地考虑形式逻辑的时候，中国人则一直倾向于发展辩证逻辑。与此相应，在希腊人和印度人发展机械原子论的时候，中国人则发展了有机宇宙的哲学。"[2] 只有认真地比较和剖析中西在不同的历史文化土壤中形成的不同思维方式，才能真正理解各自具体的文化表现形式，从而促进两种文化的深层次理解、对话和交流，相互借鉴，取长补短。

中西方具有各自思维方式上的特殊性，综合以往学者的论述，可以总结出三点差异。首先，中国是一种整体性的思维。"中国哲学无论是儒还是道，从一开始就是追求一种浑然一体的境界，也就是要掌握一种整体的宇

1　白雪：《中西文化比较之英美咖啡文化与茶文化》，《山西农业大学学报》（社会科学版）2012 年第 11 期。

2　李约瑟：《中国科学技术史》（第三卷），北京：科学出版社，1978 年，第 337 页。

宙观。”[1] 天或宇宙被看作包罗万象的整体与生生不已大化流行的自然过程，人生存与其中，并与之和谐统一。整体性思维方式的外化形式就是“天人合一”，追求这种“合一”，从整体上代表中国文化的根本精神和最高境界。人无论处于何种生命状态，都应效法宇宙天地，在其中体会人的生命自觉，将自然意境与人的思维意境合二为一。

比如中国古代思想之源流《周易》中，就贯穿着“天人合一”的整体性思维。“昔者圣人之作易也，将以顺性命之理。是以立天之道，曰阴与阳；立地之道，曰柔与刚；立人之道，曰仁与义。兼三才而两之，故易六画而成卦，分阳分阴，迭用柔刚，故易六位而成章。”（《易·说卦》）《周易》六十四卦，每卦由六爻组成，上二爻为天位，下二爻为地位，中二爻为人位，象征天地人并存为一个整体。天不是一个与人相对的纯粹客观的或实体性的存在，而是要从人的存在去谈天或天道，相反，人也必须去天人联系的整体关系中去看人。

正如张载[2]所言：“易言天道，则与人事一滚论之；若分别则只是薄乎云尔。自然人谋合，盖一体也？”整体性思维把天、地、人和自然、社会放在一个关系网中，从整体上去考察其中的有机联系，注重相互的关联性，倾向于用辩证的方法去认识多样性的和谐及对立面的统一。

西方则以一种二元性的思维提出了一系列对立的概念：主体与客体、人与自然、精神与物质、灵魂与肉体、现象与本质、偶然与必然等，强调分殊和差异。从西方哲学的发展来看，“对立分析”的逻辑判断似乎已经成为哲学家们思考问题的基本思维方式，这种逻辑注重从事物的本质来把握现象，并且，人站在自然的对立面，可以客观地认识自然、控制自然。而作为人与外物自然和谐相处之上的“天人合一”，超越了“人类中心主义”和“自然中心主义”这两种非此即彼的两难困境，追求的是“万物并育而不相害，道并行而不相悖”的理想境界。

其次，东方强调事物之间的关联性和事物及实践过程和意义内涵，而西方

1　成中英：《论中西哲学精神》，上海：东方出版中心，1996 年，第 310 页。

2　《张载集》，北京：中华书局，1978 年，第 232 页。

则更注重追求事物确定的本质及其相关知识。中国哲学一般把宇宙的起源和发展视为一种运动不息的自然过程，存在一种“本根”，化生出万物，而这一“本根”与具体事物之间有一种不即不离的关系，这样一种“本根”就是“道”。天地万物是一个浑然有机的整体，而且永远处于一种“Becoming”的过程之中。这种过程性思维承认过程和变化要优于静止和不变性，并不妄断存在一个构成事物一般秩序的最终原因，而且万事万物相互联系，具体的变化和发展正是由事物间的关联和转化所促生。“道可道，非常道。”道虽然是万物的本根，滋养万物发展的动力，但这玄妙之“道”无法用清晰的语言说明。万物皆源于道，万物皆秉持道，因此，中国古人倾向于从具体的物、具体的实践以及事物间关联的基础上建立对道的觉悟以及对世界的看法。

西方思维将宇宙理解为具有某种单一秩序的世界，断言静止比变化和运动具有更优先的地位，有一个唯一的、不变的、永恒的、终极的动因决定了宇宙的秩序。因此，西方的哲学总是把存在分为“本体”与“现象”，不断追问事物的本质，具体的现象可以变化，本质自身却不会变。虽然西方从赫拉克利特到怀特海等哲学家也强调变化，但不容否认的是，在西方占据主导地位的是从亚里士多德到笛卡尔的实体论，即相信世界是由稳定的、不依赖于其他任何东西的本质，或者说实体所组成的。

比如中国传统的五行说，表面上，金、木、水、火、土类似于古希腊哲学家恩培多克勒的四元素说，即水、火、土、气这四种元素的聚合和分离构成了世界上所有的事物。但实际上两者并不一样，恩培多克勒的四元素说强调的是基本元素本身，它们必须要有亲和力与排斥力这两个外在的力量才能组合出世界上的其他事物。而五行中的金、木、水、火、土并不是五种单一的原子或元素，不是组成世界的小单元，这五种元素是阴阳运作的具体形式，“五行”重在“行”。五行学说强调五行的相生相克与自然、人的关系，五行的意义超越了这五种物质本身的概念，中国古人用取类比象的方法，来说明世界运行的过程和事物之间的关系模式。

西方这种对于本质的追问诱发了科学普遍必然性的论证，催生了其特有的理性主义精神。也就是说，本体与现象的划分使得共相和概念的使用获得一种理性的支撑，刺激了概念、判断和推理三段论逻辑形式的成熟，并使之成为一种科学研究的理性精神和思维方式[1]。

最后，中国传统思维是一种悟性思维，更注重直觉、体验、领悟，而西方传统思维是一种理性思维，更注重逻辑性、客观性、抽象性和分析性。中国儒家讲“格物致知”，强调从外界的经验中领悟事物的本质和内在联系，且人心具有领悟事物本质的内在能力，“置心物中”便可“究见其里”（《朱子语类》卷九十八）。道家主张“玄览”，即“心居玄冥之处，览知万物”，强调向内省悟，保持内心的清净和安宁，以把握外界万物的真谛，所谓“不窥牖，见天道”（《道德经》第四十七章）；中国佛教尤其是禅宗的“内悟说”把自我作为“悟”的主客体，“自悟自修”，“以心传心”（《坛经》），依靠个体的自我体验，取消概念性的理性认识，排除一切思虑杂念和语言，“超言绝虑”，达到最高的智慧。可见，身心一体的修养是提高人生境界的途径，这与人们的生活经历和感受力紧密地联系在一起，生活经验和体验是获得智慧的源泉，而超越生活日常经验的领悟是获得智慧的钥匙。

相较于中国古人强调自身的内省、体验和人格修炼，西方人更关注对外部世界的探析和认识，希望能够借助逻辑分析，在论证和推演中认识事物的本质和规律。从亚里士多德开创了形式逻辑开始，逻辑性成为西方思维方式的一大特征。17 世纪，培根发展了逻辑学，创建了归纳法，强调观察、经验、事实、实验和实证，此后，穆勒等人将归纳法与演绎法相结合，形成了现在通常意义上的形式逻辑。17 世纪 60 年代，莱布尼茨将数学方法引入逻辑，发展出了数理逻辑；18 世纪末 19 世纪初，黑格尔提出了辩证逻辑，马克思、恩格斯用唯物主义改造了辩证逻辑，随后更是衍生出更多的逻辑系统，比如概率逻辑、语言逻辑等。逻辑思维强调语言上的严谨性，中国悟性思维却认为语言是悟道的障碍，应该靠灵感直觉而非逻辑论证来获取智慧，所以老子说“天之道，不争而善胜，不言而善应”（《道德经》第七十三章），孔子反问“天何言哉?”；

1　曾志、孙福万：《论中西哲学的内在差异及其逻辑基础》，《北京大学学报》（哲学社会科学版）1994 年第 3 期。

禅宗明确主张弃绝语言，“不立文字”“直指人心”，皆主张靠直觉体认而非逻辑思辨和语词概念的明晰以达到“天人合一”“物我为一”。

上述中西思维方式的不同特征是从总体的、相对的角度而言的，我们不能对其进行简单、教条、僵化的理解，不能否认各自思维方式特征中存有的例外和两者存有的相似性。然而，对思维方式特征进行比较研究，可以帮助我们对具体的文化现象进行更深层的理解和解释。比如，茶和咖啡，分别是中西日常生活中的最具代表性的饮品，茶和咖啡的起源、传播、饮用方式、文化内涵等方面不仅能够折射出中西文化差异，而且其背后更体现了深层的中西思维方式的差异。

三　中西思维方式差异在茶文化与咖啡文化上的体现

由于思维方式的区别，人们思考问题的角度、认识事物的结果必然存在差异，茶文化与咖啡文化的诞生与发展过程正是体现了中西方不同思维方式的印记和思维智慧，体现了不同的思维精神。

（一）整体性与二元性思维

在中国传统哲学中，讲求“天人合一”，人与自然万物是一个整体，人与自然相协调，天与人，天道与人道综合地相联系。“和，天下之达道也”（《中庸》）；“天地与我并生，万物与我为一”（《庄子·齐物论》）；“仁者与天体万物于一体”（《河南程氏遗书》卷二）。泯除物我界限，达到个体与他物，乃至整个天地及芸芸众生的契合无间，“与天地合其德，日月合其明，四时和其序，鬼神合其吉凶”（《周易·文言传》）。这不仅是最高的人生境界，而且是审美的最高理想。“天人合一”蕴含着整体和谐的思想，任何一个自然组成部分都相互联系，共为基础，人在保持对象整体性的前提下体悟其总体精神内蕴。

“茶”字是“人在草木中”，即人在自然之中，事茶饮茶的过程，是放下人生执念与欲望，回归清静纯真初心，使得天、地、人融为一体，进而悟道的过程。北宋的梅尧臣的诗句“乾坤人力内，日月蚁行迷”对磨茶中的天人关系做了极其深刻的描述。茶磨的上下两片磨叶，合而为天地乾坤，它的运转，如人运转乾坤。日月星辰犹如这运转中的茶磨上的蚂蚁一样慢慢爬行，乾坤无迹，日月无言，磨茶人在磨茶时，忘记了时间，也忘记了自我，进入了一种天人合一的境界。具体来说，这种整体思维体现在茶人在种茶、采茶、制茶等过程中要特别注重气候、时序、季节、雨水等自然环境，以合乎“天道”；注重地理环境、民族风情、地域文化等对制茶、饮茶习惯的影响，以合乎“地道”；追求心灵之美善，人性之纯真、社会之和谐，以合乎“人道”。天、地、人的整体和谐是中国茶道所追求的理想境界。

对于人和自然的关系，西方传统的看法认为人与自然处于对立的状态。普罗泰戈拉著名的言论“人是万物的尺度”，便是西方天人关系的鲜明写照。人与自然的对立导致了“心物二元论”，自古以来西方社会就将自然作为外在于人的东西，人是认识、利用、征服自然的主体，而自然是被认识、征服和利用的对象。西方认为理性是思维发展的最高阶段，在认识事物上采用的是一种理性的追问方式，这种认识以理性思维来把握，并且由思维的物化形态——语言所组成的一套明晰清楚且符合逻辑的概念系统表达出来。西方的审美或倾向于从对客观世界精确的描摹中获得一种认知的、理性的愉悦[1]，这是一种严谨的、理性的审美；或倾向于主体能动地将自己的情感、意志等投射在外物上，正如黑格尔对美的定义“美是理念的感性显现”，人和自然外物并没有真正相通，“自然美只是为其他对象而美，这就是说，为我们，为审美的意识而美”。[2]

咖啡的品饮相较于茶来说，是一个更为个体化的事件。兴盛于文艺复兴时期的咖啡文化所承载的是一种以人的幸福和自由解放为核心的精神，人们更多地关注个体内心深处的体验和个人精神世界的丰富性。咖啡并非被要求作为连接人与自然的中介，而是人品味和鉴赏的对象，更重要的是，拥有平等自由气氛的咖啡馆给人们提供了一个充分表达自我，进行思想交流的场所。

1　刘卉卓：《“悟”与“思”：中西审美体验之比较》，《武汉教育学院学报》，1999 年第 4 期。

2　黑格尔：《美学》（第一卷），朱光潜译，北京：商务印书馆，1981 年，第 160 页。

（二）过程性、关联性思维与线性、抽象性思维

在《中国人的思维》一书中，格拉耐认为关联性思维是中国人思维的一个特征[1]。一些从事比较哲学的西方学者，比如葛瑞汉、安乐哲和郝大维等人，对中国的“关联性”思维进行了深入的探讨。安乐哲和郝大维[2]认为，中国式思维是一种类比的、关联性思维，这种思维方式承认变化或过程要优于静止和不变性。而西方思维是一种因果性思维，倾向于把宇宙理解为具有某种单一秩序的世界，且这种秩序来自某个确定的永恒的动因。柏拉图对于理念世界的设定，亚里士多德对于以永恒必然世界为对象的沉思生活的推崇，基督教对于上帝之城与世俗之城的截然划分，都体现了西方对于固定不变的永恒世界的追求。

法国汉学家于连指出，“希腊优先看重模仿关系（特别是感觉与观念之间的关系）而很少注意物中间的关联，而在中国则相反；不是挖掘表象性，而是在关联的基础上建立对世界的看法”[3]。西方人的哲学总是追问一物的背后，借助抽象思维或逻辑思维去论证事物的本质，构造一种抽象、普遍的概念或原理，而中国人偏重于讲一个象和其他象之间的互相关系[4]，这种关系不是通过概念抽象确立的，而是生活本身的一种提取，是一种隐喻和生活智慧，它因人因地因时的诠释而发生变化，是一种动态的生成过程。

中国茶文化即是一种由物过渡到心灵的文化，强调品茶人的心性在茶、品茶过程中的价值与审美投射，儒家的人生境界、道家的自然境界、佛家的禅悟境界，融汇成中国茶道的基本格调与风貌。比如儒家将饮茶与伦理相结合，其中以茶示廉，以茶示俭，以“省己”为前提，茶即是省己的中介，将人性之“洁”与茶性之“洁”对等，由品茶而自省，审己，以茶修德，以茶修身，以茶雅志，以茶树礼仁。文人士大夫爱茶，喜欢将茶拟人化、人格化，尊称茶为“清苦先生”“茶居士”“茶苦居士”等，将茶和君子之德性相比赋。宋人岳珂

1 转引自安乐哲《和而不同：比较哲学与中西会通》，北京：北京大学出版社，2002 年，第 59 页。
2 郝大维、安乐哲：《期望中国：对中西文化的哲学思考》，上海：学林出版社，2005 年。
3 于连：《迂回与进入》，北京：三联书店，2003 年，第 384 页。
4 王南湜：《中西思维方式的差异及其意蕴析论》，《天津社会科学》2011 年第 5 期。

在《茶花盛放满山》中说“洁躬淡薄隐君子，苦口森严大丈夫”，用茶来比喻君子的人格和大丈夫的气节。并且，茶也被用来比拟君子交往的品格层次。茶贵清淡，因此，古代思想家敬茶，用茶水之清淡来比喻君子之交。苏辙在《次韵李公择以惠泉答章子厚新茶二首》之二诗云，“性似好茶常自养，交如泉水久弥亲”，用清淡的茶水来表达君子在人际交往和生活方式上的清白淡泊。

茶和咖啡从味觉上来说，都有一种苦后回甘的感受，即入口苦涩，咽下去之后却有甘甜的回味。然而咖啡所承载的隐喻并不如其实体意义丰厚，咖啡本身的酸苦味道很少与人生意义等价值诉求相关联，比如意大利人将咖啡作为一种艺术品来探索，研究咖啡的各种口味和造型的可能性，为咖啡加奶沫，加巧克力酱、奶油、酒等。千姿百态的咖啡体现了人为的想象力和创造力。喝咖啡本就是种享受，每个人有每个人嗜好的喝法，仪式感和其所承载的终极意义并不重要，它为人们所带来的轻松愉悦与满足才是最重要的。比如，20 世纪 60 年代，冷战中的美国人启动阿波罗登月计划，这次计划运行中曾发生过一次可怕的事故，当时地面指挥部人员安慰三位生死未卜的宇航员时说，“加油！香喷喷的热咖啡正等着你们”。

咖啡在西方语境中代表了一种惬意、幸福的生活[1]。相较于咖啡而言，中国古人通过运用这种类比的、关联性思维赋予饮茶的这种回甘体验以丰富的内涵和意义。正如茶的苦后回甘，中国古人相信甘是对苦的回报，苦尽才能甘来，只有吃得苦中苦，才能享受成功的甘甜，将饮茶的直观体验类比人生奋斗的真谛。比如，《朱子语类》有记，“先生因吃茶罢，曰：‘物之甘者，吃过必酸；苦者吃过却甘。茶本苦物，吃过却甘。’问：‘此理如何?’曰：‘也是一个道理。如始于忧勤，终于逸乐，理而后和。’”林语堂[2]在其《生活的艺术》一书中曾说，茶是国人最好的朋友，是苦中作乐的来源，那久经煎煮的茶壶，与饱受煎熬的人生，竟有相通之处，人只有在历经人情冷暖、世态炎凉之后，才能体会人生的本质。这种啜苦咽干的感受，是吃茶悟道的一

1 齐鸣：《咖啡咖啡》，南京：江苏凤凰科学技术出版社，2012 年。
2 林语堂：《生活的艺术》，南京：江苏凤凰文艺出版社，2010 年。

个重要的部分。

另外，不仅仅是饮茶的味觉感受，烹茶、沏茶、品茶的一系列过程都是悟道的过程。每一个环节都不是孤立、静止的，而是一个动态的、行云流水般自然的过程。比如苏廙在其《十六汤品》中说“盖一而不偏杂者也。天得一以清，地得一以宁，汤得一可建汤勋”。这个“一”就是整体，是连贯的过程，是时空的统一[1]。茶事从煮到品，是一个连贯流畅的过程，人在整个茶事过程中以茶为媒介去沟通自然，内省身性，从而使自我的道德、审美境界得到逐步地提升。中国茶道反映的是一种浑然一体，超越形式，不可言传的情怀和美感。因此，饮茶并不止于解渴或提神醒脑，通过这一事茶的过程来追求和体现某种道德理想和精神境界才是更高层次的目的，尽管茶仪形式各有不同，但最终都要体现天人合一的最高境界。

传统的冲泡咖啡大都以主观的经验法则来描述咖啡的萃取、烘焙、栽培与处理，尤其是在意大利，冲泡咖啡是一门手艺，比如，意大利“espresso”咖啡的制作体系是化学和物理学达到完美状态的结果，它让咖啡最大限度地保留了原有的味道和浓度[2]，咖啡的香味和浓度是衡量咖啡技艺的关键。20 世纪 90 年代以后，咖啡的制作与冲泡越来越“科学”，大量具备创新性和高科技元素的咖啡器具、咖啡机涌现出来，辅以更精确的科学研究数据，比如咖啡品种的蔗糖、有机酸、芳香成分的含量均有科学数据做比较，烘焙与萃取的化学变化，也以科学理论来解释，就连抽象的咖啡浓度也以具体的数值呈现。

所以，咖啡的制作与品鉴过程的每一个步骤都体现了科学的严谨性，也体现了西方人对于物本身的进行科学的、理性的认识和把握的偏好，以及对物本质的探究和追问。不论是咖啡师的专业品鉴还是消费者随意的日常品饮，咖啡都很少单纯地充当一种体味人生意义的介质，并且在烹制咖啡的时候，咖啡师大多只强调配比调制的精确性，而并非把调制咖啡的过程作为一种与外物、与天地相关联的意义生成过程。

1 赖功欧：《“中和”及儒家茶文化的化民成俗之道》，《农业考古》1999 年第 4 期。
2 童玲：《咖啡原来是这样的啊》，北京：中国轻工业出版社，2014 年。

（三）直觉体悟思维与逻辑思辨思维

西方哲学从古希腊开始就以求知、求真，探究世界万物的本原为主要课题，其体认世界的路径主要有两条，一条是通过理性逻辑，另一条是通过经验实证。思辨理性把思维与理性看作衡量一切存在与否的尺度，认为理性演绎法是获取科学知识的唯一可靠办法，而实证经验主义则强调感觉经验是一切认识的来源。这两种路径以思辨或实证的方式对这个世界进行探究，高举着“科学”与“理性”的旗帜，对万事万物的发展规律进行把握，在认识的过程中通过区分物我，划清主客，强调概念、逻辑和证明等来试图达到对世界本质的认识。因此，西方在审美方式上也是注重思辨理性，注重自身的逻辑性、严密性，美的事物应当体现组成这一事物的各个因素之间的一种完美的比例和数量关系[1]，美好的事物总是与和谐、整齐、规律、匀称、适度、比例等概念联系在一起，比如亚里士多德就曾经指出，任何事物包括艺术作品要形成和谐的美的整体，必须在提及的大小与各部分的安排方面保持适中或恰当的比例与秩序[2]。这不仅体现在西方对冲泡咖啡的技艺要求和审美旨趣上，而且体现在西方种种传统艺术形式上，比如绘画、雕刻、建筑、音乐等。

正如毕达哥拉斯要在一切审美对象中努力发现神秘的“数”一样，孔子则倾向于在一切山川景物中发现“德”，他并不注重理性自身的逻辑形式，而是立足于生动的审美经验和艺术实践，将君子的德性赋予特定的自然对象，在物我交融的境界中培养人的道德情操。与西方偏重理性的审美旨趣不同，中国古人的审美不侧重于对美的本质的探求，而侧重对“审美何为”的追问，这种价值、意义层面的追问，决定了中国人审美体验的方式更偏重于内心的体验，直觉的感悟。直觉性思维强调向内寻找，“反求诸已”“反求自识”“反身而诚”，通过内省的方式去获取某种意义。

借助直觉的体悟感悟，通过静观、体认，从而获得对事物和世界的整体感

1　赵连元：《中西审美差异之比较》，《陕西师范大学学报》（哲学社会科学版）1998 年第 4 期。
2　胡功胜：《中西审美差异探源——以孔子、亚里士多德为个案比较》，《孔子研究》2011 年第 3 期。

觉和整体把握。禅宗主“悟”，无论是北宗的“渐悟”，还是南宗的“顿悟”，都以“寂”为心境，以“妙悟”为途径，“缘法察境，惟寂乃明”，心澄而悟，妙观万物。禅云：“一悟即是佛也。”禅宗的悟道是一种“既非刻意追求，又非不追求；既非有意识，又非无意识；既非溟灭思虑，又非念念不忘，即所谓‘在不在中又常住’和‘无所谓住不住’中以获得‘忽然省悟’”[1]。

“道”在中国传统哲学中，既是万物之始，又存于天地万物之间。《老子》开篇就说“道可道，非常道”，那种单凭经验感觉体验到的，和单凭逻辑语言去表达的，都不是真正的“道”，人们需要在生命过程中去体悟与宇宙自然合一的一种原始淳朴的生存状态，便是“得道”了。“道”难以用理性或感官或言辞将其完全把握，只能以独特的方式去体悟。金朝道士马钰在其《长思仙·茶》中说，“无为茶，自然茶，天赐修心与道家，无眠功行加”，这种体悟的前提需要主体保持一种“宁静”的心态，不能心怀世俗物欲，而要进入宁静清笃的状态，自然无为，以茶修行。从道法自然的观念出发，人可以迅速突破对物的外在形式的掌握，用心灵去体悟对象，从而达到对物、对自然、对人生瞬间感悟的境界。

中国人不轻易言“道”，在中国饮食、玩乐等活动中能升华为“道”的只有茶道[2]。

唐代刘贞亮在饮茶十德中提出“以茶可行道，以茶可雅志”。茶道无法用逻辑和理性去定义，而只能靠茶人用心灵去省悟。茶道中的审美并非是一种理性认知，而是建立在个体的感性领悟之上，经由个人的体悟达到一种超越的境界。唐代诗僧皎然在《饮茶歌诮崔石使君》中说：“三饮便得道，何须苦心破烦恼。”茶与万事万物是一个整体，饮茶亦能悟道。中国佛教禅宗与茶的关系尤为密切，唐代赵州大师三称“吃茶去”，使得“吃茶去”成为禅林的经典公案。禅茶一味，首先在于“悟”，因茶悟禅，因禅悟心。

禅在茶中融入“清净”的思想，饮茶需要平心静气地品味，讲究井然有

1 李泽厚：《美的历程》，合肥：安徽文艺出版社，1994 年，第 360 ~ 361 页。
2 刘艳霞：《中国茶道》，合肥：黄山书社，2012 年，第 3 页。

序地啜饮，以求环境与心境的宁静和安谧，而参禅需要澄心静虑地体味，讲究专注精进，直指心性，以求清逸开释。茶人希望通过饮茶把自己与自然外物融为一体，在茶中“悟道”，茶道与禅道便联系在了一起[1]。所以，茶以“悟道”。

总之，思维方式的差异是造成文化差异的一个重要原因，中西不同的思维方式导致了茶与咖啡文化的不同。茶文化背后所隐藏的思维方式是一种整体性、过程性、关联性和直觉体悟式思维，中国茶道强调人与自然的统一，人通过茶与天地万物合而为一，事茶的过程中蕴含着儒家廉简高雅的君子品格，道家淡泊归朴的自由精神，以及禅宗禅茶一味的悟道方式，茶超越了其自然属性，成为一种承载中国传统道德理想和精神境界的一个重要介质。西方的咖啡文化体现的则是一种二元性、线性和逻辑性思维，咖啡作为一种对象性的物质被进行科学的、理性的认识和探究、消费，较少作为一种价值承载的中介，咖啡文化更多的是咖啡馆文化，其所隐含的是追求自由、平等、舒适和实效等价值观念。

1　徐干：《浅谈禅与中国茶文化》，《广西民族大学学报》（哲学社会科学版）2007 年第 4 期。

中医学的系统论思维

祝世讷*

摘 要： 中医学是中国自然学第一学，是中国第一大科学发现与发明，中医5000年创造了三大奇迹，20世纪三大实践提出三大科学难题，正在推动医学和科学的新革命。中医的这些成就完全在西方医学的视野之外，其内在根源是中医没有西医那样的还原论思想，而是遵循系统论思维，它是中国传统系统论思维孕育的产物，是以人为本研究健康与疾病的复杂性的思想结晶。中医思维方式的系统论性质由钱学森首先揭示，他强调人体科学一定要有系统观，而这正是中医的观点，发展系统论思维是医学的正道，西医也要走到中医的道路上来。1980年开始的中医系统论研究，把中医系统论思维从朴素水平提高到现代水准，提出了六条基本原理，即元整体、非加和、有机性、功能性、有序性、自主性。中医系统论是系统科学的医学分支，是中医现代研究的新成果，将发展成为人类医学的最新思维方式。

关键词： 自然国学 系统论思维 医学思维方式

* 祝世讷，山东中医药大学教授，长期从事自然哲学、中医理论和方法、中医科学原理研究，主攻中医系统论研究，在钱学森院士的鼓励和指导下，从1980年开始进行中医系统论研究，提出六条基本原理，建立起中医系统论的理论框架，开辟了中医系统论的教学和应用研究，出版了个人专著7部，主编著作5部，参编著作20余部，发表论文150余篇。

中医是起源和发展于中国的医学，是中华民族关于健康与疾病的智慧结晶，是自然国学的重大成就，为中华民族的健康服务了几千年，现已传至世界上 180 多个国家和地区，正在发展成为世界性的医学。中医取得辉煌成就的内在根源是其系统论思维，它是中医特色和优势的核心和本质，是对医学和科学的一大贡献，其价值正日益深刻地显现和发挥出来。

一 中医，自然国学第一学

在自然国学的众山群峰之中，中医是高高耸起的一座主峰，其学术之深，成就之高，体系之大，贡献之巨，无愧首屈一指。

中医是中国第一大科学发现与发明[1]，中医不仅有技术发明，更有科学发现，而且都不是单项，是成系列的，是包含系列发现和系列发明的科学技术体系。中国科学院自然科学史研究所于 2015 年公布的“中国古代重要科技发明创造”(85 项)[2] 中，科技发明 72 项，其中属于中医的 8 项，占 1/9。

中医 5000 年创造了三大奇迹[3]。中医不仅有理论，更有实践，是以实践支撑的庞大学术体系，像喜马拉雅山一样巍然屹立于地球东方，几千年任凭风吹浪打无可动摇，创造了医学和科学史上的系列奇迹。第一，人类文明的五个发源地（中国、印度、巴比伦、埃及、古希腊）都孕育了自己的医学，唯有中医不曾中断，一脉相承地连续发展至今。第二，中国自然国学各门学科的成就，在 20 世纪之前先后与西方相关学科的成就相融合了，唯有中医与西医不相融合，进行了专门的中西医结合研究也不融合。第三，2000 年前确立的理法方药体系（以《内经》《难经》《伤寒杂病论》《神农本草经》为代表），至今仍有效主导临床。

1 祝世讷：《中医是中国第一大科学发现与发明》，《山东中医药大学学报》2015 年第 5 期，第 95 ~ 397 页。

2 朱江等：《85 项中国古代重要科技发明创造》，《光明日报》2015 年 1 月 28 日。

3 祝世讷：《中医药创造三大奇迹》，《中国中医药报》2015 年 5 月 14 日。

20 世纪三大实践提出三大科学难题[1]。中医在 20 世纪开辟了三大实践（中西医结合、中医现代化、中医国际化），没有取得预期结果，却提出了三大科学难题。第一，中西医结合研究的实践证明，中医基本原理与西医不可通约。第二，中医现代化研究希望用现代科学来研究和解决中医的未知问题，事实却证明中医的理论与实践现代科学解释不了。第三，开辟了中医国际化进程，努力与西方接轨却遇到了无轨可接的现实。这些难题既是提给医学的，也是提给科学的，提给思想文化的，前无古人的实践也前无古人地验证了中医的科学性，证明了中医的理论和实践超越西医，证实了中医的学术视野超出了现有科学，显现出以中医为标本的中国思想文化迥异于西方思想文化的深邃和高远。

中医是复杂性科学的先驱[2]。研究世界的复杂性是 20 世纪现代科学革命的一大突破，兴起了系统论和系统科学（也称复杂性科学），复杂性研究被称为“21 世纪的科学”。科学界发现，原来中医就是一门复杂性科学。人是世界上最复杂的系统，但科学的发展至今未能建立起专门研究人的“人学”。医学研究虽然是关于人的，但西方医学对人进行分解还原，把所有的复杂性破解和排斥了，见不到复杂性。中医则不然，以人为本，原原本本地研究原生态的人及其健康与疾病，人的各种复杂性就被中医如实地接触、认识、掌握了。特别是经过几千年的实践、认识、再实践、再认识，中医对人的复杂性的认识达到相当的广度和深度，不仅有调理复杂性的几千年实践，而且将其总结为系统的理论。因而，中医对复杂性的认识和实践，在迄今的科学中是唯一的，是第一门复杂性科学。

中医的价值和贡献不仅在于已经实现了的，而且在于现实的和未来的。

首先，破解中西医不可通约的难题，会引发医学革命。中西医不可通约的本质，是中医与西医的学术视野整体并立、方向相左，中医的发现与发明都远在西医视野之外，其根源是思维方式相悖，中医是系统论的，西医是还原论的。解决中西医不可通约，必须冲破西医的分解还原视野，走向中医的以人为

1 祝世讷：《中医三大难题引领 21 世纪科学革命》，《大众日报》2017 年 1 月 4 日。

2 祝世讷：《中医是第一门复杂性科学》，《山东中医药大学学报》2016 年第 2 期，第 99～101 页。

本；必须批判和抛弃还原论思维，转向系统论思维。对于西医来说是要改变思维方式和研究方向，对于中医来讲是要提高科学水平，对于医学整体而言是一场革命。实际上这样的变革已经开始发生，世界卫生组织1996年发表的《迎接21世纪的挑战》，提出21世纪的医学要从疾病医学向健康医学发展，从重治疗向重预防发展，从针对病源的对抗治疗向整体治疗发展，从重视对病灶的改善向重视人的生态环境的改善发展，从群体治疗向个体治疗发展，从生物治疗向心身综合治疗发展，从强调医生的作用向重视病人的自我保健作用发展，从以疾病为中心向以病人为中心发展。这8个“发展”的实质是8个“转变”，概括为一句话，就是从西医之道转向中医之道。对此，钱学森在30年前就讲过：“说透了，医学的前途在于中医现代化，而不在什么其他途径。……西医也要走到中医的道路上来。”[1]

其次，破解中医的理论和实践现代科学解释不了的难题，会引发科学革命。现代科学解释不了的那些中医理论和实践，是关于人的，关于复杂性的，破解这一难题，就要在关于人特别是其复杂性的研究上实现突破，在现有科学中这还是一项空白。其难点在于，现有科学的主导性思维方式是还原论的，而复杂性是超还原的，要研究人及其复杂性，就必须首先撇弃还原论思维，接受和发展系统论思维，这正是系统科学和复杂性研究引领的方向，而中医学已经在此等候了上千年。这种转变和发展，毫无疑问是一场科学革命，正如钱学森所讲：“中医的理论和实践，我们真正理解了、总结了以后，要改造现在的科学技术，要引起科学革命。”“真正中医现代化的问题，恐怕21世纪再说吧！现在不行，办不到。假如21世纪办到了，那是天翻地覆的事儿，是科学要整个改变面貌，整个世界也会大大的有所发展。”[2]

再次，破解中医西进无轨可接的难题，会引发人类文明的大变革。中医西进遇到的无轨可接，实际是以中医为标本的中国思想文化与西方思想文化之间的鸿沟。解决这一难题的关键不在医学，而在思想文化，特别是围绕着人的思

1 钱学森等：《论人体科学》，北京：人民军医出版社，1988年，第277页。

2 钱学森等：《创建人体科学》，成都：四川教育出版社，1989年，第68、73页。

想文化。难题的答案不是一种文化代替另一种文化，也不可能两种文化简单相加合并，只能是以两种文化为基础升华发展为更高的新文化。而这种发展将是又一次历史地“否定之否定”，在西方文化一统天下几百年后，迎来中国文化的复兴和发展，在中西文化的基础上发展为更高的全人类文化。

习近平同志讲“中医是打开中华文明宝库的钥匙”，中医的国际化既是中华文明走向世界的桥梁，也是建设人类更高文明的一种酵母，其结果将会发展为欧洲文艺复兴那样的人类文明大变革。钱学森在论人的研究及其意义时多次讲：“中医理论、气功、人体特异功能是开展人体科学研究的一把钥匙。”[1]“现在进行的不只是一场科学革命，还有一场真正的文化革命。”“那是不是又一次的文艺复兴？这不是简单的问题，这是人类历史上的再一次的出现跟文艺复兴一样的大事。”“要是这样做下去，等于第二次文艺复兴。第一次文艺复兴是在十五世纪的下半叶，1450 年以后，到现在已有五百年了，它那一套已经不行了，应该再来一套新的，就是第二次文艺复兴。”[2]

二 中医贡献了系统论思维

科学研究的思维方式是世界观和方法论在科学研究中的贯彻，是关于如何理解和研究所要解决问题的立场、观点、方法的统一体，它从整体上形成学术研究的视野，支配着研究的方向和途径。

物理学家海森堡说：“我们所观察的不是自然的本身，而是由我们用来探索问题的方法所揭示的自然。”[3]《周易》讲“仁者见之谓之仁，智者见之谓之智”。仁者、智者是不同思维方式的拟人化，不同思维方式的差异在科学研究中有两种效应。一种是形成不同的认识可以互鉴互补，即“见仁见智”；另一种是形成不同的认识视野，视野之间相隔或相悖，即“仁者见仁不见智，

1 钱学森：《开展人体科学的基础研究》，《自然杂志》1981 年第 7 期，第 1 页。
2 钱学森等：《论人体科学》，北京：人民军医出版社，1988 年，第 93、97、117 页。
3 海森堡：《物理学与哲学》，北京：商务印书馆，1981 年，第 24 页。

智者见智不见仁”。中医的系统论思维与西医的还原论思维所形成的两种不同视野，就具有这种相隔相悖性。

1. 系统论思维与还原论思维

科学和医学的思维方式有其形成和发展的进步过程，在每个大的历史时代形成一种占统治地位的思维方式，其基本历史轨迹是“古代整体论—近代还原论—现代系统论”螺旋式上升发展。

还原论思维于16世纪后在欧洲形成，它突破了古代整体论的局限，通过复兴古希腊的原子论思想而形成。其基本原理是，认为世界的本原是不可再分的最小物质颗粒原子（莫破质点），世界万物由原子组合而成，因其组合性，可以分解，将其还到本原——原子，就可揭示其本质和根源。这一原理可概括为“组合—分解—还原—原子（本质、根源）”。

西方医学是还原论的一种典型，把还原论思维运用于医学，把不可还原和反还原的人及其健康与疾病也进行了还原研究。经过400多年，科学和医学的还原研究走到了极限，遇到了世界万物的不可还原本性。科学已经证明世界的本原不是原子，宇宙、天体、地球、生命等，都非组合体而是分化系统，在本质上不可分解还原，特别是人，有非组合性、不可分解性、不能从部分来解释的整体性、不可还原的复杂性等。1996年约翰·霍根的《科学的终结》论证了科学的还原研究正在终结，“伟大而又激动人心的科学发现时代已一去不复返了”。“将来的研究已不会产生多少重大的、或革命性的新发现了，而只有渐增的收益递减。”[1]

20世纪中叶以来，科学迈出了批判和突破还原论局限的历史脚步，从研究世界的可还原性，转向研究被还原论抹杀和排斥的非还原性、反还原性，即世界的复杂特性和规律。首先建立起系统论，研究和揭示了可用“复杂”概称的系统特性和规律，随后发展为庞大的系统科学体系，正式形成现代的系统论思维。

系统论思维完全超越了还原论，着重研究非还原和反还原的复杂性，系统

1 约翰·霍根:《科学的终结》，呼和浩特：远方出版社，1997年，第9、4页。

论和系统科学所总结的基本原理，成为系统论思维的基本原理。最重要的原理有整体性、联系性、有序性、动态性、开放复杂、等级秩序、整体最佳等。

2. 中医思维方式的系统论性质

对于中医思维方式的性质曾有多种观点和讨论，有说是朴素辩证法的，有说是整体论的，都没有抓住要害。1981 年钱学森提出，中医的思维方式是系统论的，第一次正确指明了中医思维方式的性质。他说："西医起源和发展于科学技术的'分析时代'，也就是为了深入研究事物，把事物分解为其组成部分，一个一个认识。这有好处，便于认识，但也有坏处，把本来整体的东西分割了。西医的毛病也就在于此。然而这一缺点早在 100 年前恩格斯就指出了。到大约 20 年前终于被广大科技界所认识到，要恢复'系统观'，有人称为'系统时代'。人体科学一定要有系统观，而这就是中医的观点。"[1]

此后，医学界、科学界、哲学界的广泛研究得出日趋一致的认识，中医的思维方式不是还原论的，而是系统论的，认为："整个中国传统文化贯穿着统一的，与中医学相一致的系统思维。"[2]

对于中医思维方式的系统论性质，需要认清几个基本点。第一，就中医思维方式的性质而言，是系统论的，不是还原论，必须划清与还原论的界限。第二，就中医系统论思维的发展水平而言，是朴素的，还没有发展到现代系统科学的水平，必须划清与现代系统论的界限。第三，就中医系统论思维的价值而言，它已形成和发展了几千年，是现代系统科学建立之前独有的系统论思维，是人类系统论思维的先驱，现代系统论的基本原理都可从中医找到其雏形，是中医对医学和科学思维方式的一大贡献。第四，就医学和科学思维方式的发展而言，总方向是发展系统论思维，西医要从还原论思维转向系统论思维，中医要把系统论思维从朴素水平提高到现代水平。可以说，中医的系统论思维引领医学思维方式的未来发展方向。

1　吕炳奎：《对当前中医工作中几个问题的看法》，《上海中医药杂志》1981 年第 4 期，第 1 页。
2　刘长林：《中国系统思维》，北京：中国社会科学出版社，1990 年，第 14 页。

3. 中医形成系统论思维的根源

中医之所以形成系统论思维，有多种不可或缺的条件，其中有决定意义的是两个。

第一，中国传统系统论思维的孕育。中国思想文化有多个学派，如周易、道家、儒家等，在思想上有高度的一致性，其本质和核心是系统论思维，“系统思维乃是中国传统思维方式的主干”[1]，其世界观和方法论具有与还原论相反的性质。①世界的本原不是原子而是原始整体。周易讲“易有太极”，道家讲“道生一”，儒家讲“礼必本于太一”，元气论讲万物生于元气，都认为世界本原是可用“一”或“太极”来称谓的原始整体，世界万物由它通过内部分化发育而来，不存在可分解还原的本原“宇宙之砖”。②世界万物的发生机制是分化而非组合。《老子》讲“道生一，一生二，二生三，三生万物”。《易传・系辞》讲“易有太极，是生两仪，两仪生四象，四象生八卦”。《礼记・礼运》讲“礼必本于太一，分而为天地，转而为阴阳，变而为四时，列而为鬼神”。总之，世界万物的发生机制是“一生二”的分化，不是“二合一”的组合，作为本原的原始整体不可分解还原为由它分化而生的各部分。③不同的质相互作用产生新质和复杂性。周易讲“阴阳交而生物”，道家讲“一生二，二生三”。“二”、阴阳是两种不同的质，“三”是由阴阳交而生的第三种新质，“三生万物”是生成万种不同的质，是世界的复杂化。相互作用产生新质和复杂性，把相互作用分解掉，永远无法还原为新质和复杂性的本质和根源。④世界万物是自组织的。世界万物的发生和发展方向是进化，即组织化、有序化，走向“和”，并且是“自和”。提出了“阴阳自和”论，认为“万物负阴而抱阳，冲气以为和”，“以和为贵”。认识了世界的有序化和自组织规律，这是完全超越还原论思维的。总之，中国传统思维方式有典型而深刻的系统论思想，与现代系统论高度一致，不少地方还更加深刻和广阔，中医就在这种思维方式中孕育，必然且自然地形成系统论思维。

1 刘长林：《中国系统思维》，北京：中国社会科学出版社，1990 年，第 14 页。

第二，如实地认识和总结了人的系统特性和规律。人是世界上最复杂的系统，其系统特性和规律必然地在健康与疾病中表现出来。中医没有西医那样的还原论思维，没有对人进行分解还原研究，而是按中医传统的系统论思维，原原本本地研究和认识人的健康与疾病的本态。这样，人的健康与疾病的系统特性和规律就必然和自然地反映到中医思想中，使中医接受的中国传统系统论思维与临床所见的健康与疾病的系统特性和规律的事实相统一，形成中医的系统论思维。特别是，中国人口众多，有世界上最大的临床样本，社会又长期稳定统一，中医在这全世界最大临床样本连续研究了几千年，获得了充分的事实根据和反复的检验修正，使其系统论思维相当可靠稳定。

总之，中医系统论思维是中国传统系统论思维的医学化，是中国传统的系统论思维与人的健康与疾病的系统特性和规律的客观实际的统一，是迄今唯一能够正确地理解和研究人及其健康与疾病的复杂性的思维方式。

三　钱学森论中医系统论思维

钱学森在创立系统科学和人体科学的研究中，认为人是世界上最典型的系统，是开放复杂巨系统，对于人的研究，必须或只能遵循系统论思维。他发现，在现有的科学中，中医是真正遵循系统论思维的，有思想、有理论、有实践，认为人体科学的方向是中医，不是西医。对于中医的系统论思维，钱学森提出了系列重大的战略性见解。

1. 中医的思维方式是系统论的

系统论思维是中医理论和实践的思想精髓，但学界一直没有认识清楚。钱学森于 1981 年首次振聋发聩地指出："人体科学一定要有系统观，而这就是中医的观点。"此后，钱学森在多种场合反复地强调和阐述这一观点。

"中医的优点，它的突出贡献，或者它的成绩，就在于它从一开始就从整体出发，从系统出发。所以，它的成就，它的正确就恰恰是西医的缺点和错误。”

“我们那些正统派的西医不重视的东西，甚至不知道的东西，在现代科学里已上升到非常重要的位置，这就是系统科学。系统的理论是现代科学理论里的一个非常重要的组成部分，是现代科学的一个重要组成部分，而中医的理论又恰恰与系统科学完全融合在一起……中医的看法又跟现代科学中最先进的、最尖端的系统科学的看法是一致的。”[1]

指明中医的思维方式是系统论的，是一个重大的认识和理论突破。它正确地揭示了中医思维方式的根本性质，阐明了中医与西医之思维方式的差异在于系统论与还原论之别，指出了医学思维方式的发展方向是中医的系统论不是西医的还原论，西医也要走到中医的道路上来。

2. 中医现代化必须坚持和发展系统论思维

钱学森密切关注和积极推动中医的现代化研究，强调中医现代化必须坚持和发展系统论思维。他认为，中医不能用西医来解释，这涉及如何研究人体这个开放复杂巨系统，只能用系统论的观点和方法，中医现代化的关键是系统科学，要抓系统论。他强调：

“把系统科学、系统论的方法用于研究我们人体是唯一的，不用这个是不行的……。”

“系统观点是必需的，只有用系统的观点才能逐渐使人体科学建立在一个科学的基础上。”

“中医现代化要抓什么？你要问我的话，那我就很清楚地说是系统论，系统的观点。”[2]

钱学森曾对中医一些重大学术问题的系统论内涵做出过深刻剖析。指出，经络不是实体，“经络是一个功能系统”[3]，人的功能态是“亚稳态”，中医所辨的各种“证”，是各具特征的疾病功能态，“我说中医的‘证’从系统论的

1　钱学森：《人体科学与当代科学技术发展纵横观》，《中国人体科学学会》1994 年，第 172、301 页。
2　钱学森：《人体科学与当代科学技术发展纵横观》，《中国人体科学学会》1994 年，第 263、265、299 页。
3　钱学森：《人体科学与当代科学技术发展纵横观》，《中国人体科学学会》1994 年，第 241 页。

观点来看，是完全科学的，是人体功能态嘛”。[1]

为了促进系统科学在中医的应用研究，深化中医系统论研究，在钱学森的推动下，中国人体科学学会于1990年成立了中医系统理论专业委员会，中医系统论成为一个专门研究领域。

3. 鼓励和指导中医系统论研究

为把中医系统论思维从朴素水平提高到现代水准，20世纪80年代兴起了中医系统论研究，成为中医现代化的一个研究方向。该研究由钱学森倡导，我做了一些具体工作，逐步建立起中医系统论的理论体系。钱学森十分关注和鼓励我的研究，曾六次亲笔来信做具体指导，他说：

“我并不是个中医，但我认为传统医学是个珍宝，因为它是几千年实践经验的总结，份量很重。更重要的是：中医理论包含了许多系统论的思想，而这是西医的严重缺点。所以，中医现代化是医学发展的正道，而且最终会引起科学技术体系的改造——科学革命。”

“据我所知，国内外研究中医的工作很多，工作大都是仪器测定，比较定量而严格……当然，这些工作也往往由于不知道系统论而未能解决问题，但这正是您可以大有作为之处。用系统论一点，‘点石成金’！”

“您如能把中医固有理论和现代医学研究用系统论结合起来，那么，在马克思主义哲学指导下，一定能实现一次扬弃，搞一次科学革命。”

在1991年的一封来信中，钱学森讲了他提出的系统科学的最新观点和方法，说在中医理论中已经蕴含。

“我们在北京的同道近年来已明确地认为，①有一类特殊复杂的系统，开放的复杂巨系统；②人体是开放的复杂巨系统；③研究开放的复杂巨系统不能用Prigogine的方法，也不能用Haken的方法，那些都不行，只能用从定性到定量综合集成法（前曾用‘定性与定量相结合’综合集成法一词）。”

“因此中医系统论也必须用这一概念，老的一套是不能解决问题的。我以

1　钱学森等：《论人体科学》，北京：人民军医出版社，1988年，第302页。

为中医理论其实已蕴育着我上述现代化的观点。”

钱学森的这些重大见解，高屋建瓴地阐明了中医思维方式的系统论性质，强调中医现代化必须抓系统论，推动了中医系统论的现代研究和发展。

四　中医系统论基本原理

中医系统论是中医系统论思维的现代发展，是系统科学基本原理的医学化，是医学专业的系统论思维。该研究是移植运用现代系统科学的理论和方法，对中医理论和实践中的系统论思想进行挖掘总结，研究和揭示健康与疾病的系统特性和规律，进行新的理论概括，建立具有现代意义的中医系统论。该研究始于 1980 年，著者发表了论文 100 多篇，出版了专著《中医系统论导论》（1985）、《系统中医学导论》（1989）、《中医系统论》（1990）、《中西医学差异与交融》（2000）、《中医系统论与系统工程学》（2002）、《系统医学新视野》（2010）。该研究的核心是提出中医系统论的基本原理，1985 年总结为 4 条，1990 年拓展为 5 条，1998 年发展为 6 条，即元整体原理、非加和原理、有机性原理、功能性原理、有序性原理、自主性原理，它构成中医系统论的理论体系。

1. 元整体原理

元整体原理可表述为：人是元整体（分化系统），对于人的健康与疾病的研究和防治，要遵循人的分化发生机制和元整体特性。

元整体原理的基本问题是，人是什么样的整体？是元整体还是合整体？

整体观是中医的突出特色，但有人提出，西医也有整体观。问题不在于是否承认人有整体性，更深的本质是，世界上有两种整体，需要弄清人究竟是哪种整体。

要区分两种整体——元整体与合整体。“元者，原也”，元整体是先天的、本原的整体，由它分化出内部各部分形成系统，是分化系统。整体是部分的基础和前提，整体产生并决定部分，如宇宙、生命。合整体由部分组合而成，部分是本原的，整体是次生的，部分是整体的基础和前提，部分产生并决定整体。例如积木、机器。元整体是反还原的，合整体是可还原的。

要区分两种整体观——元整体观与合整体观。中国传统思维着重认识了元整体，形成元整体观。《易传·系辞》说："易有太极，是生两仪，两仪生四象，四象生八卦。"《老子》说："道生一，一生二，二生三，三生万物。"儒家的《礼记·礼运第九》说："礼必本于太一，分而为天地，转而为阴阳，变而为四时，列而为鬼神。"西方传统思维则是合整体观，以元素论和原子论为代表，认为世界万物都是由原子（元素）组合而成。

问题在于，元整体与合整体在世界上都有存在，但医学面对的人究竟是哪种整体？疾病中的整体与部分的关系究竟是元整体性的，还是合整体性的？

中医遵循元整体观，认为人是元整体，特别研究和认识了人作为元整体的两种特性和规律。第一，人是"天"分化而生的子系统，受"天"的决定性影响，强调生气通天、人天相应，认识了人天关系的五运六气、正邪交争等。第二，人的个体是由原始整体（受精卵）分化出内部各部分而成的系统，整体产生并决定部分，整体对部分的作用是第一性的，部分对整体的作用是第二性的（反作用），局部病变是整体异常在局部的表现，局部病变要放到整体背景中对待，防治疾病以整体调理为基础。

西医则遵循合整体观，把人理解为合整体。拉美特利的《人是机器》是早期代表，迄今的观点仍认为人体由分子、细胞、器官构成，生理病理是由所认识的"成分"构成，因而可分解、还原。其思维中没有人天关系，无视人受其母体的制约，认为疾病的本质在微观。

现代科学的事实都证明，人是最典型的元整体，人类诞生300万年，迄今没有任何一个人是由先前存在的细胞或器官组合而成，把人理解为合整体是完全错误的，中医的元整体观才真正符合人的实际。

2. 非加和原理

非加和原理可表述为：人的整体不等于部分之和，整体的属性、功能、行为不能还原为各部分的属性、功能、行为或其相加和，整体性疾病也不能归结为各部分的疾病或其相加和。

非加和原理的基本问题是，人的整体有什么东西不可分解还原？

一般系统论提出的“整体大于部分之和”原理，揭示了系统整体具有大于或高于各部分之和的属性、功能、行为。例如单词NO、ON，词义只存在于单词的整体水平，分解还原为字母N、O，是不存在的，是在单词整体水平“大于”出来的。非加和原理是这一原理的深化，指出系统的整体与部分的关系，有整体“大于部分之和”“小于部分之和”“近似等于部分”等多种复杂情况，将其概称为“非加和”。

非加和原理揭示了，无论是元整体，还是合整体，都具有非加和性。人作为典型的元整体，既有元整体性，又有非加和性。非加和规律的关键，是整体与部分两个层次之间有质的飞跃——整体水平有“系统质”，即只属于整体而不能从其部分来解释的属性、功能、行为。人的系统质只属于人的整体，不属于器官、细胞、分子（它们有自己的要素质）。人的系统质发生的病变，是整体性的，不能还原为器官、细胞等部分的病变。

中医虽然没有提出“非加和性”“系统质”概念，但是实实在在地懂得并研究了人的非加和性，认识和掌握了人的系统质及其病变。例如，生生之气、精气神；形神、心神、神态；魂、魄、意、志、思、虑、智；元气、宗气、营气、卫气、气化、气机等。中医基本理论所总结的那些内容，主要是关于人的系统质的。

中医辨证论治所认识的病变，即“病机—病证—病候”系统，是人的系统质病变，不能还原为人的各部分的病变。病机以阴阳失调、气机失常、正邪交争为代表，是人的系统质运化机制的失常，不能还原为特异性实体粒子。病证是人的系统质的异常态，不能还原为局部的器质性病变。病候是系统质异常的临床表现，是病证的可测外象，不能将其还原为特异性的物质成分或理化指标。

3. 有机性原理

有机性原理可表述为：生命中相互作用关系的正常与否是人的健康与疾病的根本机制，是真正的终极原因。

有机性原理的基本问题是：人的整体为何不等于部分之和，系统质的产生机制、发病机制、调理机制是什么？

有机性原理阐明了人的整体之所以不等于部分之和，在于相互作用（整体与环境、整体与部分、各部分之间等），是相互作用形成、维持系统质，相互作用关系失常是系统质病变的根源，防治这种病变必须调理相互作用关系的失常。这里的“有机性”不是化学上的有机概念，而是指“相互作用”“关系”“组织”，即李约瑟所讲的“有机的关系模式”[1]。

相互作用是一种组织机制，由它形成和维持系统的系统质。相互作用关系比实体更基本，实体（要素）由关系产生并处于关系网中，是关系网的网上钮结，其功能和状态受控于关系网。相互作用关系正常与否是人的健康与疾病的根本机制，其失调是根本病机。但是，它被还原论排除在视野之外，分解还原研究割断相互作用关系，把健康与疾病的本质归结为实体粒子（成分、因子）的正常与否，本末倒置。

中医的有机性原理是在强调人的系统质病变的基础上，又进一步揭示和掌握了病变的根本机制是相互作用关系失调，即“失调为病”。研究了人与外环境的相互作用关系及其失调为病的规律，如人天相应、五运六气、正邪交争等。又研究了人身内在的相互作用关系及其失调为病的规律，如形神关系、气血津液关系、阴阳关系、五藏关系、气的升降出入关系等。以此为据建立了病机学说，病机的本质是相互作用关系失调为病，有代表性的是三大病机——正不胜邪、阴阳失调、气机失常。

病机学说研究总结了相互作用关系失调为病的基本规律。《内经》讲：“亢则害，承乃制，制则生化，外列盛衰，害则败乱，生化大病。”关系失调失的是“调”（协调、有序、和谐），即偏离相互作用关系的最佳态，它可表现为关系网上某些实体粒子（物质成分）的指标异常，但那只是表象而不是本质。在临床防治上，辨证论治要审证求机，认清病证的病机进行调理。三大治则（扶正祛邪、燮理阴阳、调理气机）正是针对三大病机（正不胜邪、阴

1 李约瑟：《中国科学技术史》第 2 卷，北京：科学出版社，1990 年，第 221 页。

阳失调、气机失常）而来。调者，调其不调，是以药物和非药物手段把失调的相互关系理顺调正。

4. 功能性原理

功能性原理可表述为：病变是人的生命运动发生异常，在本质上首先是功能性的，严重到一定程度表现为形态结构的器质性病变。

功能性原理的基本问题是：人的病变究竟是哪里发生了异常，是人体的形态结构发生的异常，还是人的生命运动发生的异常。

对此还原论与系统论的回答不同或相反。西医强调疾病在本质上是人体的形态结构异常，“多数已知的疾病均属器质性疾病”。[1] 功能（机能）性疾病由器质性病变引起，甚至说“‘功能性’疾病的名称，总有一天会从我们的医学科学中完全消失”。[2] 中医则相反，认为病变是人的生命运动的异常，在本质上首先是功能性的，严重到一定程度表现为器质性病变，“大凡形质之失宜，莫不由气行之失序”。[3]

中医的功能性原理所揭示的规律主要为以下几点。

第一，人的健康与疾病之本在生命运动。在太平间里，人死了，人体还在。人的病变发生在进入太平间之前，发生在人的生命运动中，是生命运动的失常，由其引起的形态结构的异常带进太平间。没有生命运动就没有什么疾病问题。

第二，要从发生学的角度认识病变。人的形态结构不是先天的，是从无到有地发生和发育发展的，由生命运动过程（可称为功能 A）建立和维持，然后形态结构才形成和负载自己的机能（功能 B），其基本关系是“功能 A—形态结构—功能 B”。病变的发生学过程，首先是功能 A 异常，然后是功能 A 异常到一定程度恶化为器质性病变，再后才是器质性病变引起功能 B 异常。这里的关键是要把功能 A 和功能 B 区别开来，划清其本末关系。西医对病变的认识，不包括功能 A 的内容，主要是形态结构病变—功能 B 病变。中医不同，

1 《辞海》，上海：上海辞书出版社，1989 年，第 1975、1346 页。
2 杨振华：《谈“功能性”疾病》，《医学与哲学》1985 年第 2 期，第 37 页。
3 石寿棠：《医原》，南京：江苏科学技术出版社，1983 年，第 16 页。

首先注意的是功能 A 病变，认识了“功能 A 病变—形态结构病变—功能 B 病变”，辨证论治所辨的首先是功能 A 异常，认识到“大凡形质之失宜，莫不由气行之失序”。

第三，人不仅有解剖结构，而且有非解剖结构。中医研究了人的解剖形态，认识水平在 16 世纪前不亚于西方，但更多地研究了非解剖结构，经络、五藏是主要代表。还原论对结构的理解是机械的，强调硬邦邦的实体结构，即解剖形态。系统论则批判和超越这种观点，指出结构是系统的组织形式，即系统的要素之间相互联系和作用的组织方式。因为系统、要素、相互作用的性质不同，结构的形式也不同，有空间型、时间型、数量型的，更有以功能为基础的“功能—时间—空间”结构，生命、人的结构就是这种类型。这种结构是“活”的，“在生物世界里结构就是过程流的表现”[1]，解剖台上见不到，西医以解剖研究为基础的研究视野把它排除在外。中医则不同，不是依赖解剖研究，而是以临床病人为样本，如实地认识和掌握了人的多种结构，特别是认识了“结构就是过程流”，认识和掌握了人的非解剖结构。例如经络，半个多世纪来，国内外寻找经络解剖结构的研究均告失败，事实证明它有结构但无解剖形态。再如五藏，其生理病理内容与同名的五个解剖器官根本不同，同样找不到其特定的解剖形态，而是五个“功能子系统”。还有六经、三焦等，更是无解剖形态的“概念性单元”。

第四，功能调理是根本防治原理。一方面，器质性病变是由功能 A 异常引起的，因而调理功能 A 是治本方法；另一方面，人的系统质异常、非解剖结构的异常，以及更深刻的熵病（失序），都只能从功能上进行调理。中医据此创立的防治法则，如治病求本、扶正祛邪、燮理阴阳、调理气机，以及药治八法、针灸、推拿、气功等，都是功能调理。

5. 有序性原理

有序性原理可表述为：人的健康不仅是稳定，更是有序，是有序稳定；疾

1 贝塔朗菲：《一般系统论》，北京：清华大学出版社，1987 年，第 25 页。

病不仅是失稳，更是失序，失序而失稳。

有序性原理的基本问题是，人的健康与疾病还有比结构和功能更深刻的机制和规律，即有序与无序的变化。它是人的生命运动的更深本质，中医认识和掌握了其重要内容，但它超越还原论视野，西医至今不可企及。

有序是指相互作用关系的规则和确定，无序是其反义。任何事物只要有组织现象，就存在有序化问题。进化是有序度提高，退化是有序度下降，稳定是有序度不变。信息是有序性的标度，信息量增加对应着系统的有序度上升；熵是无序性的标度，熵增加对应着系统的有序度下降。现代系统科学专门研究了系统有序度变化的机制和规律，耗散结构理论揭示了“耗散导致有序”，协同学揭示了“协同导致有序”，超循环理论揭示了“超循环导致有序”。

有序与无序的变化是人的生命的深层本质和规律。贝塔朗菲指出：“在生命有机体中，无数的物理和化学过程是‘有序的’，因而使生命系统能够存留、生长、发育、繁殖等。”“有序是组织的基础，因而也是生物学中最基本的问题。”[1] 在人的健康与疾病中，健康不只是稳定，更是有序，是有序稳定；疾病不只是失稳，更是失序，是失序而失稳。中医所认识的“失调”，本质是失序。

系统科学揭示了“生命以负熵为食”的本质。“有机体通过从周围环境里吸取负熵来生存”[2]，耗散结构理论阐明了其从环境吸取负熵而走向和保持有序化的机制。人是典型的耗散结构，中医如实地认识了其负熵化机制及其在健康与疾病中的本质地位。第一，认识到人是开放系统，人通过与环境的物质能量信息交换来交换熵，负熵化机制和过程正常是健康的本质。第二，建立气化学说，提出“气化”“气机”概念，总结了机体与环境通过物质能量信息交换来吸取负熵的机制和规律。认识了气的“出、入”（“根于外”）和“升、降”（“根于中”）机制，其规律是：“根于中者，命曰神机，神去则机息；根于外者，命曰气立，气止则化绝。”（《素问·五常政大论》）第三，认识了气机失常而病的规律。即“出、入、升、降”的“守常”与“失常”，“四者之有，

1 贝塔朗菲：《一般系统论》，北京：清华大学出版社，1987 年，第 130、142 页。

2 杰里米·里夫金·熵：《一种新的世界观》，上海：上海译文出版社，1987 年，第 50 页。

而贵常守，反常则灾害至矣。”“出入废，则神机化灭；升降息，则气立孤危。故非出入，则无以生长壮老已；非升降，则无以生长化收藏。”（《素问·六微旨大论》）

失序即熵增加，由熵增加而呈现的异常称为熵病。中医认识了一些重要病机，如“过食肥甘厚味”“气有余为火”而生“内热”，气血的瘀、滞、凝、结，五藏关系的失序（木火刑金、金亢制木、水不涵木）等。“调其不调”是有效的调理法则。但是，序、负熵不是什么物质成分，不能分离提纯，这些还原论完全不可企及。

6. 自主性原理

自主性原理可表述为：发病和愈病是人的生命运动的自组织效应。

自主性原理的基本问题是：病变是人的生命运动的失调，那么发病和愈病是生命运动的自主地自我发展过程，还是外来干预的结果？

还原论否定内在矛盾，无视人的生命的自主性，强调发病和愈病的外来干预。中医则相反，认为人的生命运动是自组织的，自组织机制是健康、发病、愈病的内在动力和枢机，健亦健在自组织，病亦病在自组织，愈亦愈在自组织。因此，防治疾病关键在依靠、调动、发挥自组织的作用。

自组织是动力、指令、调节都来自系统自身内部的组织机制和过程（与此相反的是他组织）。生物大分子的自我复制、细胞的分裂繁殖、胚胎的发育、个体的成长等，都是自组织过程，人是最典型的自组织系统。自组织的医学意义在于，外来的一切作用（营养的、致病的、治疗的）都要通过自组织过程，才产生出营养的、致病的、治疗的效应。生命运动的自组织机制、能力、过程失常是深层本质病机。

中医认识并驾驭了人的自组织机制和规律，“阴阳自和”论，是中医的自组织理论。该论总结了阴与阳之间基于“互根、互生、互化、互用”而“自和”（“阴平阳秘”）的机制和规律。“阴阳自和”不是“他和”，是“自和”；不只是“和”的状态，更是“自和”机制；“自和”正则健，“自和”弱则弱，“自和”病则病。“凡病，阴阳自和者，必自愈。”（张仲景《伤寒论》）

发展了“调其阴阳之所自，阴阳自和必自愈”等治法。同时，也认识了人的各个子系统之间通过相互作用保持稳定的自组织机制，典型者是五藏通过“生克乘侮”而自稳。“生克乘侮”失调就生病变，这类病变的防治要调理“生克乘侮”关系，发明了“虚则补其母，实则泻其子”“培土生金”“滋水涵木”“壮水制火”等治法。

依靠、调动、发挥人的自组织机制来自主调理，是自主性原理的核心，是中医防治学的根本原理。早就总结了“有病不治，常得中医”的“八字金丹”，中医者，内医也，靠自组织的自主调理祛疾愈病。提出了“治病求本”原则，“本”即自组织机制，建立起“养生知本，诊病求本，祛病治本，愈病固本”的一整套法则。掌握了“病变万端，各有其本，一推其本，诸证悉除”的规律，药物与非药防治手段作用于“本”，由其进行自主调理，产生（转化和表现为）防治效应，因而治疗手段与疗效之间不是西医药那种特异关系。

总之，中医学的系统论思维是中华民族伟大智慧的结晶，是中医学的特色和优势的内在本质，铸就了中医学术的宏大和深邃，贡献了研究人的健康与疾病的最佳思维方式，代表和引领着医学思维的未来发展方向，在 21 世纪必将发出科学思想的时代光芒。

自然国学评论

前沿探索

《双4维时空量子力学基础》与量子引力的前沿探索*

吴新忠**

摘　要： 赵国求教授在量子力学曲率解释基础上，提出了用双4维复数时空的场物质球几何结构或场物质密度波来界定量子波函数的物理意义，大大推进了量子力学解释研究的深入，有助于解决量子力学在理论解释与实际应用方面出现的一系列概念困难与哲学难题，特别是量子力学与相对论的协调问题。但要解决量子力学与量子场论的大量疑难问题，并最终整合到广义相对论或类似的引力理论的时空框架中，还需要更深入的物理直觉与哲学洞察，更艰巨的数学空间突破以及更前沿的实验验证。

关键词： 双4维时空　量子曲率　量子引力

* 2012年教育部人文社会科学研究一般项目（12YJA720013）“量子场论的本体论研究”；2014年教育部人文社会科学研究规划基金项目：“量子计算热力学中信息－存在关系的哲学探讨”（14YJA720004）。

** 吴新忠，外国哲学博士，上海交通大学科学史与科学文化研究院讲师，中国物理学会相对论与天体物理学会会员，上海市科学技术史学会会员，研究方向为科学前沿哲学问题。

量子力学中波函数的物理本质问题，是量子力学基础研究中的国际性难题与热点问题之一。赵国求教授积 50 年之力，在《运动与场》（1994）、《物理学的新神曲》（2002，2004）、《从相互作用实在到量子力学曲率解释》（2009）等著作中提出的量子力学曲率解释基础上，由湖北科学技术出版社在 2016 年 6 月出版了《双 4 维时空量子力学基础》，提出了用双 4 维复数时空场物质球几何结构或场物质密度波来界定量子波函数的物理意义，大大推进了量子力学解释研究的深入，有助于解决量子力学在理论解释与实际应用方面出现的一系列概念困难与哲学难题，特别是量子力学与相对论的协调问题。

除了导论，全书包括四篇：第一篇是讨论量子力学的最基本特征——波粒二象性与不确定关系，批判质点模型的局限性；第二篇是讨论量子力学的各种传统解释；第三篇是相互作用实在论；第四篇是双 4 维时空量子力学基础。

日本物理学家坂田昌一、汤川秀树，法国数学家托姆均认为量子力学的主要困难来源于不合理的质点模型。量子场论中的重整化问题，集中体现了把基本粒子看作质点造成的无穷大数学困境。美国物理学家霍夫斯塔特还从实验上证明了微观量子客体不是一个点，而是有一定的分布半径，并由此获得了诺贝尔物理学奖。赵国求认为，微观粒子的质点抽象在时空动力学上是有条件的；量子现象的时空动力学机制表明微观粒子的位置不可能定义得比其康普顿波长更准确，这就自然打破了质点模型的适用范围。弦论与 M 理论认为，弦是在时空中振动着的 1 维客体，各种基本粒子可以看作具有不同频率和模式的各种弦。但弦论具有不可观察的额外维，超弦理论预言的超对称粒子至今没有发现，M 理论预言的真空几何形态太多，尽管可以整合四种基本相互作用，但引力量子化依然困难重重。另一个比较有名的圈量子引力，仍假定物质的存在形式是场或点状粒子，在通常的“1 + 3”维时空中把引力场的 Ashtekar 联络量子化，引进自旋网络来表示量子态和实现引力场的量子化，出现了面积量子、体积量子与离散时空等新概念，并要求澄清量子力学的基础问题。

圈量子引力应用在宇宙学中后，相当多的圈宇宙模型与标准宇宙学模型冲突。在离散时空中如何重新表达量子场论的思路还不是很清晰，很可能是把普朗克空间与普朗克时间对应的能量 - 动量进行截断，这样一来质点模型仍然是有问题的。因为赵国求从康普顿物质波出发，限制质点模型的无限理论外推，在概念上牢固坚持相对论与量子力学协调的微观因果原理与洛伦兹协变性，有可能给出量子力学与量子场论的一种全新的几何学解释，并对量子引力的探索提供新的启示。

量子力学自建立以来，就一直流行各种解释。波动力学创始人薛定谔认为波函数的模方是电荷 e 的权值分配函数，但这个假设无法解决多维空间与波包扩散困难，被多数物理学家放弃。德布罗意认为，微观粒子对应一个相位波，相位波指引粒子运动，后来认为微观粒子直接对应一个非线性奇异波包，而量子力学只能给出其线性近似。双重解理论因为数学难度大而得不到公认。流行的哥本哈根解释认为：微观客体是遵循测不准关系的位置和动量不能同时确定的粒子，单粒子具有波动性，波函数的模方是单位体积内粒子的分布概率，物质波就是概率波。随着哥本哈根解释被广泛接受，量子力学的进一步发展引发了决定论与非决定论，定域性与非定域性，实在论与反实在论的大量争论。

玻姆的量子势理论，试图说明量子概率背后的决定论因素，认为连续运动的微观粒子，不仅受到经典势 U 的作用，而且还受到量子势 Q 的作用。但量子势具有明显的超距作用，这迫使我们对量子力学做整体论解释，并引入非定域的瞬时影响，尽管我们不能用来超光速地传递信息。玻姆与合作者后来把量子势理论整合到量子场论中，但量子势明显是与相对论精神不太一致的，这就导致它的解释能力与发展潜力大打折扣。

将宏观世界和微观世界统一在量子力学的解释范围之内是多世界解释的一大亮点。根据多世界解释，人们可以放心地认为宏观物体实际上也有波函数的表示形式，而观察不到叠加态则是世界分裂的结果。多世界解释尽管消除了波包坍缩的困难，似乎也消除了量子测量对观察者的依赖性，并且有可能在弯曲时空中处理量子演化问题；但它在本体论上把理论设想的各种可能世界与我们生活在其中的现实世界等量齐观，而且很难根据测量过程确定宇宙波函数分裂的时刻。多世界解释的优选基问题，是该理论面临的最严峻考验。

根据埃弗雷特最初的理论，世界应当按照被观测系统的本征态展开式来分裂，但问题是这种本征态的展开并不是唯一的。多心解释把世界分裂的过程改造成意识分裂的过程，虽然在哲学上换了个说法，但多世界解释的内在矛盾依然存在。假如我们用时间反演的方式来理解量子现象，按照多世界解释，就意味着现实世界可能是从大量类似的可能世界中演化而来的：我们宇宙不仅有不同的未来，而且很可能有不同的历史。这是相当悖谬的，除非我们突破多世界解释中量子规则同时适用于微观现象与宏观现象时造成的可能世界总体的时间可逆的假象。当然，多世界解释加深了我们对量子概率与量子实在的认识，无论是对物理学、哲学，还是科幻小说与影视，都有深刻的启发价值。

相互作用实在论是赵国求结合爱因斯坦与薛定谔等在量子力学解释中提出的一些实在论思想，综合包括哥本哈根解释在内的各种量子力学解释的不同哲学倾向，按照马克思主义的自然辩证法，创造性地改进康德哲学的一种尝试，并与国内外流行的各种关系实在论，结构实在论进行对比分析。现象实体概念的提出，将认知过程从本质与现象的二元对立，修正为现象—现象实体—自在实体三元过渡。

在赵国求看来，现象实体是我们能够直接用感觉器官，或者间接用测量仪器所把握的客体；而自在实体是只能通过理性思维来把握的尚未感知或者不能感知的事物，它也许不过是尚未呈现为现象的更深层次的本质，与康德原来所说的“自在之物”或者“物自体”的意义并不一致。康德的“自在之物”作为刺激感官的未知对象而在理论上设定的认识界限，是不能用先验感性形式与先验知性－理性范畴来把握的；赵国求所说的“自在实体”虽然没有进入感性形式，但是具有知性与理性形式的某种规定，是通过测量结果与借助相互作用的因果律合理外推出来的对象，比较接近一些科学实在论者所说的“理论实体”或“物理本体”，并与相对论静能 m_0c^2 对应物对应，是一个在任何静止坐标系中的不变量。

相互作用实在论在量子力学曲率解释的探索中，特别是量子测量问题的澄清，以及微观与宏观的划界，连续作用与离散作用的区分等方面有重要启发意义，但这并不意味着它是量子力学曲率解释的唯一哲学理解。基于物理的，认识论与本体论的理由，以后的探索者给出量子力学曲率解释的其他哲学理解也是可行的，不同的哲学理解可能会导致量子力学曲率解释出现不同的理论模型。但尽量维持量子力学与相对论的协调性，应该是我们推进量子力学曲率解释的根本目标。

根据赵国求的论述，双 4 维时空量子力学基础的基本思路[1]如下。

（1）静态的微观客体不是点粒子，而是转动的场物质球，不能抽象为质点，半径由 $R_0 = h/m_0c$ 定义，量子波动根源于球内场物质的波动。

（2）运动的场物质球不断发生形变，其曲率随着动量的变化发生变化，球内（$R = h/mc$）场物质的转动，和球面曲率（$k_1 = mc/h$）及其在 3 维空间的映射（$k_i = mv_i/h$），$i = 2, 3, 4$，共同决定了场物质球的结构及运动状态。这里的量子曲率是采用物质波的康普顿波长构成的圆周的曲率来定义的。一个有待深入研究的问题是：运动的场物质球在发生形变时，曲面上各点的曲率如何随着运动而变化，如何用张量、联络等概念表示？这需要对双 4 维复数时空的微分几何性质深入研究，结合量子波函数的几何形态变化规律才能给出严密的数学表示。

（3）时空本质上是复数的。复数空间是物理本体（自在实体）所在空间。因为量子现象是波动现象，与波动现象有关的量子时空具有复数结构是相当自然的。

（4）复数时空中转动场物质球发生运动，由洛伦兹时间变换，可推演生成物质波及具有洛伦兹协变的双 4 维复时空 $W(x, k)$。量子力学与狭义相对论中模型引入之初就得到统一。

（5）$W(x, k)$ 虚部坐标 k_1，k_2，k_3，k_4 描述场物质球的结构，各向同性，有洛伦兹协变性；实部坐标 x_1，x_2，x_3，x_4 描述场物质球在实数时空的位置与时刻，与闵可夫斯基空间 $M^4(x)$ 同构。$W(x, k)$ 是闵氏实数时空的复空间推广。

（6）物质波描述在双 4 维复时空 $W(x, k)$ 中，传播微观客体空间结构和场物质密度分布的波动信息，是物理波，量子信息技术的进一步发展，也许能够让物质波像电磁波一样具有应用价值。这是对中国物理学家潘建伟院士推动的量子通信技术的深入发展，是一个新的理论资源。我们发现，在 W（x，

1　赵国求：《双 4 维时空量子力学基础——量子概率的时空起源》，武昌：湖北科学技术出版社，2016 年，第 10 页。

k）空间中，波函数的演化是决定论的、可逆的、相干的，而在本征态的线性叠加中，场物质密度分布与量子概率分布可以相互映射，类似表象变换，使得我们更容易直观理解量子信息的物质基础。

（7）微观因果律认为，由类空间隔分开的两点不能用光信号相联系，在这两点上进行的任何测量是互不相干的[1]。根据相对论的微观因果性原理和定域场论模型，对标量场只能采取对易关系的正则量子化，对 Dirac 旋量场只能采取反对易关系的量子化，这就区分了玻色子与费米子。[2] 当场量子化之后，经典场演变成了量子场，其作用由连续变得不连续。即使是能量连续分布的本征函数系，数学上也可以通过正交归一处理，将本征态之间的连续性联系截断，使其并存。本征态是在场的量子化中，去除显在相互作用，切断量子态之间的因果联系，保留作用结果，并置于线性空间的产物。场的定态相当于删除了连续作用场，保留其间断作用的自由运动状态。

（8）微观客体的位置测不准隐含在自身结构之中，波函数的双 4 维球模型，通过测量得到本征位置的点模型描述，正好表达了这一物理事实。本质上，任何微观客体都不可能定位得比康普顿波长的范围更精确，因为破坏微观因果性条件的空间范围是粒子约化康普顿波长的尺度。[3]

在非相对论的情形，测量一个粒子的空间位置的精度在原则上没有限制，粒子在空间是完全定域的，可以采用点粒子模型。[4] 但在相对论的情形中，质点模型是忽视粒子内在的静止康普顿动量 m_0c 对应的空间尺度——康普顿波长的一个近似物体。在量子场论中，可以证明在空间两点上的粒子数密度不能同时测定，除非它们之间的距离大于粒子的约化康普顿波长 t/mc。特别是，我们不能测定空间线度小于粒子约化康普顿波长范围内的粒子数。[5] 因为比康普顿波长更小的空间位置测量，需要波长比粒子的康普顿波长更小的外场，这足以产生新的粒子而与原来的粒子不可区分。因此，相对论

1 王正行：《量子力学基础》，北京：北京大学出版社，2003 年，第 263 页。
2 王正行：《量子力学基础》，北京：北京大学出版社，2003 年，第 265 页。
3 王正行：《量子力学基础》，北京：北京大学出版社，2003 年，第 266 页。
4 王正行：《量子力学基础》，北京：北京大学出版社，2003 年，第 267 页。
5 王正行：《量子力学基础》，北京：北京大学出版社，2003 年，第 268 页。

与量子力学的结合，对测量粒子位置给出了在海森伯测不准关系之外的进一步的内在限制。

（9）纯态存在的物理空间是双4维复时空，混合态存在的物理空间是4维实空间，Hilbert空间是它们共同的数学应用空间。双4维时空量子力学修改了正统测量假设，认为量子测量是从微观非连续作用过渡到宏观连续作用，本征态之间消除突变区，消除固定相差，破坏正交、破坏线性，恢复宏观时序、恢复因果联系的实验操作过程。波函数的坍缩，既是双4维复数时空向4维闵氏时空的坍缩，纯态向混合态的运动转换，也是物理模型从球到点的坍缩。测量又使量子场回到经典场，量子世界回到经典世界。

（10）通过量子测量，微观客体从双4维复数时空 W（x，k）回到4维实时空 M^4（x），与可观察值对应。波函数的坍缩在 W（x，k）到 M^4（x）空间转换中实现，是全空间的，不可逆的、退相干的。测量导致量子态瞬间坍缩的传统理解，也将由测量导致描述微观客体的物理空间和物理模型的转换所取代。纯态向混合态坍缩，本征值的对应是状态转换物理内在的对应，不是测量过程中创生的。

（11）W（x，k）中的物质波 $| x$（x，k）和 M^4（x）中点粒子的概率函数 $| x$（x，p）动量、能量不变，数学形式相同，但物理意义不同。测量让描述电子的时空和存在形态及相互作用机制、物理模型发生了变化，物质波演变成概率波（概率函数）。

（12）量子力学与狭义相对论、广义相对论的内在联系可能有新思路。首先，赵国求把量子力学中态的叠加原理理解为定态波函数进行傅里叶展开时，在每个本征态上可以建立惯性系，而各个并存的本征态对应一个平行并存的惯性系群的同时存在。对波函数进行洛伦兹变换，相当于对一个平行的惯性系群中的本征态的同时变换。[1] 因此，量子力学实质上把本征态之间的连续作用和连续运动的物理过程，进行量子化分割（在量子电动力学中，这相当于把一

1 赵国求：《双4维时空量子力学基础——量子概率的时空起源》，武昌：湖北科学技术出版社，2016年，第160～161页。

个宏观的连续相互作用，分解为一系列电子在原子结构内部的轨道跃迁、电子碰撞，以及散射光子的康普顿效应来理解)，截断宏观因果联系，变成间断匀速运动，本征态之间的变更，相当于本征态惯性系之间的变更。

原子内部电子轨道的量子态跃迁，类似两个不同匀速运动惯性系间的坐标变换。[1] 从量子力学微观客体不同本征态的叠加到对应微观客体某一宏观连续力学状态的恢复，涉及重新恢复连续相互作用，消除正交归一量子化分割，破坏线性叠加，恢复宏观因果联系，以及微观双4维复时空向宏观4维实时空，场物质球向点粒子，物质波向概率波，微观非连续作用向宏观连续性作用的转换。[2]

其次，从能量、动量量子化出发，恢复宏观连续作用，就会破坏波函数线性叠加的物理条件："一方面，由于本征态的同时并存被破坏，叠加态不存在，因而物理上失去了自身的独立自相干波源，自相干性随之消失。这是宏观物体不能自相干的物理原因。另一方面，能量、动量量子化的消失和连续作用力的重新恢复，前述与自由微观客体联系的各个本征态惯性系变成非惯性系，微观客体也将由本征态的叠加，还原成整体（质点）的加速运动状态。惯性力（或等效引力）的出现，惯性系变成非惯性系，空间变得不均匀，洛伦兹协变性失效。"[3] 这意味着，惯性力的量子起源伴随着本征态惯性系向宏观加速系的过渡。

再次，如果狭义相对论的建立包含将运动物体自身的时空特征转化为建在其上的坐标系的时空属性，同时忽略物体自身空间形态结构并抽象为质点的过程；那么在微观领域，通过坐标系的相对论时空属性，将质点还原为微观客体进行量子波动的双4维复时空的逆过程，就能得到转动场物质球，并推导出德布罗意－薛定谔的物质波方程。波函数的振幅和相位包含着微观客体的速度信息、几何结构信息，物质密度信息，表明微观客体不是"质点"，隐藏的空间

1 赵国求：《双4维时空量子力学基础——量子概率的时空起源》，武昌：湖北科学技术出版社，2016年，第161页。

2 赵国求：《双4维时空量子力学基础——量子概率的时空起源》，武昌：湖北科学技术出版社，2016年，第162页。

3 赵国求：《双4维时空量子力学基础——量子概率的时空起源》，武昌：湖北科学技术出版社，2016年，第161～162页。

自由度在双 4 维时空中展开。[1]

当作为场物质球的微观客体自由运动时，从整体规范变换过渡到局部规范场，一开始就引进了相互作用场，自由场拉格朗日量的不变性遭到了破坏，局域时空是不对称的。通过协变导数引进规范场，实现规范不变性，是一种抵消作用。[2] 这个附加的规范场，则通过对场量进行规范变换，使得局域时空的均匀与对称性再次得到恢复。[3] 整体规范对称性反映或决定场的内禀特性，例如电荷、奇异数、重子数等。在整体规范对称性作用下，描述场量的拉格朗日函数是不变的，内禀对称性对应的守恒流具有守恒荷，能够体现电荷、奇异数、重子数等的守恒。也就是说，内禀空间的转动不会扭曲粒子或场所在的坐标系的时空变量——位置变量与时钟变量，时空底流形上的纤维丛不发生形变；或者说代表电荷、奇异数、重子数等的内禀空间的转动不产生力的效应。就像轮胎整体绕着垂直于环面中心轴转动的时候，轮胎环面不产生力的效应。[4]

定域规范变换能够改变场量的拉格朗日量，这意味着与定域规范变换有关的内禀空间的转动扭曲了粒子或场所在的坐标系的时空变量——位置变量与时钟变量，形成了一个弯曲的纤维丛镶嵌在平直或弯曲的时空坐标的底流形上；或者说内禀空间的转动产生了力的效应，就像轮胎各点之间独立运动导致轮胎表面伸缩出现弹性力，这种新产生的内禀空间扭转力是用规范场产生的规范势来表示的，类似于引力场或者非惯性运动扭曲时空坐标产生惯性 - 引力场效应。因此，规范场也具有引力场的曲率特征[5]。场所在坐标系的时空变量，在时轴正交的平直时空坐标的底流形上是能够用双 4 维复时空中的场物质球的形变来表示的。

这里存在一个问题，既然规范场论使用内禀空间的形变来描述杨 - 米尔斯

1　赵国求：《双 4 维时空量子力学基础——量子概率的时空起源》，武昌：湖北科学技术出版社，2016 年，第 176 页。

2　赵国求：《双 4 维时空量子力学基础——量子概率的时空起源》，武昌：湖北科学技术出版社，2016 年，第 176 页。

3　桂起权、高策：《规范场论的哲学研究》，北京：科学出版社，2008 年，第 7 ~ 8 页。

4　桂起权、高策：《规范场论的哲学研究》，北京：科学出版社，2008 年，第 7 页。

5　桂起权、高策：《规范场论的哲学研究》，北京：科学出版社，2008 年，第 8 页。

场，与广义相对论利用弯曲时空描述惯性－引力场有类似之处，就出现了两个问题：一是广义相对论是否属于杨－米尔斯理论的问题，二是广义相对论是什么样的规范场的问题。在广义相对论中，度规的具体设置以及4维－微分流形上的其余场都是任意的，微分同胚可以把不同的设置联系起来。温斯坦认为，规范理论的物理预言，都是就固定的背景时空具体化的时空点上的场值而言的，它们在物理上有意义是因为假定了一些外在于这些模型的结构，而在广义相对论这样的微分同胚不变理论中，不存在这样的背景结构，有意义的物理陈述只是一种纯粹关系特征。在形式上，微分同胚群不是主纤维丛上自同构群，在物理内容上，微分同胚群并不具有粒子物理意义下的规范群含义。[1]

海利认为，规范理论与广义相对论的约束哈密顿形式体系是不同的：在杨－米尔斯理论中，定义在对应于规范轨道内“运动”的矢量场构成一个李代数，封闭性是杨－米尔斯理论的明确特征[2]，而在广义相对论中，定义在对应规范轨道内“运动”的积分曲线的向量场并不构成李代数，因此广义相对论不是杨－米尔斯理论。[3] 但温斯坦认为，大量作者试图从规范－类原理导出广义相对论，把广义相对论理解为另类的规范场论是可能的。早在1988年，曹天予在《规范理论和基础物理学的几何化》一文中，认为尽管杨－米尔斯规范理论之类的非引力理论在几何化问题上拥有广阔的发展空间，但是所有基本相互作用的几何化问题，说明广义相对论跟统一描述其他基本相互作用的规范理论有诸多联系，可以确定这样的几何化对应着物理内容。[4]

而赵国求采用等效原理分析规范场论中协变导数的意义，重新解释真空形变机制，发现了规范场论的几何化存在类似广义相对论的思想。

尽管量子力学双4维时空理论在沟通量子力学与相对论方面取得重大突

1 Weinstein, S., Gravity and Gauge Theory, *Philosophy of Science* 66, pp. 146－155.

2 Healey, R., *Gauging What's Real: The Conceptual Foundations of Contemporary Gauge Theories*, Oxford University Press, 2007, p. 255.

3 Healey, R., *Gauging What's Real: The Conceptual Foundations of Contemporary Gauge Theories*, Oxford University Press, 2007, p. 256.

4 Tian-yu Cao, Gauge Theory and the Geometrization of Fundamental Physics, In Harvey R. Brown and Rom Harre (ed.), *Philosophical Foundations of Quantum Field Theory*, pp. 117－133.

破，但我们也应该正视量子力学与广义相对论融洽结合时，仍然面临一些艰巨难题。通过康普顿物质波，沟通量子力学与量子场论的波函数几何解释，我们发现广义相对论中时轴正交系中的局部闵氏坐标系如果远大于康普顿波长的尺度，在其中引入康普顿物质波“1+3”分解是可行的。但在推广到弯曲时空一般坐标系时，由于时间坐标与空间坐标不一定相互正交，康普顿物质波的“1+3”分解是否可行，或者以何种方式进行能够变换分解，是双4维时空量子力学解释的时空几何结构与广义相对论的弯曲时空结构进行巧妙整合的最有挑战性的大问题。

回避量子曲率解释与广义相对论直接结合面临的巨大困难的另外一些思路是，我们可以考虑与广义相对论略有差别的双度规引力场论中，在整体或局部的闵可夫斯基时空度规中引入双4维复数时空量子力学模型的可能性，把其中的弯曲时空度规只当作宏观时空结构的一种唯象描述，微观的时空结构是通过弯曲时空对应的平直时空度规中的双4维复数时空得以包容量子现象的。那么，赵国求关于量子波函数的态叠加原理的惯性系与非惯性系分析，为什么很能推广到量子引力理论的研究中呢？首先是因为目前还没有类似薛定谔方程、狄拉克方程的量子引力方程，能够给出一般情形下的量子引力定态；其次是因为广义相对论的非线性，有可能使得量子引力定态波函数的傅里叶展开，出现了未知的数学物理困难。

目前，按照赵国求给出的引力场与规范变换的深入讨论，我们还看不出通过协变导数引入引力规范场，能够给出一个完全量子化的引力规范理论，而只能得到引力规范场中的描述电子的狄拉克－爱因斯坦方程与描述光子的克莱因－戈登－爱因斯坦方程。引力规范理论中出现了违背广义相对论等效原理的挠率，挠率可以看作在量子力学中，弱等效原理（在惯性引力场中，初始位置与速度一致的质点，不管质量如何，它们的运动轨迹一致）破缺以后被迫引入的理论扩展，用来描述双4维时空中的粒子自旋。但对高密度强引力场进行量子化分割时，所得到的引力子双4维时空的量子波动球不可能是质点，因而不能使等效原理在引力的双4维时空的场物质球中严格成立，并给出作为万有引力本质特征的潮汐引力的测地偏离效应，而只能把粒子自由运动方向的惯性力场通过局域规范变换引进的反向引力场来抵消。

如果说量子力学在原子结构中有一个随着轨道能级提高，能量跃迁不断缩小的自动退相干过程，那么量子引力在物质结构的什么层次过渡到连续的弯曲时空而呈现万有引力的机制并不是清楚的，因为目前所谓的量子引力能级跃迁只是理论假设，在普朗克时空尺度附近还没有一个类似原子结构的轨道能级模型。

总之，赵国求的理论观点新颖，立意清楚，其研究成果有助于量子力学基础问题的深入讨论。量子引力研究中的各种概念问题，都涉及时空问题在哲学概念与数学处理方面的新突破。国外的研究往往被数学形式主义误导，而赵国求除了物理直觉外，还自觉地以爱因斯坦、德布罗意、薛定谔为代表的波动力学实在论哲学为指导，批判地改造与整合了量子力学解释各种流派的解释的合理成分，初步完成了量子力学与量子场论的双 4 维复数时空模型，但要解决量子力学与量子场论的大量疑难问题，并最终整合到广义相对论或类似的引力理论的时空框架中，还需要更深入的物理直觉与哲学洞察，更艰巨的数学空间突破以及更前沿的实验验证。

对于双 4 维时空量子力学的发展前景，正如 2015 年曹天予教授所说：“双 4 维复数时空框架在量子物理概念基础的探讨中，是一个有希望的研究方向，坚持下去有可能取得重大概念上的突破。目前国际上量子物理概念基础的研究是一个热点。去年（2014）在日内瓦就此专题开了一个国际大会，几十位国际一流物理学家，包括 Nobel 奖获得者，提交了他们的探讨设想，其中有些研究的思路与赵国求的思路比较接近。”[1]

1 赵国求：《双 4 维时空量子力学基础——量子概率的时空起源》，武昌：湖北科学技术出版社，2016 年，第 236 页。

量子测量的客观性

——从哥本哈根诠释到双 4 维复时空诠释

李宏芳 *

摘　要： 在量子力学的哲学研究中围绕量子测量的主观性和客观性一直存在激烈的观念之争。从哥本哈根诠释的二元论到冯·诺依曼的表观一元论尝试，再到环境诱导量子退相干的“反二元论”理想追求，物理学家在解决量子测量佯谬上费尽心思，但仍然不能避免逻辑上或哲学上的矛盾和谬误。双 4 维复时空诠释在批判吸收哥本哈根诠释和退相干思想的基础上，着力于从时空转换上来阐释量子测量和量子退相干，以消除量子测量佯谬，阐释量子概率的时空起源，给我们提供了一种研究量子力学的概念基础的新视角。

关键词： 量子测量　客观性　哥本哈根诠释　退相干　双 4 维复时空诠释

* 李宏芳，哲学博士，武汉大学哲学学院教授、博导，主要研究方向为物理学哲学、科学哲学。

在量子力学的哲学研究中，围绕量子测量的主观性与客观性一直存在激烈的观念之争。因为根据量子力学的叠加原则，微观量子在测量前，总是以概率的形式同时存在于多个状态的叠加之中，这些状态是相干的，表现在双缝干涉实验中就会出现明暗相间的干涉条纹。但一经测量，观测作用就会破坏微观量子叠加态，使其从量子相干叠加态以一定的概率跃迁到相应的本征态。此时，量子相干性消失。我们观察到的是一个个确定的经典态。这就需要回答：在量子测量过程中，量子是如何向经典过渡的，是不是“主观介入”的结果？对这一问题的探究促进了量子测量理论的发展，增进了我们对量子测量的客观性的理解。

一　哥本哈根诠释的量子——经典二元分割论

量子力学的第一个自洽解释是著名的“哥本哈根诠释”。根据哥本哈根诠释：①一个量子系统完全由一个波函数描述，这个波函数表示的是观察者对于该系统的知识（海森堡）；②对于自然的这个描述本质上是概率的，一个事件发生的概率是与描述这个事件的波函数的幅度的平方相关的（波恩）；③海森堡的不确定性原理，不可能同时知道一个量子系统的所有性质的值，这些不能精确知道的性质必须用概率描述；④互补原理，量子物质展示一种波粒二象性，一个实验能显示量子物质的似粒子性或似波性，但不能同时显示两者（玻尔）；⑤测量装置本质上是经典仪器，测量经典属性诸如位置和动量（玻尔）；⑥玻恩和海森堡的对应原理，大系统的量子力学描述应该非常接近经典描述。[1]

哥本哈根诠释的代表人物玻尔（N. Bohr）在解决量子测量问题上显然采用了一种二元论的立场。在他看来，自然界的物体有宏观和微观之分，因此物

1　Asher Peres, *Quantum Theory: Concepts and Methods* (*Fundamental Theories of Physics*), Dordrecht/Boston/London: Kluwer Academic Publishers, 1995.

理学应该遵循经典和量子两种不同物理定律来行事。对于微观量子来说，它们由只处理概率的量子力学描述；而对于宏观测量仪器来说，它们应该用没有概率模糊性、处理性质完全清楚的经典术语来描述。经典领域是定义量子必须提前建立的框架，微观量子的实在性取决于经典的测量仪器。

这种让量子和经典“分而自治”，使得宏观物体和测量仪器保持在经典的一边，并“通过颁布法令”让量子叠加原则在经典领域中暂停使用的做法，似乎去掉了量子测量中遇到的困难，却立即产生了许多进一步的问题。一个物体足够大到何种程度，才是经典的而不是量子的？在量子领域和经典领域的过渡区由哪种物理规律（量子的还是经典的）来描述？人们能期望一种建立在两种不同规律上的物理形式会逻辑一致吗？

由于玻尔坚持微观量子与宏观经典的分割，认为测量的经典仪器必不可少。量子测量如果没有提前设定的经典的测量仪器，就不能认识微观量子的行为和性质，从而在量子世界和经典世界之间划了一条分界线。可是，这条分界线划在哪里才合适呢？出于实用的目的，玻尔认为这条分界线是可以移动的。它可以划在被测的微观客体和人的神经系统之间，也可以划在人的神经系统和经典的测量仪器之间。不论被测系统和测量仪器的分界线划在哪里，我们关于微观量子世界的认识，即对某一个微观客体真正的物理特性的获得都必须通过微观客体的相关系统与经典的测量装置结合起来进行相互作用。量子力学如果缺少无歧义地记录观察结果的经典世界是没有意义的，即把某些物理特性（如波或粒子）归于一个孤立的量子系统是没有意义的，在测量之前我们永远不知道它们是什么。

这就意味着玻尔为了避免矛盾，采取了一种或许是过分谨慎的态度。为了使量子力学免遭责难，把它限定在了微观量子世界，并要求经典概念作为先决条件，以此消除测量问题的存在。这种做法有悖物理学的宗旨，代价是付出了量子力学的内在自洽性，因为物理学的初衷并不是以严重牺牲物理概念的适用性为代价，以建构“安全”理论为目的，而是建立有用的模型使用一段时间，当它们不适用时就被新理论所取代。旧理论作为在一定适用条件下被检验过的正确理论而处于附属地位。其实，现实中并没有任何证据表明量子物理学在宏观世界不适用。

简言之，在量子力学的哥本哈根诠释中，由于在描述量子测量过程时，没有把测量仪器作为整个量子系统的一部分考虑进去，因而不可避免地需要引入一个分离的、不受量子力学规律支配的经典仪器世界。这样做虽然避开了测量佯谬，却使得量子力学成为一个只能描述微观领域的理论。然而，如果希望量子力学成为一个描述整个宇宙的自洽理论，它就不仅应该能够描述微观物理系统，而且应该能够描述宏观的测量仪器，这就要求建立一种动力学的量子测量理论去解决这个测量佯谬。

二　冯·诺依曼的物理——心理平行主义

1932 年大数学家冯·诺依曼（Von Neumann）对量子测量的“波包塌缩”假说给出了一个著名证明，首次探讨了量子测量退相干的动力学机制。根据冯·诺依曼的理论，测量仪器是只有一个微观自由度的量子指针，完全受量子力学的规律支配。这样，在他的测量理论中，就只有量子力学一种物理学。因此，可以统一用薛定谔方程来描述测量仪器和微观粒子及其相互作用。假若被测系统的初态是两个本征态的线性叠加，那么被测系统和测量仪器相互作用后，被测系统的初态中的线性叠加就传递给了测量仪器，结果微观粒子可能的干涉效应就被传递到宏观水平。因此，测量结果不是一个单一的值，而是一个相干叠加态，与指针位置相对应。

如何才能去除测量结果的相干叠加性呢？根据冯·诺依曼的理论，需要有另一个测量仪器 II。但是，仪器 II 虽然可以把系统和仪器 I 的干涉项消除，但是仪器 I 和仪器 II 之间的干涉项又产生了，这就需要另一个测量仪器 III，同样，还需要另一个、再另一个……测量仪器，这就形成了一个无限回归的仪器链。如何才能终止这令人讨厌的无限回归呢？冯·诺依曼最终把这个使命交给了有意识的人，认为如果没有“抽象的自我”参与整个测量过程作“最后的一瞥”，那么量子状态的测量过程将始终处于这样一个无限循环的复归当中，其干涉效应就永远不能去除。相反，如果最后的一个测量仪器是有意识的人类观察者，就会断开这个仪器链，造成波包塌缩，最终消去相干性，因为我们内省地知道个体的意识是不可能有多重性的。这就是冯·诺依曼的物理—心理平行主义。

这种微观粒子和测量仪器，以及测量仪器和“抽象的自我”之间的分界线可以随意移动，因而观察者可以是测量仪器也可以是人，但一个测量结果只有最后被有意识的观察者记录了，才会变成实际上的“已知”的观点，十分接近笛卡尔的身心二元论。雅默在《量子力学哲学》一书中写道：“按照冯·诺依曼的理论，一次完整的测量也包括观察者的意识。由于把过程划分为两种互相不能约化的范畴，相应于把世界划分为被观察和进行观察的两个部分，这两部分尽管其分界线可以移动，但也是互不约化的，所以冯·诺依曼的理论是一种二元论。”[1]

冯·诺依曼的量子测量的“波包塌缩”假说必须有“主观介入”的“科学”证明，在逻辑上是自洽的。其结论又极其荒谬。错误的原因在于他希望单纯地从量子力学“推导”出这一“波包塌缩”假说，而不引进任何其他的要求，如仪器的宏观性或经典性。然而，薛定谔方程的一个特点是具有时间反演“可逆性”，即是一个熵守恒的过程，而在测量过程中的纯态向混态的“跃迁”是时间反演不可逆的，即测量过程本质上是一个熵增加的过程。薛定谔方程满足时间反演“可逆性”，从原则上讲，就不可能“推导”出时间反演不可逆的结果，即不能从熵守恒的方程推导出熵增加的过程来，要想从薛定谔方程推导出量子测量过程的“波包塌缩”假说，就必须对仪器的宏观和经典性质加以强调，不可单纯地由薛定谔方程得到。[2]

简言之，冯·诺依曼的测量理论的“波包塌缩”假说的“科学”证明，优点在于首次从动力学角度把量子测量过程看成两个量子系统的相互作用。缺点在于只考虑到仪器的量子性，没有考虑仪器的宏观属性，即忽略了仪器的量子数很大或者说组成仪器的粒子数很多的特征，因而最终导

1 雅默：《量子力学哲学》，秦克诚译，北京：商务印书馆，1989 年，第 565 页。

2 孙昌璞：《量子理论若干基本问题研究的新进展》，《物理学进展》2001 年第 3 期，第 343 页。

致了哲学的荒谬：要想实现“波包塌缩”必须引入量子世界以外的观察者——有意识的人，这也成为后人对量子测量过程进行主观主义解释的主要根源。

在量子测量中，量子态的退相干真的需要人类意识的参与吗？谁赋予人类意识这种特权？上帝吗？哲学争论由此展开。一些不喜欢量子测量的主观论解释的物理学家，极力寻找量子测量的客观论解释。

三 退相干理论的“反二元论”解释

现代量子测量理论的理想是反二元论，建立由量子力学统一描述测量过程的一元论解释。冯·诺依曼的尝试一元论最终没有摆脱二元论的窠臼。20 世纪 80、90 年代退相干理论沿着量子测量的一元论方向大踏步发展，试图通过量子态与环境的纠缠作用来客观地阐释量子测量的退相干机制。根据退相干理论，量子相干叠加态只有在与世隔绝的情况下才能够一直维持下去。然而事实上，除了宇宙本身以外，每个真实的系统，不论是量子的还是经典的，从不近似地孤立，都与环境密切联系，是开放的系统。外部环境可以是空气中的分子、原子，也可以是辐射中的光子。它们就像一个个“观测者”，通过不断撞击系统，与处于量子叠加态的系统集体态发生耦合作用，这种不可避免的耦合作用所产生的自由度的关联即量子纠缠会导致系统集体态之间的相位关联不可逆地消失，从而破坏系统奇特的量子叠加性，促使系统的波函数塌缩到一个或另一个确定的经典态。

特别是宏观物体，它们难以做到与周围环境的完全隔绝，它们与环境不可避免的耦合作用所形成的宏观集体亚系统和环境的量子纠缠态，是导致其量子相干性消失、经典性出现的主要原因。原则上，宏观物理系统可以处于量子叠加态，经典性不是其固有的属性。或者说在合适的条件下，一个有许多微观自由度的宏观物体，假若能够与它的环境充分地退耦合，就能够表现出量子行为。然而真实的情形是，宏观物体总是难以像微观量子系统一样保持孤立，宏观物体的基本特点是与它周围的环境保持有不可避免的相互作用。

一般来说，这些相互作用很小，对宏观物体几乎没有影响。相反，宏观物体却在环境上留下一个印记。这样，当宏观物体把信息传递给环境时，环境本身也是一个开放的系统，因此信息被传递并且不断地从它的起源扩散，从而开放系统的演化不再一致，系统波函数出现塌缩，经典性以动力学的形式显现。因此，我们看到的宏观物体总是没有量子相干叠加态。

也就是说，在这种情形中，我们不能把自然环境简单地看作一个经典的背景，由于它有大量的内部自由度，它的实际功效是充当一个“测量仪器”，通过与宏观集体亚系统不可避免的相互作用来对宏观物体的量子相干性实施不间断的“监控”，允许其具体的经典行为从量子理论允许的许多同时存在的可能态中以一定的概率出现。因此，在一个一致的量子力学框架内讨论宏观物体的量子现象就不能不考虑周围的环境因素。只有把自然环境包括在内，宏观物体所形成的一个更大的封闭系统的演化才能用量子力学描述。这里再没有塌缩，有的只是外部环境引发的量子退相干的出现。

而且，根据退相干理论，退相干的速率取决于量子系统的大小，越是宏观的物体退相干的速度越快，因为越是宏观的物体与环境的耦合作用越强，相位关联的信息越容易丢失。因此，一个大尺度的物体甚至不能使量子相干性保持短暂的片刻。对于一个由数十亿个原子组成的如猫、狗一样的系统，几乎瞬时退相干，我们根本捕捉不到它们的退相干过程。这就说明了为什么我们在日常生活中难以看到宏观量子叠加态。

换言之，看不到宏观量子叠加现象，不是因为当物体超过某一神秘尺度后，量子力学本质上不再起作用；而是因为日常所见的宏观物体几乎不可能做到与周围环境的完全隔绝，从而有效地防止退相干的发生。相比之下，微观物体或微观量子系统比较容易与其周围环境隔绝开来，因此其量子行为就得以保持，能在量子叠加态维持相当长的时间。

事实上，对于宏观物体来说，它的退相干效应不仅仅是它的集体态与外部自然环境不可避免的纠缠作用所致，而且在于它的内部自由度。宏观物体有丰富的内部自由度，即使把它与外部环境完全隔绝开，使其成为一个孤立系统，宏观物体也会自动地迅速退相干，表现为我们日常习见的某种经典态。这是因为宏观物体的内部庞大的自由度，作为宏观物体集体亚系统的内部环境，充当作监控宏观集体亚系统相干态的“测量仪器”，它们同样会与宏观物体的集体态发生量子纠缠，从而导致宏观物体的量子相干性不可逆地消失，经典性以动力学的形式显现。

宏观物体这种庞大的内部自由度数目，也使得这个退相干过程的完成是瞬时的，即这种退相干效应总是在人眼观察到以前就早已完成，因而宏观物体的量子相干性总是不为我们所观察到，我们看到的宏观世界都是一个个确定的经典态。

对于没有什么内部自由度，也容易做到与外部环境极好地隔绝的微观粒子，又该如何来理解它们在真实的量子测量中所发生的退相干或说“波包塌缩”行为呢？根据量子理论，微观粒子的量子相干性在未被仪器测量时能很好地保持，只当对它们进行了测量时，其相干性才消失，而一旦停止了测量，量子相干性又出现，这似乎是来自仪器的“不可控制的扰动”。

然而，退相干理论的回答是：仪器的作用只不过是“记录”，相干性消失的真正原因仍是仪器与“环境”的纠缠。仪器可以是宏观的，也可以是微观的。如果是宏观的，仪器的集体态（即仪器读数）和仪器的内部自由度就可以形成纠缠态，从而导致仪器的不同指针态的相干项为零；如果是微观的，那么也可以把外部环境作为它的内部自由度来考虑，这样同样会形成指针态与环境的纠缠态，从而导致指针态相干项的消失。由于在量子测量中，微观粒子和测量仪器必然是量子关联的，这样，仪器指针态相干项的消失，必然会导致被测微观粒子的相干性动力学地消失，经典性显现。

可见，与宏观物体的量子退相干的物理机制一样，微观粒子的量子退相干也是与环境纠缠的结果。只不过，这样的“环境”是指“仪器 + 外部环境”或其内部自由度。[1]

总之，根据退相干理论，量子测量中子干涉效应或说量子叠加态的破坏，既不是通常所认为的玻尔的互补原理所致，也不是海森堡的测不准原理所致，

1 李宏芳：《量子实在与薛定谔猫佯谬》，北京：清华大学出版社，2006 年。

更不是有意识的观察者的观察或测量所致，而是系统与其“环境”不可避免的相互作用所形成的量子纠缠所致。量子纠缠是量子测量问题的本质，是实现“波包塌缩”和量子退相干的关键，因为这种量子纠缠会在量子力学框架内动力学地消去被测系统的量子相干项，使其发生量子退相干或说“波包塌缩”，实现一个确定的实验观察结果的出现，无须“主观介入”。

虽然如此，退相干诠释并不是一个完备的量子测量理论，退相干诠释存在以下逻辑困境。①退相干的数学形式等价于波函数塌缩，退相干等于超空间投影，简单的退相干诠释不能摆脱波包塌缩“二元性”的困境。②退相干需要一个无穷大的外部环境，要借助于热力学极限，否则有相干性复苏的现象。

为此，退相干理论的倡导者瑞克（W. H. Zurek）认为，退相干诠释还不足以对量子测量的所有问题给出确定的回答。退相干理论对一些长期争论的问题的理解仍是部分不清楚的，尽管它们明显是重要的。[1] 例如，尽管退相干理论给出了量子向经典过渡的原因，但是，到底组成系统的粒子数目大到何种程度其相干性才会消失，或者说物体尺度具体在哪个范围量子叠加性就消失了，即量子和经典的边界到底应该划在哪里，现在仍然是理论和实验未彻底解决的难题，而且在宇宙学中，用退相干解释时空本身从量子向经典的过渡也存在争议。

还有一个关键问题是：退相干与“波包塌缩”究竟是量子力学的推论，还是需要从量子力学之外给予的假设，物理学家的意见是有分歧的。

四　量子力学的双 4 维复时空诠释

近年来，赵国求教授的双 4 维复时空诠释日益受到国内外物理学界和物理学哲学界的关注。这是中国学者对量子力学的概念基础进行自主创新研究的重要成果，是对国际上原有的量子力学诠释的一种新的超越。双 4 维复时空诠释

1　Zurek, W. H., Information Transfer in Quantum Measurement: Irreversibility and Amplification, arXiv: quant-ph/0111137 v1 25 Nov. 2001.

突破了量子力学的传统解释，通过对微观量子运动时空的复数拓展，对量子力学的内部空间的物理本质进行了深层揭示，为我们呈现了一个逻辑自洽、简单明了的量子物理世界，不仅有助于我们了解量子概率的时空起源，而且对于量子测量问题的解决具有深层的认识论意义。

在双 4 维复时空量子力学描述中，量子世界的基本存在形态是场物质。场物质以旋转的球形结构呈现，具有波粒二象性。就一个量子纯态而言，它的存在形态如果按照波场来刻画就是一个“场物质波”，如果按照运动的结构来刻画则是一个旋转的“场物质球”。在经过量子测量后，微观客体就从双 4 维复时空跃迁到了实 4 维实时空，与可观察值相对应。这就意味着“测量导致量子态瞬间塌缩”的传统理解将由“测量导致描述微观客体的物理空间和物理模型的转换”所取代。波函数塌缩发生在复空间向实空间的转换过程中，在这一过程中，物理模型从“球”结构转换为“点”，相互作用机制由非连续演变成了连续。测量使得量子场回到经典场，量子世界回到经典世界。就量子概率比如电子概率的时空起源而言，是测量让描述电子的时空和存在形态及相互作用机制、物理模型发生了变化，“物质波”演变成了“概率波”。[1]

具体来说，在双 4 维复时空诠释中，量子测量理论可简述如下。

（1）不需要波包塌缩。连续作用的介入，被测系统所有本征态同时回到混态，不存在波包向某个本征态塌缩，被测系统退相干只是表明仪器共振搜寻找到被测系统的认知对象。

（2）量子测量使微观客体从双 4 维时空描述转换到实 4 维时空描述。U 过程转变到 R 过程。U 过程描述的是微观客体内部场物质的波动状态，它是相干的；R 过程描述的是连续作用的引入，描述对象从双 4 维复空间到 4 维实空间形态结构及运动状态的转变过程，它是破坏线性叠加，消除突变区和固定相差、退去相干性，恢复宏观因果性、恢复宏观时序的实验操作过程。

（3）量子测量旨在提供相互作用，使微观客体从“广域”波动形态转换

1 赵国求：《双 4 维时空量子力学基础——量子概率的时空起源》，武汉：湖北科学技术出版社，2016 年，第 10 页。

到宏观“局域”粒子形态，实现量子态向经典态的转化。这是一个由波“生成”粒子的过程，也是人获取经验感知的过程。

（4）在测量过程中，仪器对本征值的识别具有随机性。仪器对被测系统的连续作用，迫使众多本征态同时向宏观世界转化，自动退相干。至于哪一个本征态的本征值能被仪器捕捉，却是随机的。随机性大小与微观客体自身结构或场物质密度相关。宏观仪器显示的读数，就是人认知的读数。人的观察与被测系统和仪器的退相干无关，从而保证了观察的客观性。

由此可见，量子力学的双 4 维复时空诠释与退相干诠释一样，旨在消解量子测量中的波函数塌缩假说，倡导所有本征态之间的突变区是在引进连续作用时同时消失的。本征态是通过对宏观连续力学状态进行量子化及数学上的“正交分割”“保留作用结果”分离出来的，因而宏观仪器读取的就是某本征态系对应的宏观连续力学状态。而测量的或然性则是由微观客体——场物质球结构和对应时空的基本属性天然决定了的。

因此，所谓“量子测量”其实是仪器对微观客体混态的共振搜寻。塌缩过程是被测系统混态与仪器共振搜寻中的或然显示过程。仪器对本征值的搜寻记录则为宏观的“或然识别过程”。量子测量只存在引进连续作用，消除量子化，排除非定域，回到宏观视角，进入闵氏空间，再现宏观物理本来面目的过程。

五　结语

在量子测量理论中，量子态相干性的消失，是哲学讨论的基石。[1] 根据哥本哈根诠释，波函数如何塌缩并不重要，因为波函数不代表物理实在，即不能把它看作对物理系统的一个客观描述，只能把它看作进行统计预测的一个极其有用的数学技巧。

1　Bell，J. S.，On Wave-packet Reduction in the Coleman-Hepp Model，*Helv. Phys. Acta*，1975（48）：93.

这种工具主义的说法自然难令人信服。玻尔的量子——经典二元分割策略是对问题的一种回避。冯·诺依曼的测量假说没有考虑测量仪器的宏观和经典特征，因而其严密的数学证明得出了“量子向经典的过渡”必须有“人眼的最后一瞥”的荒谬结论。

退相干理论和双4维复时空诠释旨在消除“波包塌缩”假说，给出一个逻辑自洽的客观的量子测量解释。退相干解释主要强调系统与环境的纠缠作用，认为量子纠缠是量子测量问题的本质，是实现量子退相干的关键，因为纠缠作用会在量子力学框架内动力学地消去被测系统的量子相干项，使其发生量子退相干，实现一个确定的实验观察结果的出现。然而退相干理论存在一些逻辑困难。退相干理论需要与量子力学的其他解释相结合，以期给出量子测量的更好说明。赵国求的双4维复时空描述批判地吸收了哥本哈根诠释和退相干诠释的某些合理因素，但形式不同。它着力于从时空转换上来阐释量子测量和量子退相干，以消除量子测量中“测量结果强烈地依赖于主观实验选择”和“人眼的最后一瞥”的奇异性。

在双4维时空量子力学描述中，或然性来源于微观客体自身的有形结构及其旋转运动和对应时空的基本属性，测量实质是描述微观客体的物理模型和对应物理时空的全域转换，这些观点给我们提供了一种研究量子力学的概念基础的全新视角，有助于我们更恰当地理解量子与经典的关联。

典型信息法原理及其在隧道工程的应用

李世煇*

摘 要：“天地生人”，各领域的开放复杂巨系统理论与应用研究，发现、获取与利用代表性好、可信度高的信息是关键性难题之一。本项研究在毛泽东军事思想指导下，以系统、信息科学理论对该类系统作定性说明、机制阐释，以典型信息法初步解决之。其特征：①在该类系统中发现极个别典型信息源（系统），已用现代科学技术作系统、周密的监测（或控制）；②代表性好，可用以整合形成综合集成数学模型；③以类比逻辑、异同分析方法用于同类个体，预测、控制系统关键时刻（阶段）的行为；④经大量现场实践验证与发展，实效超常；⑤逐次逼近，解决难题。典型信息法是复杂性科学之毛泽东－钱学森学派提出的一项原理和方法，是自然国学方法论——取象比类与机发论在当代中国的应用和发展。

关键词： 开放复杂巨系统 典型信息法 取象比类 机发论 隧道工程

* 李世煇，解放军总参工程兵第四设计院退休高级工程师，中国科学院工程地质力学重点实验室客座研究员，研究方向为系统科学，隧道工程与自然国学。

20 世纪 80 年代前后迄今，自然国学研究在中国古代科学技术成果的资料发掘与现代阐释、学术交流、辩驳“反伪科学”、出版传播等方面，成绩斐然，逐渐引起社会关注。包含相当一部分高水平研究成果的《自然国学丛书》共出版 5 辑 37 本，即一鲜明例证。然而，在天地生人学术讲座内外在社会实践中成长、交流、问难的一批原创性现代科学技术成果，多数尚鲜为人知。

毛泽东在《实践论》中认为，马克思主义的哲学认为十分重要的问题，不在于懂得了客观世界的规律性，因而能够解释世界，而在于拿了这种对于客观规律性的认识去能动地改造世界。自然国学在当代中国价值如何？其主要表现应该是能否启发、推动以至主导当代中国复杂性科学技术的创新发展，为实现中华民族伟大复兴做出应有的贡献。以下是点滴实例。

一　典型信息法的科学原理

（一）开放复杂巨系统

钱学森指出“开放的复杂巨系统”具有四个特征。

（1）系统本身与系统周围的环境有物质的交换、能量的交换和信息的交换。由于有这些交换，所以是开放的。

（2）系统所包含的子系统很多，成千上万，甚至上亿万，所以是巨系统。

（3）子系统的种类繁多，有几十、上百，甚至几百种，所以是复杂的。

（4）开放的复杂巨系统有许多层次。从可观测的整体系统到子系统，层次很多，中间的层次又不认识；甚至连有几个层次也不清楚。对于这样的系统，用还原论的方法去处理就不行了。[1]

1　钱学森：《再谈开放的复杂巨系统》，《论地理科学》，杭州：浙江教育出版社，1994 年，第 164 ~ 171 页。

（二） 钱学森论开放复杂巨系统方法论

在科学方法论层次，钱学森明确提出包括科学理论、专家群体经验和判断力、信息计算机技术在内的从定性到定量综合集成法，是开放的复杂巨系统的科学方法论。[1]

整体论反映系统全局。但是，“全局性的东西，眼睛看不见，只能用心思去想一想才能懂得”。这种全局的认识和判断是思索者的一种能动的反映，是一种经验性判断，而且必须冒相当程度的风险。西方近现代科学方法的核心是还原论，经验和专家判断力历来被排除于科学殿堂之外。

钱学森先生指出，“从定性到定量综合集成法”，实是综合集成定性认识达到整体定量认识的方法。[2] 据著者在复杂性研究实践中的粗浅体会，这里的“整体定量”，不可能是对系统整体的逐点、逐时刻的精确定量，而是对系统整体的概略定量。具体来说，就是只求适用于某一关键时段（时刻）的，有较大的可能性（即“概”）的，对系统整体粗线条描述（即“略”）的定量。其前提是社会实践的需求，也是复杂性科学技术所能达到的实际可能。

钱学森还明确指出：“要建立开放复杂巨系统的一般理论，必须从一个一个具体的开放复杂巨系统入手。当这些具体的开放复杂巨系统的研究成果多了，才能从中提炼出一般的开放复杂巨系统理论，形成开放的复杂巨系统学，作为系统学的一部分。”这一论述指明了正确的研究方法，同样具有方法论意义。

（三） 自然科学史上的典型方法

在西方自然科学史中，研究天地生领域复杂性问题时典型方法常见。著者孤陋寡闻，尚未见西方科学家从科学方法论的高度，加以总结概括的论著。

1 钱学森、于景元、戴汝为：《一个科学新领域——开放复杂巨系统及其方法论》，《自然杂志》1990 年第 1 期，第 1 ~ 10 页。

2 王寿云等著《开放的复杂巨系统》，杭州：浙江科学技术出版社，1996 年，第 267 ~ 268 页。

1. 恒星内部结构与演化研究

罗先汉教授指出：恒星内部结构与演化理论研究是现代天文学的前沿之一，是个开放复杂巨系统问题。除太阳之外，其他恒星都非常遥远，只能以“点源”看待，很难取得丰富的观测资料，而太阳是离地球最近的一颗恒星，在对恒星内部结构和演化的研究中，理所当然地把太阳选作典型。已知太阳质量与半径，以太阳的可观测量（主要是光度与表面温度）为边界条件，提出“把太阳看作球对称的平衡气体球”的合理假说，根据有关的科学定律（引力定律、核物理定律、能量守恒定律等）导出太阳内部结构的数学模型，并用数值方法近似求解。分析结果表明，太阳内部大致可分为核反应区、辐射区和对流区。太阳结构模型经可观测量的检验，通过反复调整有关内部参量后所导出的光度和表面温度，与实际观测值误差已在 1/1000 以下。这就是用于研究与太阳同类恒星的类太阳模型。

用类太阳模型，通过改变核心区参量，必要时加以补充假说，可依次导出红巨星、白矮星、中子星的有关模型。20 世纪 60 年代发现的脉冲星，就是对这种科学研究方法和预言的生动检验。[1]

2. 地质历史研究

地质学研究中典型方法常见。例如，地质历史研究中的相对地质年表，就是根据存在典型性化石地层的对比拟定的。自 20 世纪中叶起，放射性年龄测定法提供的绝对年龄数据，证明了相对地质年表的科学性。

3. 遗传定律和基因理论研究

对于生物学这样更复杂的系统的研究，孟德尔开创了选择典型材料进行生物学试验的基本方法。他选取豌豆作为植物杂交的典型试验材料，设计了严密构思的植物杂交实验程序，在大量实验的基础上引入数理统计方法，1865 年

1 罗先汉：《评审意见》，总参工程兵第四设计研究院《专家函审意见》，1999 年 10 月。

孟德尔总结试验结果提出遗传定律，创立了遗传学。

摩根沿着孟德尔开创的实验生物学研究途径，选择果蝇作为遗传试验的典型材料。果蝇的典型性很突出，生活周期只有 10 ~ 14 天，易饲养，更重要的是其每个细胞只有 4 对染色体，使定量分析大为简化。通过以果蝇为典型信息源的研究，摩根建立了遗传基因理论，使生物学研究从过去着重形态的描述，转向现代实验的定量研究。[1]

（四） 典型信息法

当代开放复杂巨系统（本文简称复杂系统）研究实践表明：西方现代科学还原论方法无力解决此类系统行为的预测与控制问题，只能以整体论与还原论结合的方法，概略地逐步解决。但是，在深入理论研究与社会实践中，人们必然会面对信息不完全、不确定、不一致，特别是缺乏关键性、代表性信息的难题。

如果在该类复杂系统中，存在极个别的典型个体（系统）具有关键性、代表性的信息，但是，这种高质量信息源往往只有一个，那么在整体上，不能将数理统计法用于同一系统的一般个体。这一典型个体应充分体现现代科学技术：①对高层次的复杂系统（如中医现代化），系统信息理论应能给予功能说明和定性的机制阐释，现代科学技术应能对典型个体某一方面提供监测与控制的技术方法；②对复杂性层次不很高的系统，如隧道（包括巷道、坑道、隧洞等，本文一般简称隧道）围岩稳定性分析预测，可运用现代科学技术建立简化的理论分析模型，并用典型信息加以反馈修正形成综合集成的数学模型，使之充分接近实际，并编制软件系统。

以上两种情况，均可在应用、发展或创新本专业（学科）的信息理论的前提下，有机组合应用典型信息、类比逻辑（处于主导地位，归纳、演绎逻辑用于较低层次）、异同分析方法，同时应用当前对象必要的原型信息，对同类系统一般个体的整体行为进行预测、控制，其有效性可通过社会实践检验，以综合性体验的定量指标及其经验统计值加以描述。

1　郑积源：《科学技术简史》，上海：上海人民出版社，1987 年，第 343 ~ 351 页。

20 世纪 70 年代以来，中国典型信息法研究陆续出现以下社会实践成果。[1][2][3]

①哈尔滨军事工程学院水力学教授会主任、著者的老师王承树先生主持研究解决某核效应工程防护课题。

②著者同年级校友赵少奎先生主持研究解决中国首次洲际导弹试验弹着点测量研究。

③划定太平洋火箭试验区与试验禁区研究。

④著者主持的隧道围岩稳定性分析预测研究。

⑤某地下工程生存概率研究。

⑥隧道位移反分析智能系统研究。

⑦变形速率比值判别法研究。

⑧大跨度洞群围岩稳定性分析预测研究。

⑨钱复业、赵玉林先生主持的潮汐力谐振共振波短临地震预测法研究。

⑩马晓彤先生主持的中医现代化信息理论与实践探索研究阐明中医的本质特征是信息医学，以可信息化实证检测的经济作为切点，在中医传统理论中，精选提出“三层次、九概念”理论框架。并有机组合应用：王德堃女士从脑电图发展的“脑像图”，能够对机体的兴奋 – 抑制（阳 – 阴）特性做出精确说明[4]；袁云娥女士将红外热成像技术应用于脏腑寒热状态的判断，可直接协助中医的辨证论治[5]；李以坚女士研制成的动态、多点、网络化经络检测分析方法，能够对机体的虚实、表里做出准确判断等，有助于实现中医现代化诊断的关键性的现代科学技术[6]。

以 20 世纪 80 年代马宾、于景元先生指导下实施的“财政补贴、价格、工资综合研究”与相应的国民经济发展预测[7]为例加以分析，此项研究充分接近实际，对推进改革开放起到重要作用，钱学森先生并据以提炼出从定性到定量

1 李世煇：《复杂性工程技术问题研究实践与科学方法论思考》，《中国工程科学》2002 年第 11 期，第 71 ~ 81 页。

2 李世煇：《科技自主创新与中西文化互补之我见》，《中国工程科学》2005 年第 4 期，第 11 ~ 21 页。

3 马晓彤：《经络：生命信息之网》，深圳：海天出版社，2016 年，第 103 ~ 104 页。

4 赖婧等《脑像图在健康管理中的应用》，《现代电生理学杂志》2013 年第 3 期，第 181 ~ 182 页。

5 袁云娥：《医学数字红外热成像技术概论》，郑州：郑州大学出版社，2013 年，第 180 ~ 185 页。

6 北京中医疑难病研究会编《中国传统医学专家健康论》，北京：中医古籍出版社，2006 年，第 98 ~ 99 页。

7 于景元、刘毅、马昌超：《关于复杂性研究》，《系统仿真学报》2002 年第 11 期，第 1417 ~ 1424 页。

综合集成法。其成功的原因，一是应用综合集成法（包括建立数以百计的微分方程和产业关联矩阵），二是国务院领导和有关部门提供了国家经济运行的系统、完整的信息，从而整理得出系统建模所需的近万个输入数据。如果没有这种关键性、代表性的典型信息，主要输入数据是假定的或残缺不全的，此项研究的实用价值也就存疑了。

以上典型信息法的应用实效均大幅度超过常规方法。典型信息法并非确定性真理，仍有一定的不确定性。其具体应用必须慎始慎终，如履薄冰。

5. 典型信息法的科学原理

（1）复杂性问题创新原理。钱学森提出："凡现在不能用还原论方法处理的或不宜用还原论方法处理的问题，而要用或宜用新的科学方法处理的问题，都是复杂性问题，复杂巨系统就是这类问题。苗东升将其定性为从方法论角度给出复杂性的定义。"[1] 著者从复杂性科学研究创新的角度，将这一定义概括为：指明复杂性问题研究必须具有科学方法创新的科学原理。这也是典型信息法首要的科学原理。质言之，不仅典型信息法对新的复杂系统的原创性研究必有科学方法的创新，而且对同类系统个体行为预测、控制的成功应用，也必须从实际出发，总揽全局，抓住主要矛盾，做出经验判断，因此必然有一定的方法创新。复杂性不可穷尽，没有任何两个个体完全相同，可以放心套用的。

（2）典型信息原理。对天地生人复杂系统有效的观测和控制，在既有的理论分析、经验判断、有关数据和计算机技术的基础上，为了解决普遍存在的信息不完全、不确定、不一致的难题，必须发现与充分利用关键性、代表性的典型信息。

（3）类比分析原理。典型信息法的推理主要应用类比逻辑。类比的基准是该类系统中具有典型信息的典型个体（典型信息源）。典型信息法的分析，即异同分析，指的是分析研究对象的矛盾，特别是抓住主要矛盾。归纳、演绎推理是技术基础，用于较低层次。

1 苗东升：《复杂性管窥》，北京：知识产权出版社，2014 年，第 353 页。

二　典型信息法在隧道工程的应用

1998年，中国岩石力学与工程学会理事长、中国科学院院士孙钧教授明确指出：保证岩体工程的安全和经济是岩石力学研究的主要任务。由于岩体介质的复杂性，固体力学和经典数学的岩体理论分析结果的可靠性低，至今不能成为岩体工程分析的设计的主要手段，国内还是主要依赖工程类比的经验方法。参数和模型是岩石力学研究中的两大难题。全方位的系统思维可能是解决问题的正确抉择。[1]

（一）隧道围岩－支护系统是一种开放复杂巨系统[2]

1. 隧道围岩－支护系统是开放的

在隧道开挖、支护与运营过程中，围岩－支护系统与环境始终进行着物质、能量、信息的交换，所以是开放的。

2. 隧道围岩－支护系统是巨系统

围岩－支护系统复杂多变、层次很多。包括岩性、岩体结构、地应力场、地下水、工程结构（支护）、施工条件与过程等一级子系统。

在岩体结构子系统中，软弱围岩中的岩块数（$\geqslant 1.107\times10^{6}$，未计微裂隙数），与坚硬完整围岩中的微裂隙数（$\geqslant 2.023\times10^{13}$，未计岩块数），分别符合钱学森上述巨系统中子系统“成千上万，甚至上亿万（即$10^{3}\sim10^{12}$）”的条件。岩体结构子系统只是围岩－支护系统一级子系统的一部分，而整体必定大于其部分，这就证明：一切围岩－支护系统必然符合巨系统的条件。

1　孙钧：《世纪之交的岩石力学研究》，《中国岩石力学与工程学会第五次学术会议论文集》，北京：中国科学技术出版社，1998年，第1～15页。

2　李世煇、吴向阳、尚彦军：《地下工程半经验半理论设计方法的理论依据——围岩－支护系统是一种开放的复杂巨系统》，《岩石力学与工程学报》2002年第3期，第299～304页。

3. 隧道围岩－支护系统是复杂的

岩体是地壳生成几十亿年以来，经历过多次地质构造运动的破坏、建造、再破坏、再建造的产物。这是一个复杂多变的系统，是非均质、不连续、非线性、多相（固、液、气）的地球介质，完全符合钱学森上述“子系统的种类繁多，有几十、上百，甚至几百种”的条件，不可能逐点、逐时刻精确地量测、计算，也没有理论公式预测其行为。

4. 隧道围岩－支护系统的中间层次是不认识的

局部一例：①洞室爆破开挖后，围岩中原有的节理裂隙扩张，并产生新的大量裂隙，均难以精确定量描述；②裂隙的扩张与产生，必将引起地下水渗流增大与岩体强度减弱；③地下水渗流增大，使节理裂隙中的充填物流失，又将引起地下水流量进一步增大；④节理裂隙的张开度、充填密实度及其刚度的改变，必将引起地应力传播方向改变；⑤地应力场的改变又将引起节理裂隙张开度与渗流场的变化，如此等等。这一系列相互耦合的、因时因地不同的动态变化，目前仅有定性的认识，在现有的技术、经济、时间条件下，根本不可能做出精确的、动态的定量描述，因此是不认识的。

综上所述，隧道围岩－支护系统完全符合开放复杂巨系统的特征，是一种典型的开放复杂巨系统。

（二） 寄希望于工程界，国内外评价

20 世纪 80 年代中后期，著者在广泛的国内外学术交流中已经察觉：在西方科学中心论实际上居于主导地位的中外学术界某些主流人士中，突破西方科学还原论思维的科技创新成果，永远讲不清楚，只能寄希望于地下工程界。

1989～1995 年，著者依托著者退休前所在单位举办了 5 期典型信息法软件应用讲习班，国内地下工程设计、施工、科研单位与院校，先后有 172 个单位共 228 人参加，分别自带 202 个隧道工程设计、施工实例，进行自主独立验证，软件并据以扩充修改，用户满意率平均 93.6%。1994 年总参兵种部组织

的、以中国科学院院士孙钧教授为首的技术鉴定委员会一致认为：本项成果围岩稳定分析预报比较接近实际，具有专家咨询水平，工程验证统计的可靠度已达到90%，总体上达到国际先进水平，在五个特点方面居国际领先地位。1998 年典型信息法的两种应用形式列入我军《防护工程设计规范》，经总参谋部、总后勤部批准在全军施行。此项成果两次发表于国际岩石力学学会机关刊物，并被列入该刊主编推荐采用的 8 种岩石力学建模方法之一。[1]

（三）典型工程实例：二滩水电站导流隧洞施工中设计复核

该隧洞是当时世界最大的导流隧洞。施工中软岩坍塌与硬岩岩爆同时存在，地质条件复杂。1991 年 9 月 27 日，德国承包商——世界十大建筑商之一菲利普－霍尔兹曼公司提出，该导流洞软弱围岩区段的原设计初期支护围岩不稳定，建议增设预应力锚索，限 11 月 1 日执行。原水利电力部成都勘测设计院收到通知时只有四周时间，按常规方法已不能完成设计复核，当时估计增加造价数约 2000 万元。该院工程师童建文使用典型信息法软件，两天内将有关分析计算复核完毕。结果表明，德商的经验性岩体力学参数不符合二滩实际，典型信息法软件复核结果支持原设计。经该院逐级审查同意，二滩水电开发公司否定了承包商的建议。导流隧洞按原设计施工，1993 年 12 月建成通水，至今运行正常，这是国内外知名的一个典型实例。

三　研究指导思想

（一）直接指导思想——毛泽东军事思想

钱学森指出："军事科学，目前已不限于常规武器的战争研究，而是研究整个客观世界内，不同集团的矛盾和斗争，包括'商战''智力战'等。"[2]

1　Hudson, J. A. X. T. Feng, Updated Flowcharte for Rock Mechanics Modeling and Rock Engineering Design, *Int. J. Rock Mech. Min. Sci.* 2007, 44（1）, pp. 174 – 195.

2　钱学敏：《钱学森关于现代科学技术体系的构想及其"大成智慧学"》，《中国社会科学院研究生院学报》1994 年第 5 期，第 1 ~ 10 页。

以上典型信息法的先行者与实践者有一个共同特点，就是按照毛泽东思想分析问题，解决矛盾。以著者对典型信息法上述五次成功应用为例，出现于中国人民解放军总参工程兵第四设计研究院，不是偶然的。根本原因在于军事行动（包括军事工程）历来要求一个“快”字。兵贵神速，机不可失，时不再来。在典型信息法草创的20世纪80年代初，系统论、信息论、控制论在作者头脑中虽然有一点，但并不条理和明确。但是，当时的确有几条很明确的指导思想在起作用，这就是作者在抗美援朝战争中自学《毛泽东选集》（第一卷）并亲身实践体验，确信其真理性，后来又在军事工程学院正规训练中，进一步掌握的毛泽东军事思想原则。

1. 必要的侦察，敌我情况及其关系的周密思索

毛泽东在《中国革命战争的战略问题》中指出：“指挥员的正确的部署来源于正确的决心，正确的决心来源于正确的判断，正确的判断来源于周到的和必要的侦察，和对于各种侦察材料的联贯起来的思索。”

对于复杂性科学研究来说，周到的必要的侦察就是“对周围环境作系统的周密的调查和研究”，这是了解情况最基本的方法。必须亲身参加新奥法（西方引进的先进技术——隧道工程奥地利新方法的简称）坑道工程施工中围岩变形监控量测的长期实践，获取真知，一切有可能组合应用的理论和先进技术都要摸到、搞清，没有遗漏。先学，先试用，摸清它的长处和短处，只看书本或听介绍，是靠不住的。这是调查研究的核心问题。

2. 基本特点——敌强我弱，调动一切积极因素

经过周到的和必要的侦察，查清以下基本情况。

研究对象（敌方）：隧道围岩－支护系统是一种模糊的复杂的系统，是一个无法预言和不能确定的过程。[1] “敌人”是强大的，变化多端的，难以侦察清楚的。

1 O. Rouke，T. D.：《隧道衬砌设计指南》，侯学渊、李桂花、孙逸明译，北京：中国铁道出版社，第1～68页。

我方特点：坑道工程线路长，军队任务急，技术手段薄弱。

结论：敌我情况的基本特点是敌强我弱，必须调动一切积极因素。

3. 知其大略，知其要点

毛泽东在《论持久战》中说："我们承认战争现象是较之任何别的社会现象更难捉摸，更少确实性……然而不管怎样的战争情况和战争行动，知其大略，知其要点，是可能的。"

由此可见，对于隧道围岩稳定性分析预测这样的极其复杂、难以捉摸的系统，企图完全查清，进行还原论式的精确的模拟，不可能成功。但是，知其大略，知其要点，是可能的，实现一般的正确指导，即成功多，失误少，是做得到的。

4. 断其，指，集中兵力打歼灭战

毛主席在《中国革命战争的战略问题》中写道："对于人，伤其十指不如断其一指；对于敌，击溃其十个师不如歼灭其一个师。"

从隧道工程敌强我弱的具体情况出发，典型工程资料的"权值"必须大于所有一般隧道工程资料"权值"之和，才能集中兵力打歼灭战。如二者等量齐观，以搜索、匹配、推理的方法，"平等地"应用于隧道工程分析预测与设计，极其宝贵的一点典型信息必将淹没于无用信息的汪洋大海之中。这就是常规岩石力学方法难免劳而无功的根本原因。

5. 在物质条件许可的范围内争取战争的胜利

毛泽东在《中国革命战争的战略问题》中说："军事家不能超越物质条件许可的范围外企图战争的胜利，然而军事家可以而且必须在物质条件许可的范围内争取战争的胜利。"

从普及与应用隧道围岩稳定性分析预测技术的历史条件观察，20 世纪 40 年代诞生的系统科学、电子计算机和新奥法，这三项有突破性的科学技术，发展到 20 世纪 80 年代，已经为初步实现"大幅度提高隧道围岩稳定性分析预测可靠度"的目标，准备了比较成熟的科学技术条件，亟待加以有机组合充分

利用。[1]

本项研究充分利用改革开放初期在中国大规模地下工程建设中涌现的相当系统、完整的典型工程原位测试资料，从而为隧道工程大幅度地、普遍地提高分析和设计的可靠度，提供了一种有效的方法。

6. 增加自己所特有的东西

毛主席在《中国革命战争的战略问题》中论述学习军事理论时说："然而还有一件事，即是从自己的经验中考证这些结论，吸收那些用得着的东西，拒绝那些用不着的东西，增加那些自己所特有的东西。这后一件事是十分重要的，不这样做，我们就不能指导战争。"

典型信息法的研究实践表明，"增加自己所特有的东西"指的是研究者必须根据实际需要有所创新，单纯组合应用既有的成果不可能达到研究目的。

毛泽东军事思想是典型信息法研究的灵魂。如果没有对敌我情况基本特点和毛泽东军事思想原则的清醒认识，一切都无从谈起。

（二） 指导思想渊源——取象比类、 运数比类， 机发论

子贡说："文武之道未坠于地，在人。贤者识其大者，不贤者识其小者。莫不有文武之道焉。"用这个观点观察典型信息法与中国传统文化的传承关系，就会看到一种类似的情景。

1. 取象比类必将成为复杂性科学研究的主导方法

《周易》是中国传统文化的主要经典之一，是古代中国人观察和解释世界的理论依据。"取象比类、运数比类"是中国古代认识复杂性事物的一种基本思路和方法，曾为古代中国科学技术在多方面领先世界千年做出卓越贡献。陈传康先生指出：象数法（类推法）与归纳法、演绎法并列，是适用于所有科学的科学研究方法。[2]

1 李世煇：《隧道围岩稳定系统分析》，北京：中国铁道出版社，1991 年，第 11 ~ 18 页。
2 陈传康：《现代解释学与〈周易〉的解释学研究》，《羑里易学》1996 年第 1 期，第 6 ~ 23 页。

典型信息法中的“典型”，来自毛泽东倡导的、中国老百姓喜闻乐见的典型方法，源头是周易的取象比类方法；“信息”指以计算机为基础的现代信息科学技术。前者是整体思路与关键方法，起主导作用，后者是先进的技术基础。

学习徐道一先生的《周易科学观》与陈传康先生有关解释学研究等论著，著者深感典型信息法所具有的“典型、类比、分析”三要素，与《周易》象数思维的“取象、比类、运数”，不仅结构形式相似，思路相近，而且有着明显的渊源关系。

“取象”与“典型”二者都从宏观的整体观察出发，为了对极其复杂事物的发展趋向进行预测（吉或凶，稳定或失稳等），运用形象思维方法，选取最具典型性的事物予以说明即为“取象”，进行相关推导即为“比类”。所不同者，《周易》选取的最具典型性的事物是定性的天、地、雷、风、水、火、山、泽8 种自然物与64 种典型情况，[1] 典型信息法是在隧道工程中针对各类围岩地下工程最难以精细描述的地质环境及施工条件，选取用现代科学技术方法进行过系统的、完整的原位定量测试的典型信息源。

“比类”与“类比”二者相近。“比类”指现象之间状态相同、格局类似，进行举一反三、由此及彼、触类旁通等相关推导；[2] “类比”指不同个体具有相同本质特性，进行的因果类比。二者都着眼于找出不同事物的共同点。不同点在于古代是定性的比类，而典型信息法在隧道工程的应用是定性与定量相结合的类比。

“运数”和“分析”的相同点，是运用当时可能运用的先进的有效的数学工具，进行对应变换分析，都是根据某种区间范围对应关系的“不变量”（对于隧道工程，指的是各个围岩类别及其典型的地质条件的变形特性与破坏形态所具有的规律性），进行类比和类推，借以进行概略定量（与《黄帝内经》中的“皆有大数”相近）的描述和预测。所不同者，《周易》应用自然数四则运算和排列组合方法；典型信息法目前采用的力学数学工具是以偏微分方程（调和方程）为基础的岩石力学数值解法与解析法的一种结合。

1　龚隽：《感而遂通，立象尽意——走出西方科学方法论的困境》，《周易与自然科学研究》，郑州：中州古籍出版社，1992 年，第 191 ~ 197 页。

2　陈传康：《现代解释学与〈周易〉的解释学研究》，《羑里易学》1996 年第 1 期，第 6 ~ 23 页。

时隔数千年，二者时代不同，研究对象、环境条件各异，在具体方法上有所发展变化，理所当然。但是，当代以一种开放复杂巨系统为研究对象的典型信息法，竟与古老的《周易》方法的精神实质一脉相通。这一事实表明：中国传统的象数思维模式，对于当代某些复杂性问题研究，的确具有主导作用。[1]

2. 机发论高于现代复杂系统的信息与控制思想

李志超先生指出：“‘机’的概念的创立是中国古代思维的一大成就。既然天地万物之发生皆起于机，则言道言器皆不能离机。‘道机’近于信息，‘器机’近于控制。天下学问以医病和战争最为灵活多变，不符规范。唯其变出不穷，处处伏机，机发论的典型的实践运用，一是针灸，二是兵法。”[2]

中国经世致用的思路方法历来在于总揽全局，抓住关键，在实际的所具有复杂性问题的探索实践中，观察和发现对于系统全局的发展，是否存在能够控制演化全局的关键性信息，即“知几”（例如：吴文俊先生发现中国传统数学正好是计算机时代需要的数学，并仿照计算机手算完成第一个几何定理的证明，从而解决了全球性的一个重大几何定理机器证明的人工智能难题，赵少奎先生从观察海军海上打靶弹着点定位方法，发现中国太平洋洲际导弹试验弹着点定位难题的解决思路等）。典型信息法以中国思路统帅并充分利用一切可能利用的主要来自西方的现代科学技术，有效地认识与处理当代复杂性科学技术难题。这是中国传统文化的机发论思想，在当代复杂性科学技术创新中的一种体现。

复杂性科学技术研究实践证明，中国传统的机发论高于西方现代科学的系统、信息与控制思想。事理、人理、物理的复杂性问题研究，为什么往往是典型引路？不论当事人自觉认识与否，其实质恰恰是机发论思想“四两拨千斤”作用的一种体现。通过机发论，可以看到典型信息法源于中国传统文化中的又一个深层根源。

1　李世煇、赵玉绂、徐复安等：《隧道支护设计新论：典型类比分析法应用和理论》，北京：科学出版社，1999 年，第 433 ~ 445、451 ~ 454 页。

2　李志超：《机发论——有为的科学观》，《天人古义——中国科学史论纲》，郑州：河南教育出版社，1995 年，第 61 ~ 73 页，并据该书大象出版社 2014 年 4 月第 3 版第 61 ~ 72 页校改。

四　典型信息法的科学方法论意义

方法论是从认识论的角度总结人类认识世界和改造世界的经验，探讨各种方法的性质和作用以及方法之间的相互联系，概括出关于方法的规律性的知识。[1]

出于复杂系统普遍具有上述四个特征，复杂系统研究无不具有信息不完全、不确定、不一致，以及关键性、代表性的高质量信息匮乏的特点。这是复杂性科学研究的一个重点和难点。

试图全面地、精确地获取观测与控制复杂系统所需的、全部的信息，在技术、经济和时间上都是不可能实现的。有效解决此类复杂性难题，唯一出路在于抓住主要矛盾——总揽全局、抓住要害、提纲挈领、以点带面。其中一个有效方法就是在该系统中寻求“关键性、代表性的高质量信息”，即典型信息的获取和有效应用问题。这就是典型信息法的科学方法论意义。这种方法虽然不可能解决复杂系统预测和控制的全部问题，但是能够解决当前阶段（时刻）亟须解决的主要问题，并可逐次逼近、逐步解决。

由此证明：典型信息的获取和有效应用，对于复杂性科学研究并非可有可无，而是不可或缺的。

致谢：典型信息法理论研究先后受益于张弥、宋亚民、孙钧、周思孟、冯国瑞、孙小礼、钱学敏、卢明森、苗东升、徐道一、宋正海、马晓彤、李志超、赵少奎等先生的启发和支持，并得到钱学森先生三次复信启示与关怀；典型信息法的实践研究先后受益于邢念信、徐复安、翟才旺、林选青、王保存、涂克强、陈正威、李沃钊、尚彦军、袁志刚、吴向阳、宋军、汪成民等先生的通力合作。近年关于科学原理、方法论的思考，受益于马晓彤先生的启发与推动。谨致谢忱。

1　孙小礼主编《自然辩证法通论》（第二卷《方法论》），北京：高等教育出版社，1993 年，第 5 页。

自然国学评论

古学发微

中国古代的浑天、地平、海平、地浮的理论体系

宋正海*

摘　要： 关于中国古代传统地球观，学术界有截然不同的观点。20世纪80年代以前基本认为是球形的，但80年代以来则根本转变，认为是地平的。这种转变太顺利似不正常，实际上也是，即学术界虽不再公开宣传球形大地观，但也明显对地平观是保持沉默的。著者认为大地形状观并非只是地的问题，还涉及天、海等问题，故有关平的问题相互不能有大的矛盾。为彻底解决有关疑虑，必须从宏观出发建立起一个有关天、地、海的综合性理论，这就是本文试图论述的中国古代的浑天、地平、海平、地浮的理论体系。

关键词： 浑天论　地平大地观　大地球形　元气论潮论　大比例尺地图系统　子午线测量

* 宋正海，中国科学院自然科学史研究所研究员，“天地生人学术讲座”主持人，中华炎黄文化研究会自然国学促进会常务副会长，研究方向为科学史与自然国学。

地平大地观是中国古代传统地球观。一般讲海洋文化是容易产生球形大地观的。古希腊较早由地平大地观进入球形大地观。其中一个重要证据是在海岸上观看船舶进港时，最先见到船的桅杆，然后是船身；出港时，最先消失的是船身，最后是桅杆。这种现象在中国沿海也应是司空见惯的，但是，由于传统地平观的深刻影响，所以从未见有记载。中国古代也没有用此作为证据来推论海面是曲面而不是平面。

关于中国传统地球观是球形大地观还是地平大地观，中国学术界历来分歧很大。很长时期基本倾向是球形观。尽管1962年唐如川发表了《张衡等浑天家的天圆地平说》一文[1]，但似没有被引起重视和反应。

20世纪80年代以来学术界看法有了根本性改变，基本转向是地平大地观。1983年，中国自然辩证法学会在江苏常州召开"中国近代科学落后原因讨论会"。著者与陈传康老师提交了《郑和航海为什么没有导致中国人去完成地理大发现?》一文，此文在《自然辩证法通讯》[2] 发表，后被收入《科学传统与文化》[3] 和英文《波士顿科学哲学学报》[4]。此文主要认为中国古代地球观是地平大地观，因而引起重视。

常州会期间，著者了解到华东师大金祖孟教授有关地平观的论文被某学报长期压制不被发表的情况，深表同情和支持。之后，著者在桂林的第二届全国地学史会议上，专门组织了有关中国传统地球观的讨论，讨论很热烈，结果是地平观占了绝对地位，会后，这些论文均顺利发表，例如：1985年金祖孟的《试述"张衡地圆说"》[5]，1986年宋正海的《中国古代传统地球观是地平大地观》[6]，1986年王立兴的《浑天说的地形观》[7]，1986年郭永芳的《西方地圆

1 唐如川：《张衡等浑天家的天圆地平说》，《科学史集刊》1962年第4期。

2 宋正海、陈传康：《郑和航海为什么没有导致中国人去完成地理大发现?》，《自然辩证法通讯》1983年第1期。

3 《科学传统与文化》，西安：陕西人民出版社，1983年。

4 Song Zhenghai and Chen Chuankan, Why did Zheng He's Sea Voyage Fail to Lead the Chinese to Make "Great Geographic Discovery", *Boston Studies in the Philosophy of Science*, Vol. 179 , 1996.

5 金祖孟：《试述"张衡地圆说"》，《自然辩证法通讯》1985年第5期。

6 宋正海：《中国古代传统地球观是地平大地观》，《自然科学史研究》1986年第1期。

7 王立兴：《浑天说的地形观》，《中国天文学史文集》（第4集），北京：科学出版社，1986年。

说在中国》[1]，1986年华同旭的《论中国古代的大地形状概念》[2]，1991年金祖孟的《中国古宇宙论》[3] 等。再后有关文章和讨论也很顺利，如：1996年宋正海的《为什么中国人未能发现哈雷彗星》[4]，1997年《科技智囊》第1期中《“天地生人”学术讲座举行中国古代球形观研讨》的报道，1998年《科学学研究》第2期举办了《中国科技传统的缺陷》（笔谈）。1999年《中国传统文化与现代科学技术》论文集[5]第一次开辟了《科技传统缺陷的研究与当代科技发展》专篇。在当时有关科技传统的缺陷的笔谈和专篇中，传统地平观是一个重要方面，2013年《大众日报》发表了著者的《地平大地观阻碍中国科学近代化》[6]。总之，20世纪80年代以来，这场有关传统大地形状的地球观到地平观的转变太顺利了，不仅不再发生像压制金教授论文那样的不愉快事件，甚至连质疑的意见也未出现。

这种太顺利很可能是反常的，因学术界虽不再提地球观，但也并未像过去乐意提及地球观那样提及地平观，甚至是回避的。而在一些其他学术领域则时而出现明显不符合地平观，倒是隐约支持地球观的现象。例如：时有介绍古代中国人到美洲的文章，更有认为郑和不仅到美洲而且进行环球航行；又如时有强调张衡《浑天仪图注》中的“天体圆如弹丸，地如鸡中黄，孤居于内”；再如时有引《庄子·天下篇》引惠施的话“我知天下之中央，燕之北、越之南是也”；还如有注意到五代邱光庭潮论中认为大地不是固定的而是浮在海面上的。其实只要有心注意，这样模棱两可的说法可能还有。正因为此，学术界较多采取观望态度，不再提地球观，也不明确表示支持地平观。

这些年来，尽管著者和更多学者尽力并发文论证地平观，但看来仍不能使人完全相信，因此经再三考虑，认为有必要认真审阅学术界已有成果，并在此基础上从宏观角度建立起一个有关天、地、海相关自洽的较大理论体系，这就是本文所提出的“中国古代传统的浑天、地平、海平、地浮的理论体系”。这

1 郭永芳：《西方地圆说在中国》，《中国天文学史文集》（第4集），北京：科学出版社，1986年。
2 华同旭：《论中国古代的大地形状概念》，《自然辩证法研究》1986年第2期。
3 金祖孟：《中国古宇宙论》，上海：华东师范大学出版社，1991年。
4 宋正海：《为什么中国人未能发现哈雷彗星》，《自然辩证法通迅》1996年第3期。
5 宋正海、孙关龙主编《中国传统文化与现代科学技术》，杭州：浙江教育出版社，1999年。
6 宋正海：《地平大地观阻碍中国科学近代化》，《大众日报》2013年10月19日。

个体系可能不精细，但相信有了这个体系再进一步引发质疑、讨论、补充，一定会完善，会彻底消除人们的疑虑，真正建立起传统地平观。

本文拟对中国古代与大地形状密切相关的各学科做一番重新审阅和考察，实际上我国古代所有有关大地形状的学科，如测量学、地图学、航海学、潮汐论等，无一不从地平观念出发，球形大地的说法是很难找到的。

一　传统地图（技术）系统

地图是按一定法则，显示地面自然和人文现象的图。地球是球形，表面是一个不可展开的曲面，绘制地图时，由曲面绘成平面，地表面各点（地形、地物）的相对位置必然与实际不同，这就是地球曲率半径引起的制图误差。误差大小在不同比例尺的地图中是不同的。小范围或较小范围的地面近似平面，这类地图的比例尺通常是大的或较大的。所以在实际制图中可以不考虑这种误差。反之，在大范围或较大范围地面的地图中，地球曲面十分明显，就不能不考虑这种误差。为了减少误差，需要采用另一种制图技术。这类图的比例尺通常是小的或较小的。鉴于上述两者之间的本质差别，可以把前一种地图及其相应技术称为大比例尺地图（技术）系统，把后一种称为小比例尺地图（技术）系统。以上种种，可由小比例尺地图（技术）系统的有无，推知中国古代地图学中有无大地球形观。

古希腊学者认为大地是球形，所以他们的地图学迫切要求解决如何在平面图上表现球形大地的问题，于是发展起经纬度、经纬网和地图投影的理论和技术。托勒密（C. Ptolemaeus）继承古希腊地图学的成就，他的《地理学》一书中搜集了800多个地方的经纬度。他建立起地理经纬网，并创立两种地图投影法。他还亲自用正轴圆锥投影法编制了世界地图。由此可见，古希腊传统地图学属于小比例尺地图（技术）系统，而托勒密是这个系统的奠基人。

中国古代地图学也很发达，已达到一定水平。晋代裴秀总结传统制图经验，创立平面测绘的“制图六体”和拼接、缩制地图的“计里划方”法。显然这些制图理论和方法均以平面大地为基础，根本没有考虑大地是球形，甚至连拱形也没有考虑。这种制图理论和方法适用于绘制小范围的大比例尺地图，可以不影响地形地物平面位置的精度。一个明显的例子是西汉马王堆三号汉墓出土的地形图。此图图幅的中心部分的精度是相当高的[1]。由此可见，中国传统地图学属于大比例尺地图（技术）系统，裴秀是该系统的奠基人。但是中国古代地图学中从来没有像古希腊那样发展大范围的小比例尺制图技术，没有经纬度、经纬网，更没有地图投影，不但小范围的区域图是这样，而且全国地图《华夷图》《禹迹图》等，尽管比例尺很小，也仍然没有采用小比例尺地图技术。全国地图的编制受到朝廷的重视，有优异的物质、技术条件，但仍没有发现地球曲率半径所产生的制图误差，也无法消除这种误差，所以图上边远地区的精度很差，更远的域外各国更无法标绘出确切位置，只能以文字说明之。由此可见，中国古代的地图（技术）系统中，没有大地球形观念。

二　所谓的“地理纬度测量”、“地球子午线测量”和“地球大小测量”

天文学论著中，经常提到中国古代的（地理）纬度测量，但如果认真推敲，这种称呼是不够妥当的，因为从本质上说，这种测量和今天的（地理）纬度测量是两回事。中国古代的（地理）纬度测量，指春分、秋分时或夏至、冬至时正午的太阳高度测量，或任何时候的北极出地高测量，其中更明确讲是（地理）纬度测量的，乃是后者，事实上这也确实成为今天地理纬度测量的一种基本方法。因此，有必要对古代这种测量法加以分析，从中探索有无大地球形观念。

在南北方向的不同地点所见北极星在天空的高度不同，这一现象在古代东西方均早已发现，且这项发现是很重要的。在科学史研究中，为了阐明历史上

1　张修桂：《马王堆汉墓出土地形图拼接复原中的若干问题》，《自然科学史研究》1984 年第 3 卷第 3 期。

某种成果的科学意义，给此项成果冠以现代名称，是常有的事。因此，把上述发现称为（地理）纬度测量本来也是可以的。但目前的问题是，已发觉这种名称上的通融给人们带来了概念上的混淆，因而在古代大地形状问题的研究中产生了假象，这就需要深入分析古代东西方这一发现的本质。

在科学史工作者把古代天文学上这一成就称作（地理）纬度测量之前，（地理）纬度已是科学上常用的术语。纬度是球面坐标的纵坐标，是以球形为前提的，地理纬度也不例外。但是中国古代对北极出地高的测量及对地区差异的认识，并不与大地球形观发生必然联系，因为如果大地是平的，甚至是微凹的，也可产生北极出地高因地而异的现象。当然今天情况已经不同，大地为球形已是一种普通常识。从这种常识出发，自然可把某地的北极星高度说成该地的地理纬度。但在大地为球形尚未成为常识的中国古代，情况就不相同。对一种成就的阐述不能不考虑其历史背景，因此，不能轻易把某地的北极星高度测量说成该地的地理纬度测量。

古代中国和古代希腊情况不同。古希腊早有大地球形思想，毕达哥拉斯（Pythagoras，公元前580至前500）学派最早从哲学的角度，提出大地应为完善和谐的球形。其后阿那克萨戈拉斯（Anaxaogors，公元前500至前428）提出经验性证明。最后亚里士多德（Aristotle，公元前348至前322）集大成系统论证。古希腊人正是在传统的球形大地观指导下，才把北极星高度因地而异的现象作为大地球形的一个重要论据。古代中国虽也有这种发现，却并没有这种论证大地为球形的应用。为什么会这样呢？谁都知道，是因为天圆地方说在我国历史上有广泛的影响。“天道圆，地道方”理论在封建王朝的天地理论体系中占据主流地位。明末西方传教士利玛窦（Matteo Ricci，1552～1610）将地圆说传入中国，一开始也是遭到强烈反对，后来才逐渐被接受。

这时，有些学者开始从中国古代文献中寻找地圆说，于是浑天说中的“地如鸡中黄”被发掘出来了，各地北极出地高的测量也被附会称为（地理）纬度测量，接着又发掘出僧一行、南宫说测量地球大小。但是，中国古代地平大地观的影响是如此强大，以至这些说法不仅证据很少，而且在学术上缺乏说服力，人们对它们的认识有着很大的分歧。所以，既然中国古代地圆说需要进一步发掘和论证，中国古代事实上地平大地观占据统治地位，那么我们在当前的科学史研究中，就应当把古代的北极出地高测量与纬度测量区别开来，不能轻易地把以地平大地观为指导而进行的北极出地高测量，说成是以球形大地为基础的纬度测量。正是由于这种概念上的混淆和转换，很容易把地平大地观指导下的科学成果变成大地球形说的证据。

一些科学史著作在叙述中国古代北极出地高测量时，其之所以冠以（地理）纬度测量之名，目的不外乎强调这项古代成果的科学价值，换言之，就是要用这种测量来证明地圆说在中国古代的存在。由此可见，中国古代地圆说问题本来应当作为一个命题来论证的，不能作为一个前提来推出其他什么结论。但在这些著作的叙述中，又忘记了这一最初的目的，竟把中国古代地圆说这个本来应加以论证的命题，看作已经论定的东西，有意无意地把它当作讨论问题的前提。正由于有了这个前提，自然就可以不经证明而把北极出地测量说成（地理）纬度测量。既然肯定中国古代有了（地理）纬度测量，自然不仅可以把地面南北方向（子午方向）的纬度测量说成子午线测量，而且还可以把这条子午方向的线认作地球子午圈上的一段弧线，于是直线便被看成弧线了。

肯定中国古代有了地球子午线测量，自然不仅可以把子午线测量说成是地球大小测量，而且还可以说比古希腊埃拉托色尼（Eratosthenes，公元前267～前194）的地球测量更胜一筹，因为中国还实测了地面两观测站间的距离，如此等等。评价越来越高，而这种评价的客观性也就越来越小了。实际上，之所以会一步步产生这样的结论，是由于一种逻辑上的疏忽，即误将应加以证明的东西当作前提。

中国古代被称为（地理）纬度测量的有不少次，但本文只讨论唐朝僧一行（683～727）和南宫说的那次测量，这是因为那次测量不仅被说成子午线测量和地球大小测量，而且人们认为自那次测量取得成功之后，“浑天说完全取代了盖天说，一直到哥白尼学说传入我国以前，成了我国关于宇宙结构的权威学说”[1]。因此，对这次测量进行分析，是探索中国古代大地球形观的一个关键性的工作。

唐开元十二年（724）僧一行和南宫说进行了规模宏大的大地测量，其中在豫东平原进行的测量很有意义，先后得到两个成果。首先，他们发现，从滑县到上蔡的距离是526.9里，日影已差2.1寸，即相距251里，影长差1寸。这是第一次用实测推翻了长期奉为经典的日影长度千里差一寸的说法，[2] 是一次重大的革新。接着，他们进一步比较数据，“结果发现，影差和南北距离的关系根本不是常数，于是改用北极高度的差来计算”[3]，从而得出地上南北相差351.27里，北极高度相差1度的结论。这无疑是科学史上应当充分肯定的一项成就。但是，如果说这一工作测量了地球的大小，用实验方法证明了大地为球形，是不切合实际的，因为自始至终和大地为球形的思想没有联系。

如果浑天家僧一行真的有大地为球形的认识，并且要用实验的方法来加以证明，或退一步说，虽然他们开始时没有上述认识和打算，但当他们发现北极高度差和南北距离的关系是常数，并且测得子午线1度的地面长度后，就产生了大地为球形的观念，那么他们就会像埃拉托色尼那样，立即将所测得的子午线1度之长（351.27里）乘以圆周度数（365.25古度），轻而易举地求得子午圈的长度，从而测得地球的大小。但是僧一行等人没有跨出这关键性一步。

他们之所以在这方面缺乏科学敏感性，是因为精通浑天理论的他们，思想中本来就没有球形大地观念，也没有子午圈概念和纬度概念。虽然他们在豫东平原选择在南北方向（子午方向）上布点测量，可以说明他们已知在这个方向上北极出地高变化最大，但不能说明他们已知这条子午方向线不是一条直线，而是圆形的子午圈上的一段弧线——子午线。因此，尽管我们可以把他们的测量称为子午线测量，在他们的思想上这条线却不是弧线，再延长下去也不会形成一个圆形的地球子午圈。这样，他们自然不可能在这个方向上再进一步测出地球的大小，更谈不上用实验方法去证明大地为球形。

1 《中国天文学史》，北京：科学出版社，1981年，第164页。
2 在此以前，隋仁寿四年（604）刘焯（544~610）上《皇极历》时，已否定日影长度千里差一寸的说法。
3 《中国天文学史》，北京：科学出版社，1981年，第164页。

元代，波斯马拉加天文学家札马鲁丁在中国造了一个地球仪，用其直观地表示了大地的形状。此事载入了史册——《元史·天文志》，但当时在中国并未产生什么影响。关于这一点，看来只能用中国浑天家长期以来坚持传统的地平大地观来加以解释。

三 传统远洋航行

远洋航行非考虑大地的形状不可。在古希腊，不仅主要为航海服务而发展起来的大范围小比例尺地图（技术）系统和大地球形观念密切相关，而且在选择航线时也常考虑到大地为球形，以及东行可以西达、西行可以东达的问题，借以缩短航程，甚至推测新大陆的存在。迪凯亚科（Dicearkos，约公元前355~前258）首次确立一条通过直布罗陀海峡的地球基本纬线。埃拉托色尼根据这条基本纬线推断出，如果没有大西洋，那么可从西班牙沿此线到达印度。斯特拉波（Strabon，公元前63~前23）曾明确预言新大陆的存在。

自此之后，有关向西航行大西洋可以到达东方印度的问题，在西方学术界时常被提到。即使在欧洲中世纪时代，古希腊的球形大地观也并未完全消失，中世纪有关对趾地（即指地球另一面与自己所在地相对的地方）是否存在的长期争论，正可说明这一点。而这种争论不断激发人们远航猎奇的欲望。1483年出版的法国皮埃尔·戴利（Pierre d' Ailly，1350~1420）的《世界样貌》（*Imago Mundi*）一书引用了古希腊学者的论述，证明自西班牙海岸向西到印度东海岸之间的海洋比较狭窄，是一条到印度的近路。

1474年意大利的托斯卡内利（Paolo Toscanelli，1397~1482）把送给葡萄牙神父的一张世界地图的副本和一封信交给哥伦布，并向其阐述了经大西洋到达东方“盛产香料和宝石的最富庶的地方”的航线。所以，哥伦布决心向西方航行，并非纯粹是冒险，实际上他是受到《世界面貌》一书的启发，又得到了托斯卡内利的鼓励和帮助的。

中国古代远航事业开始的很早，《汉书·天文志》记载，汉武帝时中国楼船已进入印度洋，到达黄支国（今印度马德拉斯附近）和已程不国（今斯里兰卡）。唐代远航事业发展空前，当时中国海舶在东西洋航线颇有名气，外国商人来中国，往往愿意搭乘中国海船。明永乐三年（1405）到宣德八年（1433），郑和（1371～1435）领导的庞大船队七下“西洋”，最远到达红海沿岸和非洲东部赤道以南的海岸。船队在规模、装备、航海技术等方面，是当时以及后来地理大发现时代任何国家的船队所望尘莫及的。但是，中国古代的远洋航行没有一次考虑到大地是球形的，没有人根据球形大地观来设计新航线。

中西古航海图也属于两个不同的系统。西方航海或用经纬度或用海港航向的地图。用这类图导航，从方法上讲，主要是天文导航的定向逼近法。中国航海用对景图，如明代《筹海图编》中的图或《郑和航海图》等，这种航海图不仅没有目的港的经纬度，而且也没有目的港的航向，图上所绘的目的港位置和方位，也并非是实际的位置和方位。用这种航海图导航，无论开始还是中途，均不知目的港的确切方向，只是利用航线各处的山形、水势、星辰位置等来判别船舶的位置和具体航向，这样一步步地前进。用这种图导航从方法上讲主要是地文导航的线路逼近法，对景航海图是没有考虑大地为球形的。

战国时，航海发达的齐国出现了一种非正统的海洋开放型地球观[1]——邹衍（公元前305～前240）的大九州说。说它是非正统的，是由于它已跳出中国为世界中心这一传统观念，看到了世界之大。邹衍说：“儒者所谓中国者，于天下乃八十一分居其一分耳。中国名曰‘赤县神州’。……中国外如赤县神州者九，乃所谓九州也。于是有裨海环之，人民禽兽莫能相通者，如一区中者，乃为一州。如此者九，乃有大瀛海环其外，天地之际焉。”[2] 显然在邹衍大九州说中，这个天包水，水包地，大地载水而浮的模型，与后来占统治地位的浑天说是有继承关系的。在大九州模式中，世界有八十一州，每一州都十分巨大，彼此又被海洋分隔，相距很远，所以它们的分布范围是十分广阔的。中国古代一直认为海面是平的，可以肯定这分布十分广阔的八十一州也是在一个

1 郭永芳、宋正海：《大九州说——中国古代一种非正统的海洋开放型地球观》，《大自然探索》1984年第2期。

2 《史记·孟子荀卿列传》。

平面上。因此，要把如此广阔的八十一州分布的平面说成是球形大地的一部分，那就远比把浑天说中描述不清的地说成球形困难多了。由此可见，在与航海有关的大九州说中，也没有大地球形观。

与大九州说有关的一些远航探索活动，如在此以前的有关三神山的探索[1]，以及在此以后的入海求长生不老药[2]，其中都看不到有关东行西达和西行东达的论断，也看不到像古希腊那样从球形大地观出发去寻求未知的土地。在秦汉之后的漫长封建社会中，中国从来没有发生过像欧洲中世纪那样的关于对趾地的争论。

在这类问题上长期寂然无声，只能说明在中国古代，地平大地观占绝对优势。中国古代有通向西方的要求，尽管海陆两条“丝路”自然条件都十分恶劣，却从来没有人提出要寻找向东的新航路，以便到达“西洋”的黄支国和已程不国，或更远的大食国和大秦国。到了较晚的时期，郑和七次远航，也始终没有从球形大地观出发来探索新的航线。

四　传统潮汐成因理论

潮汐是由于月球和太阳对海水的引力和地球的不断自转相配合而形成的，所以对潮汐成因理论的分析可以验证中国古代有无球形大地观念。

中国古代对潮汐的成因很注意，有关潮汐成因的说法至少可分为三大类。第一类在早期，把潮汐的形成归因于神龙变化、海鳅出入海底洞穴、伍子胥的愤怒等，这种神话式的说法影响不大。第二类被称为元气论潮论，是依据元气学说和阴阳理论，认为海水和月亮均为阴类，彼此同气相求，相互感应而形成潮汐。第三类被称为构造论的潮汐论[3]，认为大地浮于水，水受到某种外部冲

1 《史记·封禅书》。
2 《史记·秦始皇本纪》。
3 寺地遵：《唐宋时代潮汐论的特征——以同类相引思想的历史变迁为例》，《科学史译丛》1982 年第 3 期。

击涌上大地，就形成潮汐。这三类说法并不占正统地位，影响也不大；但值得注意的是，它们都用当时占统治地位的浑天说宇宙模式来探讨潮汐的成因，涉及大地形状问题。

构造论潮汐论主要又有三家，即晋葛洪（281～341）、唐卢肇和五代邱光庭。葛洪认为，由于天不断旋转，天河之水由天上转入地下，并与地下水和海水相合，三水激涌就成为潮水。[1] 葛洪是浑天家，熟悉张衡的理论，显然是用浑天说天包水、水包地的模式来解释潮汐成因的。但是在葛洪这段话里看不到大地球形观存在。

卢肇的潮汐论明确站在浑天说的立场来进行论证。[2] 他在《海潮赋》中说："日傅于天，天右旋入海，而日随之。日之至也，水其可以附之乎？故因其灼激而退焉。退于彼，盈于此，则潮之往来，不足怪也。"由此可见，卢肇的潮汐论虽然立足于浑天说，但也没有提到大地为球形。

邱光庭的理论是较成熟的构造论潮汐论。他在《海潮论》中指出："则海之潮汐，不由于水，盖由于地也。地之所处，于大海之中，随气出入而上下。气出则地下，气入则地上。地下则沧海之水入于江河，地上则江河之水归于沧海。入于江湖谓之潮，归于沧海谓之汐。此潮之大略也。"[3] 这里仍然没有大地为球形的迹象。邱光庭还特意介绍了浑天说。《海潮论》指出："气之外有天，天周于气，气周于水，水周于地，天地相将，形如鸡卵。"

这里对浑天说的解释，虽然在大地形状问题上说得不一定比张衡《浑天仪注》更为清楚，却更明确地指出，以鸡蛋做比喻的是"天地相将"的情形，即天和地互相关联。由此可见，对张衡《浑天仪注》中"地如鸡中黄"这段话，不要孤立地从字面去理解，而应当从张衡《浑天仪注》的整个叙述，从浑天说的整个理论体系来理解，这样才可能看出浑天说究竟把大地看成什么样子。

1 《抱朴子·外佚文》，《四部备要》。

2 卢肇：《海潮赋》："肇始窥《尧典》，见历象日月，以定四时，乃知圣人之心，盖行乎浑天矣。浑天之法著，阴阳之运不差；阴阳之运不差，万物之理皆得；万物之理皆得，其海潮之出入，欲不尽著，将安适乎！"《中国古代潮汐论著选译》，北京：科学出版社，1980 年。

3 （清）俞思谦：《海潮辑说》上卷。

五 古代陆球观是个勉强的球形观

元、明、清时期，在少数中国学者中已开始出现模模糊糊的类似地球观的论述，但直到清代，中国球形大地观，不仅在理论界没有地位，而且在实用中也未见用过的迹象。相反，综上所述，在中国古代所有与大地形状有关的测量、地图、航海、潮论等领域，都是从地平观念出发来提出问题、讨论问题和解决问题的，似乎从来都不考虑球形的，甚至连拱形也是不考虑的。

中国古代的球形大地观与古希腊的相比，只有陆球而没有水球，也就是说只承认固体的大地是球形，根本否认海洋面也是球形的。正是由于中国古代没有水球观，所以在中国古代始终没有产生对趾地的说法和争论，而西方这种争论在中世纪持续了1000年。正由于没有水球观，中国古代虽有着发达的远航，也从来没有东行西达、西行东达的任何努力，连这种想法也未见记载。正是由于没有水球观，中国古代有关潮汐成因理论，虽有元气自然论（力）和构造论（月地关系）两种潮论，均源远流长，但始终未能合并形成近代潮论。

这种没有水球观的陆球观，与其说接近真正的球形观，还不如说更接近地平观。其实陆球观主要表现为坚持地平观的人们在大量球形新事实面前为继续维持传统地平观，不得不修改原始地平观的形成，由方形平面（平板）到圆形平面，由圆形平面到拱形平面，由拱形平面到球形固体大地。在这种观念中，可居住的人类世界仍是平的或拱形的。显然陆球观并未与地平观脱离，故与真正球形观有很大的鸿沟。

朱子论气对德性的影响

张凯作 *

摘　要： 朱子认为性是仁义礼智，仁义礼智的形成受到了元亨利贞、春夏秋冬、木金火水等气的影响。他继承了二程“生意”的思想和“偏言”“专言”的思想，认为从“偏言”的角度讲，元、春、木、仁分别是与亨利贞、夏秋冬、金火水、义礼智并列的；从“专言”的角度讲，元、春、木、仁则分别包含了亨利贞、夏秋冬、金火水、义礼智，因为元、春、木、仁皆具有“生意”，这种生意贯穿了亨利贞、夏秋冬、金火水、义礼智。朱子早年受到张载和程颐的影响，认为天命之性与气质是相互独立的，后来逐渐认为性只是一个性，即气质之性，气质之性包括天命之性、才、刚柔缓急之性三个层面，这三个层面是凝合在一起的。

关键词： 仁义礼智　生意　气质之性　朱子哲学

* 张凯作，哲学博士，北京行政学院哲学教研部讲师，主要研究方向为儒家哲学、宋明理学。

在朱子的哲学中，人物的性与形分别有着不同的来源，如朱子说："天地之间，有理有气。理也者，形而上之道也，生物之本也；气也者，形而下之器也，生物之具也。是以人物之生，必禀此理，然后有性；必禀此气，然后有形。"[1] 这是分别将人物之性与形看作来源于理与气。但实际上，朱子哲学中性与形的来源并非泾渭分明，以性为例，朱子所说的性是指仁义礼智："性即理也，其目则仁义礼智是已。"[2] 但仁义礼智不仅是抽象的理，同时还受到四德、四时、五行的影响，带有"气"的属性。本文即讨论朱子哲学中"气"对仁义礼智等德性的影响。

一　四德与德性

"四德"一词出自《周易·文言》："君子行此四德者，故曰：'乾，元亨利贞。'"在《文言》中，四德指元亨利贞，此处元亨利贞是用来说明人事的，但在汉代以后的哲学中，元亨利贞常被用来说明天道。在宋明理学中，学者常常将四德与仁义礼智结合起来讨论，这体现了将宇宙论与道德论贯通的思维方式。四德与仁义礼智的结合也是朱子哲学中一个重要的议题，但是，与前人相比，朱子的思想又有新的发展。

在朱子的理解中，元亨利贞相当于"太极"，他说："太极、阴阳、五行，只将元亨利贞看甚好。太极是元亨利贞都在上面；阴阳是利贞是阴，元亨是阳；五行是元是木，亨是火，利是金，贞是水。"[3] 太极即是"天地万物之根"[4]，它既"只是一个'理'字"[5]，又蕴含了阴阳五行在其中，因此"只是

1　朱熹：《答黄道夫》，《晦庵先生朱文公文集》卷五十八，《朱子全书》第二十三册，上海：上海古籍出版社，2000 年，第 2755 页。
2　朱熹：《记疑》，《晦庵先生朱文公文集》卷七十，《朱子全书》第二十三册，第 3400 页。
3　黎靖德编《朱子语类》卷九十四，《朱子全书》第十七册，第 3131 页。
4　黎靖德编《朱子语类》卷九十四，《朱子全书》第十七册，第 3117 页。
5　黎靖德编《朱子语类》卷一，《朱子全书》第十四册，第 114 页。

一个气，逈逦分做两个气，里面动底是阳，静底是阴，又分做五气，又散为万物”[1]。与太极相似，朱子认为元亨利贞同样既是理，又是气：“元、亨、利、贞，理也有这四段，气也有这四段，理便在气中，两个不曾相离。若是说时，则有那未涉于气底四德。要就气上看也得。所以伊川说：‘元者物之始，亨者物之遂，利者物之实，贞者物之成。’这虽是就气上说，然理便在其中。伊川这说话改不得。谓是有气则理便具，所以伊川只恁地说，便可见得物里面便有这理。”[2] 朱子认为，元亨利贞可以单独指理，也可以兼气而言，在后一种情况下，元亨利贞便具有了气的属性，此时的元亨利贞更接近于气化流行的总体，即程颐所说的物之始、遂、实、成。

在诠释元亨利贞与仁义礼智的关系时，朱子受到了二程“生意”思想的很大影响。二程皆以“生”来解释四德。程颢曰：“‘天地之大德曰生’，‘天地絪缊，万物化醇’，‘生之谓性’，告子此言是，而谓犬之性犹牛之性，牛之性犹犬之性，则非也。万物之生意最可观，此元者善之长也，斯所谓仁也。人与天地一物也，而人特自小之何耶?”[3] 在这里，程颢强调天地之“生”意，他认为元之所以为善之长就在于它具有“生”之德，同时，程颢发挥了告子“生之谓性”的观念，认为作为人性的仁也是具有“生”意的，程颢以天之元与人之仁同具有“生”之德来说明天地与人的一体关系。

程颐也以“生”论元亨利贞，他在解释“乾，元、亨、利、贞”时说：“乾者万物之始，故为天，为阳，为父，为君。元亨利贞谓之四德。元者物之始，亨者物之遂，利者物之实，贞者物之成。惟《乾》《坤》有此四德，在他卦则随事而变焉。故元专为善大，利主于正固，亨贞之体，各称其事。四德之义，广矣大矣。”[4] 程颐虽然没有直接把元亨利贞定义为“生”，但是他物之始、遂、实、成来解释元亨利贞，把元亨利贞看作万物从初生到成熟的过程，这已经蕴含“生”意在其中了。程颐与程颢的不同之处在于，程颢只是把元

1　黎靖德编《朱子语类》卷三，《朱子全书》第十四册，第163页。
2　黎靖德编《朱子语类》卷六十八，《朱子全书》第十六册，第2263页。
3　程颢、程颐：《程氏遗书》卷十一，《二程集》，北京：中华书局，1981年，第120页。
4　程颐：《周易程氏传》卷一，《二程集》，第695页。

看作生，程颐则将元亨利贞看作生物流行的整个过程，此外，程颢以生论仁，程颐则没有这一层意思。

朱子综合了程颢和程颐的思想，他不仅将元亨利贞解释为生意流行的过程，而且把仁看作生意，并认为义礼智是仁的发用。他说："元者，乃天地生物之端。乾言'大哉乾元，万物资始'，'至哉坤元，万物资生'，乃知元者，天地生物之端倪也。元者生意，在亨则生意之长，在利则生意之遂，在贞则生意之成。若言仁，便是这意思。仁本生意，乃恻隐之心也。苟伤着这生意，则恻隐之心便发。若羞恶，也是仁去那义上发。若辞逊，也是仁去那礼上发。若是非，也是仁去那智上发。若不仁之人，安得更有义礼智！"[1] 朱子以生长遂成解释元亨利贞，这是继承了程颐的思想，但不同的是，在这里，朱子直接引入了"生意"的概念，明确用"生意"来解释元亨利贞。并且，他也用"生意"解释仁义礼智与恻隐羞恶辞逊是非，将"生意"的思想贯穿性与情当中，这又发展了程颢的思想。这种以生意流行来解释元亨利贞及仁义礼智的方式是程朱理学的一个创举，与传统哲学中将元亨利贞与仁义礼智解释为静态德性的做法很不相同。

朱子不仅吸收了二程生意流行的观念，而且采纳了程颐"偏言"与"专言"的解释法。程颐在解释《彖传》中"大哉乾元！万物资始乃统天"这句话时说："四德之元，犹五常之仁，偏言则一事，专言则包四者。"[2] 他认为从"偏言"的角度讲，元与仁分别是与亨利贞、义礼智信相并列的条目；从"专言"的角度讲，元与仁则包含了亨利贞、义礼智信这些条目。朱子充分发挥了程颐的这一思想，他在解释仁义礼智时即采用了"偏言"与"专言"的区分方式，《语类》卷二十载："因问仁包四者之义。曰：'仁是个生底意思，如四时之有春。彼其长于夏，遂于秋，成于冬，虽各具气候，然春生之气皆通贯于其中。仁便有个动而善之意。如动而有礼，凡其辞逊皆礼也；然动而礼之善者，则仁也。曰义、曰智，莫不皆然。又如慈爱、恭敬、果毅、知觉之属，则

1　黎靖德编《朱子语类》卷六十八，《朱子全书》第十六册，第2265页。

2　程颐：《周易程氏传》卷一，《二程集》，第697页。

又四者之小界分也。'"[1] 从"偏言"的角度讲，仁与义礼智是四种并列的德性，分别指爱恭宜别之理；从"专言"的角度讲，义礼智皆是从仁发出，是仁之"生意"在不同阶段的体现。

朱子以四德与仁义礼智相配，重点在于说明仁义礼智。他的这种思想在其哲学体系中有着重要的意义。首先，他以仁义礼智出自元亨利贞，认为"乾之元亨利贞，天道也。人得之则为仁义礼智之性"[2]，"吾之仁义礼智，即天之元亨利贞。凡吾之所有者，皆自彼而来也"[3]，这从宇宙论的角度说明了仁义礼智的来源问题，使天道与人道更为紧密地联结起来，也是对"天命之谓性"这一古老说法所做的新的诠释。其次，他以"偏言"和"专言"解释仁义礼智，这就极大地方便了他诠释经典的工作，如对于《论语》中关于仁的各不相同的定义，他就可以用"偏言"与"专言"来解释，他说："程先生《易传》说：'四德之元，犹五常之仁，专言则包四者，偏言之则主一事。'如'仁者必有勇'，便义也在里面；'知觉谓之仁'，便智也在里面。如'孝弟为仁之本'，便只是主一事，主爱而言。如'巧言令色，鲜矣仁'，'泛爱众，而亲仁'，皆偏言也。如'克己复礼为仁'，却是专言。"[4] 可见四德与仁义礼智思想在朱子哲学中有多方面的意义，是一个重要的议题。

二　四时与德性

除了元亨利贞，朱子还以春夏秋冬四时配仁义礼智。朱子认为春夏秋冬属于气："春夏秋冬，亦只是一气。"[5] 人与物在形成的过程中，其德性在一定程度上秉承了气的属性，因此仁义礼智也具有春夏秋冬的属性。他说："春夏是阳，秋冬是阴。只将仁义说，则春作夏长，仁也；秋敛冬藏，义也。若将仁义

1　黎靖德编《朱子语类》卷二十，《朱子全书》第十四册，第702～703页。
2　黎靖德编《朱子语类》卷二十八，《朱子全书》第十五册，第1035页。
3　黎靖德编《朱子语类》卷六十，《朱子全书》第十六册，第1937页。
4　黎靖德编《朱子语类》卷二十，《朱子全书》第十四册，第705页。
5　黎靖德编《朱子语类》卷六，《朱子全书》第十四册，第247页。

礼智说，则春，仁也；夏，礼也；秋，义也；冬，智也。仁礼是敷施出来底，义是肃杀果断底，智便是收藏底。如人肚脏有许多事，如何见得。其智愈大，其藏愈深。”[1] 从整体上说，春夏是仁，秋冬是义；分开来说，春是仁，夏是礼，秋是义，冬是智。这不是简单的类比，而是在朱子看来，仁礼义智分别具有春夏秋冬的特色，如仁与礼是要施行出来的，与春夏之生发相似；义主决断，与秋之肃杀相似；智是内在的判断，与冬之收藏相似。

朱子同样用“生意”理论以及“偏言”与“专言”理论来解释春夏秋冬，他说：“春时尽是温厚之气，仁便是这般气象。夏秋冬虽不同，皆是阳春生育之气行乎其中。故‘偏言则一事，专言则包四者’。”[2] 正如元亨利贞、仁义礼智一样，春夏秋冬也存在“偏言”与“专言”两个层面：从“偏言”的角度讲，春与夏秋冬是并列的四时；从“专言”的角度讲，春之“生意”贯穿了夏秋冬，因此春包含了夏秋冬。朱子虽然也用元亨利贞解释仁义礼智，但他认为相对于元亨利贞，春夏秋冬更能形象地说明仁义礼智的性质：“理难见，气易见。但就气上看便见，如看元亨利贞是也。元亨利贞也难看，且看春夏秋冬。春时尽是温厚之气，仁便是这般气象。夏秋冬虽不同，皆是阳春生育之气行乎其中。”[3] 因此，他在很多地方更倾向于将春夏秋冬与仁义礼智联系起来讨论。

如同春天具有生发万物的性质一样，朱子认为人心也具有生意，《朱子语类》卷九十五记载：

> 问：“仁包四者，只就生意上看否?”曰：“统是一个生意。如四时，只初生底便是春，夏天长，亦只是长这生底；秋天成，亦只是遂这生底，若割断便死了，不能成遂矣；冬天坚实，亦只是实这生底。如谷九分熟，一分未熟，若割断，亦死了。到十分熟，方割来，这生意又藏在里面。明年熟，亦只是这个生。如恻隐、羞恶、辞逊、是非，都是一个生意。当恻隐，若无生意，这里便死了，亦不解恻隐；当羞恶，若无生意，这里便死

1　黎靖德编《朱子语类》卷六，《朱子全书》第十四册，第 245 页。
2　黎靖德编《朱子语类》卷六，《朱子全书》第十四册，第 253 页。
3　黎靖德编《朱子语类》卷六，《朱子全书》第十四册，第 253 页。

了，亦不解羞恶。这里无生意，亦不解辞逊，亦不解是非，心都无活底意思。仁，浑沦言，则浑沦都是一个，义礼知都是仁；对言，则仁义与礼智一般。”[1]

人心的生意体现为恻隐、羞恶、辞让、是非，这里的生意指的是内心对道德的警觉，生就是能够主动地感知恻隐羞恶辞逊是非并使之生发出来，如果不能做到这些，那么心就是死的。《语类》卷二十记载：“或问：‘仁有生意，如何?’曰：‘只此生意。心是活物，必有此心，乃能知辞逊；必有此心，乃能知羞恶；必有此心，乃能知是非。此心不生，又乌能辞逊、羞恶、是非?”[2]可见，朱子所说的“生意”即是指心对道德律的知觉、觉醒，这和理智上的认知不同，更类似于情感上的认同和共鸣，他认为这是使天然完具的仁义礼智之性发而为恻隐羞恶辞逊是非之情的前提条件。

朱子晚年在玉山讲学时更加明确地用四时来解释仁对于义礼智的统摄和包含作用，将仁与义礼智看作本体与发用的关系。他在《玉山讲义》中说：“‘仁’字是个生底意思，通贯周流于四者之中。仁固仁之本体也，义则仁之断制也，礼则仁之节文也，智则仁之分别也。正如春之生气，贯彻四时：春则生之生也，夏则生之长也，秋则生之收也，冬则生之藏也。故程子谓‘四德之元，犹五常之仁。偏言则一事，专言则包四者。’正谓此也。”[3] 义礼智分别是仁之本体的断制、节文、分别，是仁在不同阶段的体现。《玉山讲义》是朱子晚年定论，反映了朱子对于仁义礼智的成熟思想。

另外需要注意的一点是，在仁义礼智当中，仁是包义礼智三者的，智却藏仁义礼三者，正如冬藏有春夏秋三者一样，他说：“智本来是藏仁、义、礼，惟是知恁地了，方恁地，是仁、礼、义都藏在智里面。如元亨利贞，贞是智，贞却藏元、亨、利意思在里面。如春夏秋冬，冬是智，冬却藏春生、夏长、秋成意思在里面。且如冬伏藏，都似不见，到一阳初动，这生意方从中出，也未发露，十二月也未尽发露。只管养在这里，到春方发生，到夏一齐都长，秋渐

1 黎靖德编《朱子语类》卷九十五，《朱子全书》第十七册，第3180页。

2 黎靖德编《朱子语类》卷二十，《朱子全书》第十四册，第695～696页。

3 朱熹：《玉山讲义》，《晦庵先生朱文公文集》卷七十四，《朱子全书》第二十四册，第3589页。

成渐藏，冬依旧都收藏了。只是‘大明终始’，亦见得无终安得有始。”[1] 在这里朱子以“知”训“智”，认为唯有知仁义礼智之性，才能使之发见，因此，正如同冬藏有春生、夏长、秋成的意思在里面一样，智也藏有仁、义、礼在其中。他认为智作为仁义礼智之末，起到成始成终的作用，它蕴含了仁、义、礼之生，智与仁的交际正是四端循环之处。

然而，尽管朱子以知训智，但他所说的知并不是指对于某种事物的知识，他强调“智”与知识之“知”不同：“‘智’字自与‘知识’之‘知’不同，智是具是非之理，知识便是识察得这个物事好恶。”[2] 他所说的知其实是指对于德性的知觉，这类似于他所说的仁之生意，实际上，他的确认为智与仁很接近，他说：“知觉自是智之事，在四德是‘贞’字。而智所以近乎仁者，便是四端循环处。若无这智，便起这仁不得。”[3] 但是，他反对因此而将智与仁等同，他认为仁虽具生意，但生意并不就是仁：“如程子说生意处，非是说以生意为仁，只是说生物皆能发动，死物则都不能。譬如谷种，蒸杀则不能生也。”[4]

同样，他认为仁虽然能觉，但觉并不就是仁：“仁者固能觉，谓觉为仁，不可。”[5] 因此，他反对谢上蔡以知觉言仁的做法：“若曰‘心有知觉之谓仁’，却不得。”[6] 可见，朱子虽认为智与仁虽有相似处，但强调二者不可混同，他认为知觉仍是属智的。

三　五行与德性

朱子认为仁义礼智不仅具有元亨利贞、春夏秋冬的属性，而且具有金木水火土五行的属性。在他看来，五行既是气也是质，他说：“五行者，质具于

1　黎靖德编《朱子语类》卷五十三，《朱子全书》第十五册，第 1767 ~ 1768 页。
2　黎靖德编《朱子语类》卷九十五，《朱子全书》第十七册，第 3186 页。
3　黎靖德编《朱子语类》卷二十，《朱子全书》第十四册，第 706 页。
4　黎靖德编《朱子语类》卷二十，《朱子全书》第十四册，第 690 ~ 691 页。
5　黎靖德编《朱子语类》卷六，《朱子全书》第十四册，第 260 页。
6　黎靖德编《朱子语类》卷二十，《朱子全书》第十四册，第 706 页。

地，而气行于天者也。以质而语其生之序，则曰水、火、木、金、土，而水、木阳也，火、金阴也。以其气而语其行之序，则曰木、火、土、金、水，而木、火阳也，金、水阴也。”[1] 他认为五行之质来源于五行之气，且五行之气即是阴阳二气，非是阴阳之外别有五行之气：“阴阳是气，五行是质。有这质所以做得物事出来。五行虽是质，他又有五行之气做这物事，方得。然却是阴阳二气截做这五个，不是阴阳外别有五行。”[2]

朱子将仁义礼智信五常与木金火水土五行相配：“仁是木，礼是火，义是金，智是水。”[3] 五常中的信则象征着五行中的土：“四者于五行各有配，惟信配土，以见仁义礼智实有此理，不是虚说。”[4] 信是相信人性中实有仁义礼智，信本身并非独立的德性，正如土不是固定的气一样：“四端之信，犹五行之土，无定位，无成名，无专气，而水、火、金、木，无不待是以生者。故土于四行无不在，于四时则寄王焉。其理亦犹是也。”[5] 如同仁之生意贯穿义礼智，木之生气也贯穿火金水：“木是生气。有生气，然后物可得而生；若无生气，则火金水皆无自而能生矣。故木能包此三者。”[6] 从他所阐述的五行次序来看，他所说的与五常相配的五行显然是作为气而不是作为质的五行。

朱子在中年的时候主要继承了汉代哲学将五行与五常进行比附的思想，认为仁义礼智信是金木水火土之性，如说：“五常，仁、义、礼、智、信，五行之性也。”[7] “盖木神曰仁，则爱之理也，而其发为恻隐。火神曰礼，则敬之理也，而其发为恭敬。金神曰义，则宜之理也，而其发为羞恶。水神曰智，则别之理也，而其发为是非。土神曰信，则实有之理也，而其发为忠信。”[8] 但是在后期，朱子则是从宇宙论的角度认为人之五常来源于天之五行，这分别是从天道与人道的角度来探讨五行和五常。朱子说：“盖人之性皆出于天，而天之

1 朱熹：《太极图说解》，《朱子全书》第十三册，第 73 页。
2 黎靖德编《朱子语类》卷六，《朱子全书》第十四册，第 123 页。
3 黎靖德编《朱子语类》卷六十八，《朱子全书》第十六册，第 2265 页。
4 黎靖德编《朱子语类》卷六，《朱子全书》第十四册，第 244 页。
5 朱熹：《孟子集注》卷三，《四书章句集注》，《朱子全书》第六册，第 290 页。
6 黎靖德编《朱子语类》卷六，《朱子全书》第十四册，第 247 页。
7 朱熹：《诚下第二》，《通书注》，《朱子全书》第十三册，第 99 页。
8 朱熹：《论语或问》卷一，《四书或问》，《朱子全书》第六册，第 612 页。

气化必以五行为用。故仁、义、礼、智、信之性，即水、火、金、木、土之理也。”[1] 这里朱子认为性出于天，天之气化导致了五行的产生，故仁义礼智信是出自五行中的理。

朱子强调仁义礼智信即“水、火、金、木、土之理”，这似乎是在说，水火金木土是气，其中含有理，而仁义礼智信只是秉承了其中之理，然而，朱子虽然认为五行是气，他却并没有严格区分五行之理与五行本身，他有时也把仁义礼智信说成是源自于五行：“在天只是阴阳五行，在人得之只是刚柔五常之德。”[2] 这即是认为五行具于人即为五常。

实际上，在朱子看来，仁义礼智信五常既不是只源于理，也不是只源于气，而是源于理气凝合而成的“性”，他说：“五行，谓水、火、木、金、土耳，各一其性，则为仁、义、礼、智、信之理，而五行各专其一，人则兼备此性而无不善。”[3] 朱子把仁义礼智信看成源于“水、火、木、金、土之性”，这里他所说的“性”是兼理气而言的。

问：“‘五行之生，各一其性。五性感动而善恶分。’此‘性’字是兼气禀言之否?”曰：“性离气禀不得。有气禀，性方存在里面；无气禀，性便无所寄搭了。禀得气清者，性便在清气之中，这清气不隔蔽那善；禀得气浊者，性在浊气之中，为浊气所蔽。‘五行之生，各一其性’，这又随物各具去了。”[4]

朱子强调“性离气禀不得”，这即是说，“水、火、木、金、土之性”既包含了理也包含了气，而人之五常则是秉承了五行之性。

朱子在1175年曾认为五行之性即是“气质之性”，他说：“天地之性，是理也。才到有阴阳五行处，便有气质之性，于此便有昏明厚薄之殊。‘得其性而最灵’，乃气质以后事。”[5] 在这里，朱子强调“才到有阴阳五行处，便有气质之性”，这便是把水火木金土之性也看作气质之性，从这句论述可以看出，

1 朱熹：《答方宾王三》，《晦庵先生朱文公文集》卷五十六，《朱子全书》第二十三册，第2658～2659页。

2 黎靖德编《朱子语类》卷六，《朱子全书》第十四册，第243页。

3 朱熹：《答黄道夫二》，《晦庵先生朱文公文集》卷五十八，《朱子全书》第二十三册，第2756页。

4 黎靖德编《朱子语类》卷九十四，《朱子全书》第十七册，第3134页。

5 黎靖德编《朱子语类》卷九十四，《朱子全书》第十七册，第3134页。

此时在朱子的观念中，气质之性并不仅指人物成形之后具于人物之中的性，而且指人物成形之前的五行之性，他认为气质之性是随着阴阳五行的产生而有的，在阴阳五行那里，性便有了“昏明厚薄”之不同，人禀得此性是在此以后的事。《太极图说》原文说的是“得其秀而最灵”，意即人得五行之秀而最灵，朱子将其改为“得其性而最灵”，这便是说人得“气质之性”而最灵，也就是说在这一时期朱子认为人所禀得的是存在于阴阳五行中的气质之性。

不过在朱子后来关于气质之性思想的发展变化中，他越来越倾向于从狭义的角度运用气质之性这一概念，即把气质之性看作人物所具有的性，而没有将其继续应用到对于阴阳五行的探讨当中。

同时，朱子发展了人之仁义礼智具有水火木金土之属性的思想，他说：“仁属春，属木。且看春间天地发生，蔼然和气，如草木萌芽，初间仅一针许，少间渐渐生长，以至枝叶花实，变化万状，便可见他生生之意。非仁爱，何以如此。缘他本原处有个仁爱温和之理如此，所以发之于用，自然慈祥恻隐。……义属金，是天地自然有个清峻刚烈之气。所以人禀得，自然有裁制，便自然有羞恶之心。礼智皆然。盖自本原而已然，非旋安排教如此也。”[1] 人禀得了木金火水之气，便有仁义礼智之性。在这里，朱子用草木萌芽来说明木之生意，他认为仁秉承了木气的这种生意，因此自然发而为仁爱、温和、慈祥、恻隐，可见在此处朱子将仁所禀的木之生意定义为仁爱温和之理，这和他在讨论“仁包四者”时把仁之生意看作对道德律的觉醒有所不同。

为什么是这样呢？因为按照朱子的讲法，仁有两个层面：一是“偏言”的仁，即与义礼智相对的仁；一是“专言”的仁，即包含义礼智的仁。对于偏言的仁来讲，生意体现为一种仁爱温和之理；对于专言的仁来讲，生意体现为内心对道德律的觉醒，是贯通四者的：“‘爱之理’是‘偏言则一事’，‘心之德’是‘专言则包四者’。故合而言之，则四者皆心之德，而仁为之主，分而言之，则仁是爱之理，义是宜之理，礼是恭敬、辞逊之理，知是分别是非之

1 黎靖德编《朱子语类》卷十七，《朱子全书》第十四册，第585页。

理也。”[1]

同时，朱子认为，如果人所禀得的五行之气有不均，那么人的仁义礼智之性便有所偏，唯有五性全备才可以成为圣人，他说：“人性虽同，禀气不能无偏重。有得木气重者，则恻隐之心常多，而羞恶、辞逊、是非之心为其所塞而不发；有得金气重者，则羞恶之心常多，而恻隐、辞逊、是非之心为其所塞而不发。水火亦然。唯阴阳合德，五性全备，然后中正而为圣人也。”[2] 禀得五行当中的一气偏重，这会导致其他气禀塞而不发，因此五性不能皆得以完全显现，这就是大多数人不能成为圣人的原因。

由此可以看出，在朱子的思想中，性与气本身就是一体，性不仅来源于五行之气，具有五行之气的属性，而且性能否得以完全也取决于五行之气是否完全，这和张载、程颐那种认为本然之性至善无恶、气禀只是起到阻碍作用的思想还是有出入的。

四 天命之性与气质之性

朱子哲学中的性有“天命之性”和“气质之性”两种说法。朱子一方面认为仁义礼智信是天命之性，如说：“盖天命之性，仁、义、礼、智而已。”[3] 另一方面，朱子又认为仁义礼智信秉承了气质之性，具有四德、四时、五行的属性。那么，在朱子哲学中，仁义礼智信究竟是天命之性还是气质之性呢？

这首先需要对朱子哲学中的“天命之性”与“气质之性”两个概念进行梳理。“天命之性”来自《中庸》“天命之谓性”一句，朱子之前有“天地之性”的说法，在古代典籍中，天地之性往往指天地自身的属性，如《孝经》云，“天地之性人为贵”，又《礼记·郊特牲》云，“器用陶匏，以象天地之性也”，都是指天地自身的性质，还没有用来指人从天所禀受的性。北宋张载在

1 黎靖德编《朱子语类》卷二十，《朱子全书》第十四册，第693页。
2 黎靖德编《朱子语类》卷四，《朱子全书》第十四册，第205页。
3 朱熹：《中庸或问》、《四书或问》，《朱子全书》第六册，第551页。

其《正蒙·诚明》中说："形而后有气质之性，善反之则天地之性存焉。"[1]

在这里，张载将天地之性与气质之性对言，这已是从天地之性之具于人物的角度来进行讨论。在朱子的著述中，他也曾多次论及天地之性，他认为天地之性即是"孟子所谓性善，周子所谓纯粹至善，程子所谓性之本，与夫反本穷源之性"[2]，"论天地之性，则专指理言；论气质之性，则以理与气杂而言之"[3]，这是从纯粹之理的角度来理解天地之性。

朱子所说的天命之性与天地之性相似，但也略有不同。天地之性是指理，而天命之性则偏重于理之具于形气中。朱子关于天命之性的思想有一个发展变化的过程。朱子最初是将天命之性看作极本穷源之性也即天地之性的，《语类》卷四有如下记载：

> 问："'天命之谓性'，还是极本穷源之性，抑气质之性？"曰："是极本穷源之性。天之所以命，只是一般；缘气质不同，遂有差殊。"[4]

此时朱子是将天命之性明确定义为极本穷源之性的，并且在这里极本穷源之性与气质是截然二分的。不过，朱子似乎并没有十分坚定以天命之性为极本穷源之性的思想，《语类》同卷载：

> 问："孟子言'性善'，伊川谓是'极本穷源之性'；孔子言'性相近'，伊川谓是'气质之性'；固已晓然。《中庸》所谓'天命之谓性'，不知是极本穷源之性，是气质之性？"曰："性也只是一般。天之所命，何尝有异？正缘气质不同，便有不相似处，故孔子谓之'相近'。孟子恐人谓性元来不相似，遂于气质内挑出天之所命者说与人，道性无有不善，即子思所谓'天命之谓性'也。"[5]

1 张载：《正蒙·诚明》，《张载集》，北京：中华书局，1978 年，第 23 页。
2 黎靖德编《朱子语类》卷四，《朱子全书》第十四册，第 195 页。
3 黎靖德编《朱子语类》卷四，《朱子全书》第十四册，第 196 页。
4 黎靖德编《朱子语类》卷四，《朱子全书》第十四册，第 198 页。
5 黎靖德编《朱子语类》卷四，《朱子全书》第十四册，第 198 ~ 199 页。

这一条语录与上一条同为朱子的学生邵浩于丙午年所闻，在这一条当中，朱子没有明确说明天命之性是极本穷源之性还是气质之性，只是说“性也只是一般”，这是肯定了性只有一种。但在这里朱子似乎仍有将天命之性与气质二分的倾向，他说“天之所命，何尝有异？正缘气质不同，便有不相似处”，这有着将天命之性看作堕入气质之中的意思。

后来，朱子逐渐认为天命之性与气质是本来就合一的，如说：“有天命之性，便有气质。”[1] 又如：“性只是仁义礼智。所谓天命之与气质，亦相衮同。才有天命，便有气质，不能相离。若阙一，便生物不得。既有天命，须是有此气，方能承当得此理。若无此气，则此理如何顿放。”[2] 在这里，朱子强调“才有天命，便有气质”，这说明他认为天命和气质是相即不离的，而不是相互独立的，此时在朱子的思想中，天命与气质呈现出更紧密的结合，而不再是像以前那样趋于二分状态。

钱穆先生曾指出，朱子早年强调本善之性，后来才说性便带着气质，凡言性皆是言气质之性，直到晚年明确提出“人物未生时，只可谓之理，说性未得”，“此理始具于形气之中而谓之性”，至是始为性字理字确定界分，理是上一截，性是下一截。[3] 这即是说，朱子早年是倾向于认为有独立的本善之性的，到后来转而认为性气不离，凡说性就是具于气质之中的，未具于气质之中的性只能称为理。

由此我们可以看出，正是由于朱子后来越来越倾向于持凡言性皆是具于气质之中的思想，因此在天命之性与气质的问题上，他不像早年那样认为二者是相互独立的元素，将天命之性看作堕入气质之中，气质对天命之性起到隔蔽的作用，而是认为天命之性与气质从一开始就是凝合无间的。

在朱子后期的讨论中，他往往认为天命之性只是侧重强调性之“理”的一面，而不是从性之构成的角度将天命之性看作性之构成元素，他说：“‘天命谓性’之‘命’，是纯乎理言之。然天之所命，毕竟皆不离乎气。但《中

1 黎靖德编《朱子语类》卷四，《朱子全书》第十四册，第 192 页。

2 黎靖德编《朱子语类》卷四，《朱子全书》第十四册，第 192 ~ 193 页。

3 钱穆：《朱子新学案》，台北：三民书局，1989 年，第 308 ~ 309 页。

庸》此句，乃是以理言之。”[1] “所谓天命之谓性者，是就人身中指出这个是天命之性，不杂气禀而言尔。若才说性时，则便是夹气禀而言。”[2] 在这里，朱子一方面肯定了性是杂气禀而言的，天之所命也是不离乎气的，这即是说性只是一种，就是具于形气之中的性；另一方面，他认为天命之性是指其中的理，这说明此时朱子并不是从发生学的角度讲性是天命之性加气质而构成的，在朱子晚年的观念中，天命之性、气质之性只是侧重强调不同的方面，实际上性只是一种，即是气质之性。

那么，朱子所说的气质之性有什么特点呢？若想了解朱子哲学中的气质之性，需要对张载和二程所说的气质之性有所了解。我们知道，气质之性的说法源于张载和二程。在张载的著述中，明确提及气质之性的地方只有《诚明》篇中“形而后有气质之性，善反之，则天地之性存焉”这一处，在这里张载是将天地之性与气质之性相对而言，但仅凭这一句仍无法看出他所说的气质之性究竟何指。在《诚明》篇中，他还说：“湛一，气之本，攻取，气之欲。口腹于饮食，鼻舌于臭味，皆攻取之性也。知德者属厌而已，不以嗜欲累其心，不以小害大、末丧本焉尔。”[3] 又说：“人之刚柔、缓急、有才与不才，气之偏也。天本参和不偏，养其气，反之本而不偏，则尽性而天矣。”[4] 在后一处引文中，刚柔、缓急也是指性：“刚柔缓速，人之气也，亦可谓性。”[5]

张载将刚柔缓急有才不才等定义为“气之偏”，认为通过养气反本使之不偏才能达到“尽性”。在前一处引文中，张载将“口腹于饮食，鼻舌于臭味”定义为“攻取之性”，认为这是源自“气之欲”，在这里他没有说“攻取之性”是气之偏，从他的论述来看，他似乎认为这种性是中性的，但他仍把这种性看作需要克服的对象，认为人不应沉溺于其中，以小害大。可见，在张载的理解中，人的自然属性如口腹鼻舌之欲如同刚柔缓急之性一样，皆是导致天地之性不明的原因，虽然两者一是气之正常属性所导致，一是气之偏所导致，但是二

1 黎靖德编《朱子语类》卷四，《朱子全书》第十四册，第208页。
2 黎靖德编《朱子语类》卷九十五，《朱子全书》第十七册，第3198页。
3 张载：《正蒙·诚明》，《张载集》，第22页。
4 张载：《正蒙·诚明》，《张载集》，第23页。
5 张载：《张子语录中》，《张载集》，第324页。

者的共同之处在于，它们皆来自气质，是人成形以后才有的性，因此，张载所说的气质之性应包含人之自然属性和气之偏所导致的性如刚柔缓急之性等。

二程明确提及气质之性的地方也只有一处，《遗书》卷十八记程颐语：

> "'性相近也，习相远也'，性一也，何以言近?"曰："此只是言性一作气。质之性，如俗言性急性缓之类。性安有缓急?此言性者，生之谓性也。"又问："上智下愚不移是性否?"曰："此是才。须理会得性与才所以分处。"[1]

在这里，程颐所说的气质之性指的是缓急之性，这与张载所说的气质之性很接近，而上智下愚则被程颐定义为"才"，而非性，程颐强调性与才的区别。在程颐的言论中，他往往将性与才相对而言，如："性即是理，理则自尧舜至于涂人，一也。才禀于气，气有清浊，禀其清者为贤，禀气浊者为愚。"[2]"性出于天，才出于气，气清则才清，气浊则才浊。……才则有善与不善，性则无不善。"[3] 可见，程颐将贤愚善恶皆看作才，而不是性，他认为才出于气，受气的影响，才会有贤愚善恶之别，而性则是无不善的。

那么，程颐在这里所说的无不善的性与前面所说的缓急之性是什么关系呢？在程颐看来，这两种性，一种是"天命之谓性"，另一种是"生之谓性"，《遗书》卷二十四记程颐语：

> "生之谓性"与"天命之谓性"，同乎?性字不可一概论。"生之谓性"，止训所禀受也。"天命之谓性"，此言性之理也。今人言天性柔缓，天性刚急，俗言天成，皆生来如此，此训所禀受也。若性之理也则无不善，曰天者自然之理也。[4]

1 程颢、程颐：《程氏遗书》卷十八，《二程集》，第 207 页。
2 程颢、程颐：《程氏遗书》卷十八，《二程集》，第 204 页。
3 程颢、程颐：《程氏遗书》卷十九，《二程集》，第 252 页。
4 程颢、程颐：《程氏遗书》卷二十四，《二程集》，第 313 页。

这两种性的区别在于，无不善之性是“性之理”，缓急之性则是人所禀受于气质的性，也就是人生来所具有的性，这种性无疑是受到了形气之影响的。可以看出，在程颐的哲学中，性分为两种：一种是无不善之性，他又称之为性之理、性之本、极本穷源之性；另一种是生之谓性，即他所说的气质之性。善恶在程颐看来只是才，他认为性出于天，才出于气，人虽有无不善之性，但是才导致了人有善恶之分。在程颐的表述中，性（无不善之性）与才始终是两个相互独立的成分，而气质之性作为人所禀于气质之自然属性更是独立于他关于善恶的解释系统之外，也就是说，在程颐的哲学中，无不善之性、才和气质之性三者是相互独立的，这与张载用气质之性解释人之善恶是不同的，与朱子的思想也有很大区别。

朱子所说的气质之性首先是对具于气禀之中的天命之性而言的。朱子强调未有形气之时只是理，只有具于形气之中才能称作性，因此现实中的人物之性只是气质之性。但朱子说“大抵本然之性与气质之性，亦非判然两物也”，[1]“气质之性便只是天地之性，只是这个天地之性却从那里过”，[2] 这既是肯定气质之性与本然之性、天地之性为一，也是将气质之性赋予了仁义礼智的内容，这是朱子哲学中的气质之性与张载、二程所说的气质之性的根本区别之所在。

朱子用气质之性来解释善恶的问题。在他看来，本然之性是无不善的，但是由于气禀的不同，现实中的人性是有善有恶的，他说：“人之性皆善。然而有生下来善底，有生下来便恶底，此是气禀不同。且如天地之运，万端而无穷，其可见者，日月清明气候和正之时，人生而禀此气，则为清明浑厚之气，须做个好人；若是日月昏暗，寒暑反常，皆是天地之戾气，人若禀此气，则为不好底人，何疑。”[3] 人之善恶是初生时气禀就已决定的，禀得清气即是好人，禀得戾气即是不好的人。这里需要注意的是，在朱子看来，导致本然之性不明的是气禀，而在张载那里，导致天地之性不明的是气质之性，这就是说，朱子所说的气禀与张载所说的气质之性的功能相似，皆是蒙蔽本然之性的因素，只

1　朱熹：《答方伯谟三》，《晦庵先生朱文公文集》卷四十四，《朱子全书》第二十二册，第2012页。

2　黎靖德编《朱子语类》卷四，《朱子全书》第十四册，第197页。

3　黎靖德编《朱子语类》卷四，《朱子全书》第十四册，第198页。

是，朱子所说的气禀是指气本身，而张载所说的气质之性是指人之自然属性和气之偏所导致的性如刚柔缓急之性。

张载与朱子的这一差异源自张载只是从伦理的角度讨论性之善恶问题，因此他是针对人成形之后所具有的性来探讨的，而朱子则从宇宙发生论的角度来探讨性的构成，因此他必然推出在人物成形之前理就已经具于气当中，而气就已经对理起到蒙蔽的作用。在张载那里，天地之性似是完具于人的，只是由于气质之性的蒙蔽，天地之性无法完全显露；而在朱子那里，人物初生之前理就已经为气所蒙蔽，因此人物所禀受的理即已经不全。如说："气禀偏，则理亦欠阙了。"[1] "人物之生，天赋之以此理，未尝不同，但人物之禀受自有异耳。如一江水，你将杓去取，只得一杓；将碗去取，只得一碗；至于一桶一缸，各自随器量不同，故理亦随以异。"[2] 这都是在说人物初生时所禀的理就已经不全。

其次，朱子所说的气质之性还包括了才在里面。程颐在解释善恶的问题时没有引入气质之性的观念，他认为善恶是由才所决定的，才出于气，而在朱子哲学中，才则被纳入了性的范围。朱子对才的定义为："才，犹材质，人之能也。"[3] "才是心之力，是有气力去做底。"[4] 在这里，朱子将才看作人之资质，但他所说的资质并不是指普通的才能、才干之类，由于他有着道德本位主义的立场，他所理解的资质是指能否按照道德本性之要求去做的能力。

在他看来，才是出自性的："才也是性中出……人之有才者出来做得事业，也是它性中有了，便出来做得。"[5] 因此，才是否善，取决于性是否善："才则可为善者也，彼其性既善，则其才亦可以为善。"[6] 如同他对性的理解一样，他认为才本来也是完善的，只是由于气禀的污染，才有善恶之分："才本

1 黎靖德编《朱子语类》卷四，《朱子全书》第十四册，第201页。
2 黎靖德编《朱子语类》卷四，《朱子全书》第十四册，第185页。
3 朱熹：《孟子集注》卷十一，《四书章句集注》，《朱子全书》第六册，第399页。
4 黎靖德编《朱子语类》卷五，《朱子全书》第十四册，第233页。
5 黎靖德编《朱子语类》卷五，《朱子全书》第十四册，第233页。
6 黎靖德编《朱子语类》卷五十九，《朱子全书》第十六册，第1881页。

是善，但为气所染，故有善、不善。”[1]

朱子正是从气禀的角度去解释孟子与程颐关于才之不同说法的，《孟子·告子上》曰：“孟子曰：‘乃若其情，则可以为善矣，乃所谓善也。若夫为不善，非才之罪也。’”在这里，孟子认为不善不是才所导致的。与此不同，程颐则说：“才则有善与不善，性则无不善。”[2] 朱子认为，孟子和程颐的说法其实并不矛盾，孟子所说的才是指才之本体，而程颐所说的才是具于气禀之中的才：“要之，才只是一个才。才之初，亦无不善，缘他气禀有善恶，故其才亦有善恶。孟子自其同者言之，故以为出于性；程子自其异者言之，故以为禀于气。大抵孟子多是专以性言，故以为性善，才亦无不善。到周子、程子、张子，方始说到气上。要之，须兼是二者言之方备。”[3] 在朱子看来，孟子是即性而论才，程颐是即气而论才，他认为须是兼性与气二者来讨论才可以，因此，他综合了孟子和程颐的思想，把才看作出自气质之性，他说：“如伊川论才，却是指气质而言也。气质之性，古人虽不曾说着，考之经典却有此意。如《书》云‘惟人万物之灵，亶聪明，作元后’，与夫‘天乃锡王勇智’之说皆此意也。孔子谓‘性相近也，习相远也’，孟子辨告子‘生之谓性’，亦是说气质之性。近世被濂溪拈掇出来，而横渠、二程始有‘气质之性’之说。此伊川论才，所以云有善、不善者，盖主此而言也。”[4] 在这里，朱子认为伊川所说的才即是指《尚书》中所说的“聪明”“勇智”之类，而在朱子看来，这些都是气质之性，由此可见，朱子是将才纳入气质之性的范围进行讨论的。

最后，朱子所说的气质之性也包含了张载和程颐所说的刚柔缓急之性。如《语类》记载：

“理固无不善，才赋予气质，便有清浊、偏正、刚柔、缓急之不

1 黎靖德编《朱子语类》卷五十九，《朱子全书》第十六册，第1882页。
2 程颢、程颐：《程氏遗书》卷十九，《二程集》，第252页。
3 黎靖德编《朱子语类》卷五十九，《朱子全书》第十六册，第1884页。
4 黎靖德编《朱子语类》卷五十九，《朱子全书》第十六册，第1887页。

同。”[1]

亚夫问：“《大学序》云：‘既与之以仁义礼智之性，又有气质之禀。’所谓气质，便是刚柔、强弱、明快、迟钝等否？”曰：“然。”[2]

在这里，刚柔缓急强弱既是气质的属性，也是人所禀于气质的特性，朱子并未对二者进行严格区分，实际上在他看来，气质的属性必然会为人所禀受，既然气质有刚柔缓急强弱之不同，人禀于气质的性也自然有刚柔缓急强弱之别。

但与张载和程颐不同的是，在张载和程颐的哲学中，本然之性与刚柔缓急之性是两种相互独立的性，张载只是认为刚柔缓急之性能够导致天地之性不明，程颐甚至没有把刚柔缓急之性纳入对善恶的解释当中，而在朱子的哲学中，性只是一种，本然之性与气质是凝合在一起的，因此刚柔缓急强弱也是仁义礼智所具有的特征，如他说“仁是个发出来了，便硬而刚；义便是收敛向里底，外面见之便是柔”，“仁与义是柔软底，礼智是坚实底”，[3] 这便是将刚柔看作仁义礼智本身所具有的属性，由此可以看出，张、程所说的本然之性与刚柔缓急之性在朱子哲学中是凝合在一起的，不是像在张载和程颐的思想中那样为两种互不相关的性，而是二者本身为一的。这说明在朱子的思想中，道德属性与自然特性是整合的而不是相互独立的。

通过这些讨论我们知道，朱子哲学中的气质之性其范围是非常广的，它既指仁义礼智之性，也指聪明勇智等资质，还指气质的属性如刚柔缓急之性等，也就是说，朱子将前人对性的各种讨论都纳入气质之性的范围，他所说的气质之性代表了现成人性的各个方面。朱子的创新之处在于，他是将这些方面融合起来进行讨论的，仁义礼智、聪明勇智、刚柔缓急等在朱子哲学中并不相互独立的性质，而是相互交织的，也就是说，性只有一种，即仁义礼智之性，聪明勇智是内在于仁义礼智的，而刚柔缓急则是仁义礼智本身的属性。

1 黎靖德编《朱子语类》卷四，《朱子全书》第十四册，第200页。
2 黎靖德编《朱子语类》卷十四，《朱子全书》第十四册，第430页。
3 黎靖德编《朱子语类》卷六，《朱子全书》第十四册，第245页。

朱子在早年的时候，由于受到张、程哲学的影响，将天地之性与气质看作相互独立的，朱子又从宇宙发生论的角度解释性之构成，因此必然产生以气质之性为天地之性加气质所构成的思想。但在后期，朱子逐渐肯定性只是一个性，即具于形气之中的性，这实际上是肯定了凡言性即是气质之性的思想，淡化了天地之性的说法。因此在讨论仁义礼智时，不应说仁义礼智是天命之性还是气质之性，其实，天命之性与气质之性只是从不同角度对仁义礼智进行的讨论而已，天命之性突出的仁义礼智作为纯粹之理的成分，而气质之性强调的是现实中仁义礼智的状态。

自然国学评论

经典释读

墨辩“知源”发微

——自化西宗“三款六式”框架而观

钱 爽 张耀南*

摘 要： 所谓知识来源，即知识通过何种途径为人所生成或获得。于知识论层面而言，基本上将知识来源划分为直接知识和间接知识两种。《墨经》把知识来源（“知源”）分为亲知、闻知和说知三款，学界对《墨经》之“知源”亦多作直接知源与间接知源解。然而，著者经考察后发现，《墨经》中这三款“知源”竟可划分为直接知识、间接知识及直接与间接二者知识相合凡三种途径，如此已突破了目前墨学有关“知源”之研究瓶颈。此外，著者又吸收后世墨学研究之诸观点并加以综合，发现《墨经》三款“知源”每款又可细分为“死”“活”两式。综上而构成《墨经》“知源”理论之“三款六式”框架。通过这一框架，吾人可以发现《墨经》“知源”理论之宏大、艰深与精密，这或为当下墨学“知源”研究的进一步发展及理论突破提供了新视角与切入点，具有一定的参考价值。

关键词： 墨经 亲知 闻知 说知 “死”与“活”

* 钱爽，比利时根特大学艺术与哲学学院南亚与东亚语言文化系博士研究生；张耀南，北京航空航天大学高研院自然国学研究中心教授，哲学博士。

先秦《墨经》全面而系统地讨论了有关知识之诸理论，著者称之为“墨辩‘知’论”。经整理分析，著者认为《墨经》之“知”论可分为三大部分，即有关知识来源（简曰“知源”）之理论、有关认识性质与认识过程（简曰“知性”与“知序”）之理论及有关认知状态（简曰“知态”）之理论。这三大部分共同构成墨辩“知”论之整体。由于先秦《墨经》奥古费解，后世多阙挖掘，以致《墨经》中许多奥义（如系统之知识论思想）皆隐而未显。今著者尝试以三篇文字分别对墨辩“知”论之“知源”、“知性”及“知态”作详细探讨，阐发前人所未发明之义理，以期为墨学研究之拓展献绵薄之力。

此文着重探讨《墨经》之“知源”问题。知识论层面所讨论的知识来源，意即知识通过何种途径为人所获得。目前在知识论之知识来源研究方面，学者基本认为知识之来源有二，即除经验一源外尚有理性一源，经验与理性是知识得以形成并发展的重要来源。也就是说，学者基本上将知识的视域及维度划分为直接知识（direct knowledge）与间接知识（indirect knowledge）两种。[1]

而今著者发现，《墨经》中有关“知源”问题之论述，竟可构成“三款六式”之缜密框架。如此之框架若得以构建，或将使吾人重审《墨经》知识论思想，并重构有关知识来源问题之研究。

《墨经》之《经上》云：“知，闻、说、亲。”《经说上》之牒经云：“知，传受之，闻也；方不瘴，说也；身观焉，亲也。”诸治墨大家及前辈皆由此认同《墨经》所谓“知”之层面详言有“三款”，即亲知、闻知、说知（如孙诒让[2]、谭戒甫[3]、朱志凯[4]、

1　司汉武：《间接知识及其对人类文明的影响》，《自然辩证法研究》2011 年第 9 期，第 105，106 页。

2　孙诒让云：“言「知」有此三义。”参见（清）孙诒让撰、孙启治点校《墨子闲诂》（上），北京：中华书局，2001 年，第 315 页。

3　谭戒甫云：“知识分为‘闻、说、亲’三种。”参见谭戒甫编著《墨经分类译注》，北京：中华书局，1981 年，第 89 页 。

4　朱志凯云：“根据感觉和思维提供知识之不同，《墨经》把知识分为三类。”参见朱志凯《墨经中的逻辑学说》，成都：四川人民出版社，1988 年，第 39 页。

姜国柱[1]、梁周敏[2]、潘富恩与施昌东[3]等)；更有进而言此三“知”乃知识之来源或得知之方法者（如吴毓江[4]、梁启超[5]、伍非百[6]、高亨[7]、詹剑峰[8]、陈孟麟[9]、蔡仁厚[10]、孙中原[11]、王讚源[12]、雷一东[13]等。著者于本文中所使用的“知源”一词，便汲取于其中的伍非百之说)。著者亦采多数治墨大家及前辈之说，认为《墨经》有关“知源”问题之“三款”即亲知、闻知、说知，此与诸家无异，于是此三款“知源”既定。然著者对此三款“知源”究竟为何种来源，或有异于诸家。此外，诸家仅论及《墨经》“知源”问题之“三款”，却未在其言语之中发现每款“知源”竟隐匿有“死”“活”两种具体得知之方法或知识之来源的形式于其中。每款皆有两式，如此则凡“死”“活”六式而为三款“知源”所衍生。综上所谓《墨经》“知源”问题，共同构成一完整系统之“三款六式”框架，此乃著者

1 姜国柱云：“后期墨家……对感性与理性作了较好的论述。认为人的知识有三种。”参见姜国柱《中国认识论史》，郑州：河南人民出版社，1989年，第243页。

2 梁周敏云：“在墨辩看来，‘知’有‘亲知’、‘闻知’和‘说知’三种。”参见梁周敏《墨家逻辑论》，开封：河南大学出版社，1995年，第63页。

3 潘富恩、施昌东二人云：“后期墨家把人从外界获得的知识分为三种。”参见潘富恩、施昌东《中国古代认识论史略》，上海：复旦大学出版社，1985年，第48~49页。

4 吴毓江云：“本条论知识来源分三种。”参见吴毓江撰、孙启治点校《墨子校注》（上），北京：中华书局，1993年，第517页。

5 梁启超云：“人之所以能得有智识者，恃三术焉。”参见梁启超《墨经校释》，《饮冰室合集第八卷：专集之三十八》，北京：中华书局，1989年，第43页。又云：“我们的知识，用什么方法得来呢？墨经说：有三种方法。”参见梁启超，《墨子学案》，上海：商务印书馆，1923年，第84页。

6 伍非百云：“‘闻’‘亲’‘说’三者，为知识输入之途径，故曰‘知源’。”参见伍非百《中国古名家言》（上），北京：中国社会科学出版社，1983年，第78页。

7 高亨诠云：“知之来源有三。”参见高亨《墨经校诠》，北京：中华书局，1962年，第81页。

8 詹剑峰云：“我们知识的来源，不外乎闻知、说知、亲知三者。”参见詹剑峰《墨家的形式逻辑》，武汉：湖北人民出版社，1956年，第71页。

9 陈孟麟云：“《墨辩》把知识的来源分为三类。”参见陈孟麟《墨辩逻辑学》，济南：山东人民出版社，1979年，第10页。

10 蔡仁厚云：“「闻、说、亲」三项，是获得知识的途径，亦可以说是知识的来源。”参见蔡仁厚《墨家哲学》，台北：东大图书公司，1993年，第160页。

11 孙中原云：“亲知、闻知和说知是按来源对知识的分类。”参见孙中原《墨学通论》，沈阳：辽宁教育出版社，1993年，第74页。

又云：“根据来源，知识可以分为闻知、说知、亲知三类。”参见孙中原《墨学与现代文化》，北京：中国广播电视出版社，1998年，第131页。

12 王赞源云：“墨子依据知识的来路将知识分为三种。”参见王赞源《墨子》，台北：台湾东大图书公司，1996年，第75页。

13 雷一东云：“知的三个来源是：‘闻知’‘说知’‘亲知’。”参见雷一东《墨经校解》，济南：齐鲁书社，2006年，第134页。

本文之最终结论，亦是历代治墨大家及前辈所未及者，但同时又有赖并得助于诸家之研究智慧方能发展之。因此，著者将于下文中立足《墨经》原典及历代治墨大家与前辈之研究成果，对所建构的《墨经》“知源”之“三款六式”框架作进一步新解，详细分析三款“知源”究竟之来源及每款“知源”之两式何以曰“死”式又何以曰“活”式。

一 直接知源“亲知”款及其“死”“活”二式

《墨经》中所谓“亲知”，即“身观焉”而得之知识。所谓“亲”，便是“事属当前，感官直接”[1]。这种由“身观”所得的知识，须通过人体所具备之各种官觉功能（凡官觉概言有五，于《墨经》中言“五路”）获得，如由眼观色，由耳闻声，由鼻嗅气，由口尝味，由身触物，等等。此“亲知”由于是人体之官觉亲自与认识对象或知识外源（按西洋哲学主客二分则通曰“认识客体”或“知识客体”）相接而生成，是凭人体官觉天生具备之机能亲力亲为所得而无须借助第三方途径[2]的第一手知识，是所谓“人类感官直接感受者”[3]，因此具有“直接性和现实性”[4] 以及真切性[5]的特点。既然这种“亲知”是通过自身经历且亲临其境而由感官直接与当前事物相接从而形成的直

1 伍非百：《中国古名家言》（上），北京：中国社会科学出版社，1983 年，第 78 ~ 79 页。

2 沈有鼎云：“‘亲知’是通过自己的感官得来的知识，是不以他人为媒介也不以自己已有的知识为媒介的直接知识。”参见沈有鼎《墨经的逻辑学》，北京：中国社会科学出版社，1982 年，第 7 页。

3 吴毓江撰、孙启治点校《墨子校注》（上），北京：中华书局，1993 年，第 517 页。

4 孙中原：《墨学通论》，沈阳：辽宁教育出版社，1993 年，第 75 页。孙中原：《墨学与现代文化》，北京；中国广播电视出版社，1998 年，第 132 页。

5 王赞源认为：“亲知建基于五官的感觉，是人们最直接也最真实的知识。”（王赞源：《墨子》，台北：台湾东大图书公司，1996 年，第 76 页。）可见在王氏看来，“亲知”所具有的特点之一乃真实性。但著者以为，经由亲身五官所得之知识（即“亲知”）由于种种复杂因素并非完全获得事物知识之本真与大全，或有可能唯认识其表象而得其表象之知识（如观人貌之表而不知人心之质），亦有可能所得之知识有误差或错觉而并非真实本身（如眼观海市蜃楼之美景所得之知，却不知此美景之知乃虚妄者，并不真实存在）。因此著者认为，将“真实性”这一特点归入“亲知”稍有不妥，而采用“真切性”（“真切”有清晰明白之意，五官之功能用“真切”形容较妥）作为“亲知”特点之一则更为准确。此处以为商榷。

接经验[1]知识，那么从“知源”的角度来说，《墨经》所谓的这种“身观焉”的“亲知”便是属于直接知源了。因此，著者有关《墨经》“知源”问题的“三款六式”框架中第一款“知源”，便是直接知源——“亲知”。

在这款由“身观焉”而得的直接知源“亲知”一款中，若吾人详细推敲，还会发现有两种“亲知”的形式，著者分别称为“死”亲知一式与“活”亲知一式。“亲知”一款的这两式，历代诸家几乎未能深刻发明，至多有一二家之言论隐约论及，尽管如此，却仍未对此二式加以翔实探讨并指明有此二式之存在。

少数一二家中，如周云之云：“‘亲知’自然是一种由感性直接上升到理性之知。”[2] 他运用“上升”一词将“亲知”分为两个阶段，一是“感性之知”阶段，二是“理性之知”阶段。与周氏相同者还有姜宝昌，其云：“‘身观焉’，身观于之也，对于客观事物亲自经历观察之也。凡目之所见，耳之所闻，鼻之所嗅，舌之所味，身之所触，皆可得感受而为知识，所谓感性知识也。分析之，董理之，条贯之，又可上升为理性知识。……‘身观焉’之‘亲’知，初时为感性知识，后或可上升为理性知识。”[3] 他亦运用“初时”及“后或可上升”将“亲知”同样划分为“感性知识”与“理性知识”两大阶段。在周氏及姜氏看来，“亲知”既然有两个“阶段”，那么在时间上一定有严格的先后顺序，必须先由感受获得感性，而后再加工获得理性，严格遵守这一时间先后的程序性特征方可完成“亲知”这一完整过程。然而在著者看来，“亲知”的前一感性阶段即是著者所云“死”式之“亲知”，后一理性阶段即是著者所云“活”式之“亲知”。并且著者以为，“死”“活”两式之

1 有不少治墨学者皆将“亲知”作“直接经验”解，如詹剑峰云：“‘身观’只是直接的经验。”（詹剑峰：《墨家的形式逻辑》，武汉：湖北人民出版社，1956 年，第 71 页。）陈孟麟云：“亲知是人们通过自身经历得来的直接经验。”（陈孟麟：《墨辩逻辑学》，济南：山东人民出版社，1979 年，第 10 页。）蔡仁厚云：“身观焉，是指人的直接经验，由直接经验而得到的知识，谓之‘亲’。”（蔡仁厚：《墨家哲学》，台北：东大图书公司，1993 年，第 161 页。）徐希燕云：“‘亲’指亲到、亲见、亲历、亲观等，意为亲至其境而获得的经验，这通常指直接经验。”（参见徐希燕《墨学研究——墨子学说的现代诠释》，北京：商务印书馆，2001 年，第 71 页。）李雷东云：“‘亲’则是获得直接经验的认知方式。”郑杰文、王继学等著《墨学对中国社会发展的影响》，济南：山东人民出版社，2011 年，第 317 页。）

2 周云之：《墨经校注・今译・研究——墨经逻辑学》，兰州：甘肃人民出版社，1993 年，第 268 页。

3 姜宝昌：《墨经训释》，济南：齐鲁书社，1993 年，第 141 页。

“亲知”，既可具有时间先后顺序这一程序性，即人先由感性的“死”亲知而后上升至理性的“活”亲知；又可各自单独成一“亲知”之结果，即人的“亲知”完全可以止于感性的“死”亲知一式，亦可直接一步到位深化为理性的“活”亲知一式，两种突破时间先后顺序而同时并存的可能亦无不可。

以下著者将基于此进而详析“死”“活”亲知这两式之具体表现以及这两式何以分别曰“死”与“活”之理由。

(1)“死”亲知式。“死”亲知固然为“身观”，即凭感官知觉所获得之知识，但是这种“亲知”较为粗糙而不精细，对事物的感知多停留在抽象层面，并未进一步深入感知其具体层面。比如，有人眼观可见光，会将此由眼观这一官觉功能所获得之知笼统称为“光”；有人耳闻有旋律节奏之声，会将此由耳闻这一官觉功能所获得之知大体称为“音乐”或“声乐”；有人鼻嗅花、果、饭菜之气味，会将此由鼻嗅这一官觉功能所获得之知概括为“香气”；有人口尝各种食物，会将此由口尝这一官觉功能所获得之知大致称为“香味”；有人手触橡皮泥获橡胶球之质感，会将此由手触这一官觉功能所获得之知宽泛称为“软”。

以上直接经眼观、耳闻、鼻嗅、口尝、手触事物所得之知，皆属“亲知”。这种“亲知”是由各路官能对不同事物相接后所得，然而至此各路官能便不再对各自所得之“亲知”再加以进一步具体区分，而是止于此。也即简单地对不同事物反映于某路官能之大致印象的呈现加以粗糙整理，最后概括得出一个类似于由该路官能所感知之诸事物彼此间所具有的“亲知”之共相或普遍性。这种所谓的“共相”或“普遍性”，具有《墨经》中所谓“类”的特性，也是各路官能本身接触各种事物所获得的“第一印象”，古曰其“常”。这种具有“常”性的“第一印象”较为笼统空洞，并未再细作进一步异同判别，周云之所云之“感性之知”和姜宝昌所云之“感性知识”便与其相当。

综上，这一式之“亲知”并未充分调动各路官能的发达功能对事物加以感知，仅仅运用各路官能粗糙的“第一印象”从而获得简单的大体印象总结或概括，未运用官能厘清诸事物在各路官能反映下的具体同异，故具有笼统性或抽象性，较为粗略从简，无法进一步将直接所得之感知细化、细分。因此著者名之曰“死”。吾人之生活中不乏有人为图简明便捷以达到某些概括性的目的，其“亲知”便只止步于此"死"亲知一式，不求深化就浅尝辄止了，这种可能是完全存在的。所以"死"亲知一式完全可以单独成为"亲知"这一直接知源的一种表现形式。

（2）"活"亲知式。"活"亲知亦是由"身观"（凭感官知觉）所得之知识，但较之"死"亲知而言，这种"亲知"更显得精细与精密，因此它对事物的感知便主要停留在进一步深入的具体层面而非抽象层面。比如，有人眼观可见光，并非只是笼统称之为"光"，而会将眼观这一官觉功能所具备的发达潜质加以充分运用，具体表示处其所眼观之可见光是"红光"、"橙光"、"黄光"、"绿光"、"蓝光"、"靛光"或"紫光"，其眼观所得之"亲知"已不是粗浅地停留在"光"这么笼统而抽象的感知层面，而是有进一步的细分及细化。有人耳闻有旋律节奏之声，并非只是大体称之为"音乐"或"声乐"，而会将耳闻这一官觉功能所具备的发达潜质加以充分运用，具体表示出其所耳闻之旋律节奏是"西洋歌剧"、"中华戏曲"或"东瀛演歌"等，其耳闻所得之"亲知"亦不只是粗浅地停留在"音乐"或"声乐"这么笼统且抽象的感知层面，实际上亦已经进入细化且细分的感知层面了。有人鼻嗅花、果、饭菜之气味，并非只是概括为"香气"，而会将鼻嗅这一官觉功能所具备的发达潜质加以充分运用，具体表示出其所鼻嗅之气味是"花香"、"果香"或"饭菜香"，故其鼻嗅所得之"亲知"亦非粗浅停留在"香气"这一笼统而抽象的感知层面；有人口尝各种食物，并非只将其大致称为"香味"，而会将口尝这一官觉功能所具备的发达潜质加以充分运用，具体表示出其所口尝之食物是"酸味"、"甜味"、"苦味"、"辣味"或"咸味"，而非粗浅停留在"香味"这一感知层面。同样，有人手触橡皮泥或橡胶球之质感，并非只是宽泛称之为"软"，而是具体表示出橡皮泥是"塑性（即稳定地发生永久变形而不破坏其完整性）的软"，橡胶球则是"弹性（即发生形变后可恢复原来状态）的软"。

以上诸感知亦经由眼观、耳闻、鼻嗅、口尝、手触事物而成，故所得之知亦属"亲知"。但是这种"亲知"不同于前述"死"亲知的地方，便在于它并不止于抽象感知，而是更为具体细腻，对由某路官能所感知的不同事物能够做出细致区分及判别，最后得出一个类似于由该路官能所感知之诸事物各自具有的"亲知"之殊相或个别性。这种所谓的"殊相"或"个别性"，具有《墨经》中所谓"私"的特性，古曰其“特”。这种“特”性较之“死”亲知的“常”性而言更为具象，周云之所云之“理性之知”和姜宝昌所云之“理性知识”便与其相当。

综上，这一式之“亲知”充分调动各路官能的发达功能对事物加以感知，厘清了诸事物在各路官能反映下的具体同异，故具有细致性与具体性，较为细腻从繁，将直接所得之感知细化、细分，使不同事物在某一官能感知下体现出具有各自特色之反映。因此著者名之曰“活”。吾人之生活中亦不乏采用此“活”亲知一式而获得知识者，他们其实大可不必先经由感性的“死”亲知而后再“上升”为理性的“活”亲知（当然经由这一“上升”途径亦无不可。如果须经由这一“上升”途径而获得知识，那么可以说明运用这一“上升”途径而得知者其理性的“活”亲知尚未发育健全，须依赖于“死”亲知之第一阶段的辅助方能实现。而健全者则可一步到位而无所恃），完全可以直接运用这一“活”亲知对诸认识事物加以具体感知，这是因为人的官觉功能天生便具备直接运用“活”亲知一式而获得知识的功能，这种可能也是完全存在的。所以“活”亲知一式亦完全可以单独成为“亲知”这一直接知源的一种表现形式（前文已述，“死”“活”亲知二式不仅可分别单独成为“亲知”的两种表现形式，亦可以前后相继而成为“亲知”的两个认识阶段。但著者必须将这两种形式分别出来以明其实质之差异）。

二　间接知源“闻知”款及其“死”“活”二式

《墨经》中所谓“闻知”，即“传受之”而得之知识。所谓“闻”，便是“出自他说，非我亲证”[1]。既然“闻”非“亲证”，那么“闻知”便是不同于“亲知”的一类知源。而前文已述“亲知”属于直接知源，则可知“闻知”非属于直接知源，其知识来源途径必为他者。“闻知”这种由“传受”所得的知识，仍主要通过人体所具备的两种官觉功能——视觉功能和听觉功能（所谓“闻”，既

1　伍非百：《中国古名家言》（上），北京：中国社会科学出版社，1983 年，第 78 页。

可指耳官之“听闻”，又可指目官之“见闻”）来完成，但是这种“闻知”的眼观与耳闻同“亲知”中的眼观与耳闻是存在殊异的（否则“闻知”便与“亲知”一样皆属于直接知源，但事实上并非如此，《墨经》既然将“闻”与“亲”置于三“知源”之列，定以为此二者绝非相同之“知源”）。

“亲知”首先异于“闻知”的地方，便是“亲知”由于属于直接获得知识之途径，故其既动用眼观与耳闻这两路官能，又动用鼻嗅、口尝和身触等全方位官能加以作用，而“闻知”则主要动用眼观与耳闻这两路官能。因此从官能调用方面而言，“闻知”不如“亲知”全面。

若从更为细微且精准的层面而言，“亲知”中的眼观与耳闻同“闻知”的眼观与耳闻有着明显的区别。“亲知”中的眼观与耳闻，其所观及所闻的对象主要是事物的属性，这些事物的属性是以感性的现象形式（如眼睛所能接收的形状、颜色、远近、大小、明暗等以及耳朵所能接收的声音及其定位和层次等）为眼耳所直接获取，然后形成“亲知”。而“闻知”的眼观与耳闻，其所观及所闻之对象并非是事物以感性的现象形式所呈现的属性，而是系统性的文字（包括系统性的符号及图像）和语言，这些系统性的文字及语言是以理性的逻辑形式（如以“名”“辞”“说”“辩”这四种形式，或以其中的“概念”concept、“判断”judgment、“推理”inference、“论证”argumentation这四种形式）为眼耳所获取，然后形成“闻知”。

需要注意的是，由上述说明吾人便可知，所谓的“闻知”实际上是由“亲知”所发展而来的：人通过眼耳直接获取事物以感性的现象形式所呈现的属性从而形成“亲知”，并利用人脑所具备的印象、记忆及储存的功能将这种植于人脑的“亲知”通过系统性（即富有逻辑性）的文字及语言表达出来，此时将“亲知”用文字及语言表达出来者（可以是实体的人，亦可以是书本、报刊、音像等文字或语言载体，如此便可以超越时空局限来加以表达）便是“传”者，若有他者对这一“传”有接应，则此他者即是“受”者，如此则“受”者经由“传”者将原初的“亲知”通过系统性及逻辑性的文字和语言加以接纳并吸收，这便形成了“闻知”。吾人可以发现，“闻知”其实导源于“亲知”，实际上是“亲知”之获得者（“传”者）再以文字和语言的形式将本身所得之"亲知"几经转述与传播给他者（"受"者）而来。正如周云之先生所云："'闻知'实际上也是他人的亲知。……他人的'闻知'即是我之'亲知'，我之'闻知'即是他人之'亲知'。"[1] 所以，若前文将"亲知"界定为直接知源，则这种建立在"亲知"基础上几经转述与传播的"传受之"的"闻知"，便是属于间接知源了[2]。因此，著者有关《墨经》"知源"问题的"三款六式"框架中第二款"知源"，便是间接知源——"闻知"。

此外，《墨经》之《经上》云："闻，传、亲。"《经说上》之牒经云："闻，或告之，传也；身观焉，亲也。"由此著者发现，在这款由"传受之"而得的间接知源"闻知"一款中，含有两种"闻知"的形式，著者分别称为"死"闻知一式与"活"闻知一式。然而正如《墨经》上述所云，"闻知"之两式已在《墨经》中有明确记载及体现，并有专名命之，即"传闻"与"亲闻"。在著者看来，《墨经》所言"亲闻"即是著者所谓"死"闻知，而《墨经》之"传闻"便是著者之"活"闻知。历代治墨学者亦发现《墨经》中有关"闻知"的"传闻"与"亲闻"这两种形式，然而他们对"传闻"与"亲闻"二者所闻之对象和内容的区别，以及"亲闻"与"亲知"之"闻"二者

1　周云之：《墨经校注·今译·研究——墨经逻辑学》，兰州：甘肃人民出版社，1993 年，第 268 页。

2　事实上，有一些治墨学者亦将"闻知"作"间接知识"或"间接经验"解。这些解读对著者有关"闻知"乃间接知源的若干思考颇有裨益之助。如陈孟麟云："闻知是通过别人传授的间接经验。"（陈孟麟：《墨辩逻辑学》，济南：山东人民出版社，1979 年，第 10 页。）沈有鼎云："'闻知'是由传闻或传授得来的知识，是以他人为媒介的间接知识。"（沈有鼎：《墨经的逻辑学》，北京：中国社会科学出版社，1982 年，第 7 页。）潘富恩与施昌东云："'闻'知，亦即间接知识（包括阅读书籍所得的知识）。"（潘富恩、施昌东：《中国古代认识论史略》，上海：复旦大学出版社，1985 年，第 49 页。）孙中原云："对于认识主体而言，闻知是属于间接知识。"（孙中原：《墨学通论》，沈阳：辽宁教育出版社，1993 年，第 75 页。）"所谓'闻知'是认识主体通过听觉接受别人传授的知识信息，它相当于我们今天讲的间接知识。"（孙中原：《墨学与现代文化》，北京：中国广播电视出版社，1998 年，第 132 页。）徐希燕云："'闻'指听到、听见、闻知、传闻，意为从自身外获（听）得之知识，这必须通过学习方可，这是获得知识的第一个途径，此通常指间接经验。"（徐希燕：《墨学研究——墨子学说的现代诠释》，北京：商务印书馆，2001 年，第 71 页。）陈克守与桑哲云："闻知与说知则属于间接知识。"（陈克守、桑哲：《墨学与当代社会》，北京：中国社会科学出版社，2007 年，第 239 页。）等。但遗憾的是，这些前辈学者皆未能很好地对"闻知"何以具有"间接"性，以及"闻知"之"闻"与"亲知"之"闻"的区别做出精致分析、说明及论证。今著者已于本文中立足于诸前辈学者之解读，对上述义涵之处尝试补作精致之分析、说明及论证。

的区别却并未做出精致之分析、说明及论证。[1] 故下文著者将基于此进而详析"死""活"闻知这两式之具体表现以及这两式何以曰"死"与"活"之理

1 一些治墨学者在解读墨经有关三"知源"（即"闻""说""亲"）一条（包括该条原经及其牒经）时，并未将其中的"闻"这一"知源"与墨经有关"闻"的两种形式（即"传""亲"）一条（包括该条原经及其牒经）相互参鉴而解，亦未考虑"闻"这一"知源"有"传"与"亲"两种形式。他们多分而解之，即视墨经有关"知源"之"闻"与"闻"的两种形式为独立的两条分开解释，如孙诒让（《墨子闲诂》）、吴毓江（《墨子校注》）、梁启超（《墨经校释》与《墨子学案》）、伍非百（《中国古名家言》）、支伟成（《墨子综释》）、范耕研（《墨辩疏证》）、高亨（《墨经校诠》）、陈孟麟（《墨辩逻辑学》）、谭戒甫（《墨经分类译注》、《墨辩发微》）、沈有鼎（《墨经的逻辑学》）、盛杰玉（《墨辩理则思想之探讨》）、蔡仁厚（《墨家哲学》）、孙中原（《墨学与现代文化》）、周云之（《墨经校注·今译·研究——墨经逻辑学》）、徐希燕（《墨学研究——墨子学说的现代诠释》）、杨武金（《墨经逻辑研究》）、雷一东（《墨经校解》）、陈克守与桑哲（《墨学与当代社会》）及李雷东（《第四编墨辩逻辑及其学术影响》）等学者。他们在解读墨经有关"闻"这一"知源"时并未将墨经中有关"闻"的"传""亲"两种形式引入并加以解读，而是就该条之原经及其牒经进行独立解读，未考虑旁经与该条原经及其牒经可作互鉴互解的这样一种内在有机联系。还有一些治墨学者在专门解读墨经有关"知源"之"闻"时不自觉地发现了"闻"应当有两种形式这一端倪，但他们并未将这两种形式同墨经有关"闻"的"传""亲"之表述相联系，亦未采用"传"与"亲"这样的墨经专门术语表示之，更未着重考察并将这两种形式明确区别，而是用自己的学术语言加以一般性表达，如詹剑峰云："有'传受'，往古之事，则征之于史传，异域之状，则察之于地志，以及其它知识，皆载册所传，而我们受之，则所知者广……闻知不限于载册，凡父母所提命，故老所相传，老师所讲授，皆属于闻知。"（詹剑峰：《墨家的形式逻辑》，武汉：湖北人民出版社，1956 年，第 71 页。）陈孟麟云："闻知说明人不仅靠自己经验来认识现实，也接受他人和历史地积累起来的经验来认识现实。"（陈孟麟：《墨辩逻辑学》，济南：山东人民出版社，1979 年，第 10 页。）姜宝昌云："亲历而习得者少，载籍所记、师友所诲、父母所教，我受而得者多。载籍所记，我阅而得之，传也。师友诲之，父母教之，我闻而得之，传也。"（姜宝昌：《墨经训释》，济南：齐鲁书社，1993 年，第 139 页。）其中詹剑峰所云"提命"、"讲授"和"载册所传"、"相传"即可类似对应于墨经之"亲"和"传"，姜宝昌所云"师友所诲"、"父母所教"和"载籍所记"即可类似对应于"亲"和"传"，陈孟麟所云，但仍显含糊不定的两可状态。少数治墨学者在解读墨经有关"知源"之"闻"时注意将墨经有关"闻"的"传""亲"之表述相参鉴，并采用"传闻"与"亲闻"这样的专门术语表示之，如方授楚云：

"由传闻而得之知识谓之闻。闻亦有不同，故曰：闻：传，亲。……读书之所得，讲演之所听，本为求知之一法。但飞语流言……或告之传闻也。亲从某书所得，亲从某所听，亲闻也。"（方授楚：《墨学源流》，上海：中华书局，1937 年，第 175、176 页。）孙中原云："《墨经》又把闻知分为'亲闻'和'传闻'两种。"（孙中原：《墨学通论》，沈阳：辽宁教育出版社，1993 年，第 75 页。）王冬珍云："闻有二义：一曰传闻，二曰亲闻。传闻者，或传某之说以告我，而我闻之是间接之闻也。亲闻者，我亲身在场，亲见其人，亲闻其说，是直接之闻也。"（王冬珍：《墨学新探》，台北：世界书局，1984 年，第 353 ~ 354 页。）朱志凯云："《墨经》所以把'闻知'分为'告之'和'身观'，是就'闻知'来源说的，是指获得'闻知'的方式。"（朱志凯：《墨经中的逻辑学说》，成都：四川人民出版社，1988 年，第 39 ~ 40 页。）王赞源云："墨子把闻知又分为传闻和亲闻两种。传闻是听别人转告，不然就是从书本看来的知识。书本是人们获取知识最主要的途径，不过墨子认为书本很多，要在能得其精微……而亲闻，则是亲自听到的知识。"（王赞源：《墨子》，台北：东大图书公司，1996 年，第 75 页。）然而著者认为，上述这些少数治墨学者虽以"传闻"与"亲闻"解读"知源"之"闻"的两种形式，但并未真正厘清"传闻"与"亲闻"的实质区别（如所谓书本的"载籍"与"讲授"、"教诲"这些亲自看到别人写、亲自听到别人说而所得之知究竟为"传闻"还是"亲闻"，并未真正探明其究竟），亦未析清"亲闻"与"亲知"之"闻"的实质区别，不免惜生憾事。

由，以期作为解决上述未决问题之尝试。

(1)“死”闻知式（“亲闻”式）。“死”闻知（即“亲闻”）固然是由“传受”，即凭借人的耳目官觉接收（即“受”者）他者（即“传”者）所转述或传播而至的知识。这种“亲闻”与“亲知”之“闻”常相混淆，许多学者误将“亲闻”等同于“亲知”之“闻”，以为所谓具有直接性的“亲知”之“闻”就是所谓的“亲闻”，因而将“亲闻”亦视作具有直接性的知源，并将其归入“亲知”的一部分。[1] 这实际上是对“亲闻”和“亲知”之“闻”未作详细区分而造成的误读。

在著者看来，“亲闻”属“闻知”的一种形式，而“闻知”又是间接知源，那么“亲闻”一定具有间接性。由此必然可以得出“亲闻”和“亲知”之“闻”乃是两种不同路径的知源，前者为间接知源，后者为直接知源。但著者进一步认为，“亲闻”与“亲知”之“闻”亦具有相同之处，这便是二者都必须经由人体的听觉官能方能实现（当然，“亲闻”除了运用听觉官能外，还可以运用视觉官能，这样就使得“亲闻”又须同“亲知”之“观”比较异同以分别之，下文亦将对此作详细说明），这一点相同之处正是一些学者将“亲闻”与“亲知”之“闻”相等同的误读之关键所在。事实上，“亲闻”与“亲知”之“闻”都须动用人体的听觉官能这一共同点仅是表面形式上的共同，二者在深层的本质上有着明显而又微妙的区别（之所以著者言此二者之区别“微妙”，原因便在于一些治墨学者只看到此二者表面形式的共同便戛然而止未作深究，就曰“亲闻”与“亲知”之“闻”相等同，都属于直接知源。殊不知此二者的区别必须突破表面形式上的“共同”这一“迷障”方能彰明其究竟的区别，但这些学者基本上未能实现对这一“迷障”的超越与突破，无法认清“同”这一“迷障”背后的“异”便止步于“同”。此所以说“微妙”）。

1 如王冬珍云：“由闻得来者，或间接，或直接。”（王冬珍：《墨学新探》，台北：世界书局，1984 年，第 354 页。）朱志凯的观点则更为彻底，他认为整个“闻知”就“与间接性知识有着本质的区别”（朱志凯：《墨经中的逻辑学说》，成都：四川人民出版社，1988 年，第 40 页。），这就直接否认“闻知”属于间接知源。著者已于上文的陈述中反驳并推翻了朱氏的这一观点。

所谓“深层本质上的区别”，就是指“亲闻”与“亲知”之“闻”二者在耳官所作用的对象上存在重大区别，用通俗的话说就是此二者所听到的东西是有明显本质上的区别的，由此使它们对知识获得的途径存在差异。具体而言，“亲知”之“闻”，其所“闻”之对象是事物以感性现象形式所表现出来的声音属性（如物体震动的声音），这些声音属性本较为零散且不规则，但经由声源体的生发而进入人的耳官，由人的耳官接收、处理并加工至人脑形成有规则性或系统性的、以“闻”这一官能途径所获得的“亲知”（如亲耳听见任意敲击某物体所发出的声音，从而得出该物体的音调、音质、音色等在“闻”的官能作用下形成的“亲知”）。“亲闻”，其所“闻”之对象是已经以理性的逻辑形式所表现出来的系统性语言，这些语言在进入人的耳官之前已经成为知识，而非零散且不规则的声音属性（如亲耳听见马克思本人阐述其独创的历史唯物主义思想，从而通过耳官将马克思的唯物史观获得并映入脑海而形成“亲闻”）。

由此可以看出，“亲闻”与“亲知”之“闻”二者在耳官所作用的对象上存在重大差别：前者的对象乃系统性语言，并且在进入人的耳官之前已成知识，只不过是将该知识经由另一人（即“受”者）的耳官转移至该人脑中形成此人的知识，事实上这并非此“受”者本身所创之知识，而是由他人（即“传”者）所创并移入该人脑中的知识。后者的对象乃零散且不规则的声音属性，它们在进入人的耳官之前并非知识，须经由接收这些声音属性的人自行进行加工处理而形成知识，这种知识便可谓该人所创。

同理，“亲闻”与“亲知”之“观”虽在运用目官这方面相同，但二者在目官所作用的对象上亦存在重大差别：前者的对象乃系统性文字，且在进入人的目官之前亦已成知识，亦是由他人（即“传”者）所创并经由另一人（即“受”者）的目官而转移至该人脑中的知识（如亲眼看见马克思本人所撰写的《资本论》第一卷，从而通过目官将马克思的剩余价值理论获得并映入脑海而形成“亲闻”）。后者的对象乃零散且不规则的颜色、形状、大小、远近、明暗等视觉属性，它们在进入人的目官之前亦非知识，亦需经由接收这些视觉属性的人自行进行加工处理而形成知识（如亲眼看见世间各种纷繁的“红”颜色后，从而得出“红”颜色中还细分有大红、朱红、深红、杏红、粉红、玫瑰红等在“观”的官能作用下形成的“亲知”)。

所以,“亲闻”无论是视觉还是听觉的“亲闻”,都不是“受”者本身所创的知识,都是由“传”者本人所创,而后只是原封移入或转入“受”者脑中,这种“亲闻”知识自然不是“受”者本身自行对所感知的事物属性进行加工处理而成的知识,当然也就不具有直接性,而是具有间接性的“知源”。因此,“亲闻”虽“亲”,但实际上仍是间接知源的一种。

此外还须注意,由“亲闻”所获得的知识,由于是运用耳官或目官将“传”者本人的知识接收进来,因而所接收的知识应该与“传”者本人的知识原本差别甚微。这是因为“亲闻”的知识并非辗转多方才被接收,而是一经“传”者的口或笔形成语言或文字便使其当下进入“受”者脑中,因而“亲闻”的知识较能保留知识的原貌。但同时,“亲闻”的知识也正由于上述这一点从而使得“受”者对其发挥的空间及余地变得很狭小,因为知识之源——“传”者本人的语言或文字即在当下,不容擅自或随意运用发散性思维对其加以“发挥”,故“亲闻”的知识灵活性较小,发散性思维可能因此受限(如《论语》一书,其所记载之文字便是“亲闻”的知识,乃是孔子的弟子及其再传弟子对孔子师生言行的当堂记录,因此孔子好比于知识之“传”者,其言一出,诸弟子及再传弟子就好比于通过耳官当下接收孔子所“传”知识之“受”者,他们必须如实记录且不容伪饰矫作或主观篡改,由此方可成书《论语》)。所以,“亲闻”的知识,闻是则是,闻非则非;见此是此,见彼是彼。因此著者从这一角度名“亲闻”曰“死”。

(2)“活”闻知式(“传闻”式)。“活”闻知(即“传闻”)亦是由“传受”(传理性逻辑形式的知识并受之)所得之知识,它与“死”闻知(即“亲闻”)一样,亦是凭借人的耳目官觉接收(即“受”者)他者(即“传”者)所转述或传播理性逻辑形式(如系统性语言或文字)的知识。根据这样的宽泛界定,吾人可以发现在实际生活中,阅读书籍既可能是“亲闻”又有可能是“传闻”,讲授教学也既有可能是“亲闻”又有可能是“传闻”。正因为如此,“亲闻”和“传闻”在一些治墨学者的眼中经常不自觉地出现混淆而无法分明的情形,如詹剑峰对“载册所传”、“父母所提命”、“故老所相传”、“老师所讲授”与“我们受之”之间的微妙联系便没有多加考察,姜宝昌对

“载籍所记”、“师友所诲”、“父母所教”与“我受”、“我阅”、“我闻”的微妙联系亦缺乏探究；方授楚云“读书之所得，讲演之所听”的“传闻”与“亲从某书所得，亲从某所听”的“亲闻”，似乎都是看书听讲而得知，并未明确其中的“传”与“亲”有何不同；王冬珍所云“我闻之”的“传闻”与“亲身在场，亲见其人，亲闻其说”的“亲闻”二者之间未作明确区分，似乎“我闻之”和“亲闻其说”乍看无异；王赞源所谓“听别人转告”的“传闻”与“亲自听到的知识”的“亲闻”，让人看上去觉得就是一回事，误以为“听别人转告”也就是“亲自听到”，从而将“亲闻”与“传闻”混为一谈。然而在著者看来，“亲闻”与“传闻”虽在获得路径上相同，但在细致层面仍存在差异，否则《墨经》不会专门立一条原经及牒经强调“闻”本身具有“亲”与“传”这两种形式。既然《墨经》将“亲”与“传”并而论，背后定有其深刻用意，须作细致之分析及考察方能彰明二者之深层区别。

而事实上，对于“亲闻”与“传闻”的深层区别，陈孟麟似乎已经有了这种区分意识，他曾云：“闻知说明人不仅靠自己经验来认识现实，也接受他人和历史地积累起来的经验来认识现实。闻知说明人不仅能思维那些没有直接作用于他们感官的事物和现象，而且还能借助文字记载和文物史料等来考察那些根本不能直接作用于感官的事物和现象。”[1] 但遗憾的是，陈氏并未将他所说的“自己经验”同“亲闻”相论，亦未将“他人和历史地积累起来的经验”同“传闻”相论。而且陈氏似乎仍是在表面形式上对“闻知”的两种形式做出区分，以致有人可能会将“他人和历史地积累起来的经验”的这种经验与“自己经验”相混淆。所以，陈氏虽有区分意识，但著者以为陈氏并未解决二者的实质区别，实属可惜。因此，著者尝试在下文中接着陈氏的思路继续深入挖掘“亲闻”与“传闻”之区别。

著者认为，“亲闻”与“传闻”的区别如下所述。

“亲闻”过程中“受”者所“闻”之对象，即“传”者，乃“亲闻”所得知识的原创源。此即陈孟麟所云“没有直接作用于他们感官的事物和现象”而形成的知识。换言之，“受”者所接收的由“传”者所传达出的知识若是

1 陈孟麟：《墨辩逻辑学》，济南：山东人民出版社，1979 年，第 10～11 页。

“传”者本人所原创，同时一经“传”者传达而出即为“受”者所接收并映入“受”者脑海成为“受”者的知识，那么这种知识便是通过“亲闻”获得的。这种“亲闻”的获得，可以是亲聆该知识原创者的讲授言谈所得，亦可以是亲览该知识原创者的书籍文字而得（如在黑格尔本人的哲学课堂亲聆黑格尔本人讲授其原创的“绝对精神”，从而“亲闻”而得有关“绝对精神”的知识；又如亲览黑格尔本人所撰《历史哲学》一书，从黑氏亲撰之文字中“亲闻”而得有关黑氏原创的“绝对精神”的知识）。而“传闻”过程中，“受”者所“闻”之对象（当下这一“传—受”环节中的“传”者）则并非知识的原创源，通过“传闻”获得的知识，其原创源另有他者。此即陈孟麟所云“根本不能直接作用于感官的事物和现象”而形成的知识。换言之，“受”者所接收的由“传”者所传达出的知识若非当下这一“传—受”环节中的“传”者本人所原创，只是经当下这一“传—受”环节中的“传”者转达而出，后为“受”者所接收并映入“受”者脑海而成为“受”者的知识，那么这种知识便是通过“传闻”获得的。这种“传闻”的获得，可以是耳聆他人转述别人所原创之知识而得，亦可以是浏览他人引述别人所原创之知识而得（如当堂耳聆朱熹转述由孔子所原创的思想，从而“传闻”而得有关孔子思想的知识；又如浏览朱熹引述“四书”而作《四书章句集注》一书，从而“传闻”而得有关“四书”的知识）。

经过上述对“亲”“传”二者差异的厘清，吾人便可明确区分“读书”与“听讲”等究竟属“亲闻”抑或属“传闻”了。严格来说，“读书”既有属“亲闻”者，又有属“传闻”者，“听讲”亦复如是。其终究属“亲”属“闻”，关键在于所读所听的对象是否为知识之原创源：若所读的文字、所听的话语乃作者或言者原创，则这一得知途径便是“亲闻”；若所读的文字、所听的话语乃作者或言者转引而非其原创，则这一得知途径便是“传闻”。有了这些精致的区分，吾人便解决了上文詹剑峰、姜宝昌、方授楚、王冬珍及王赞源等治墨学者并未重视加以区别且悬而未决的微妙问题。

此外还须注意的是，由“传闻”所获得的知识，并非当下“传—受”环节甚至之前若干“传—受”环节中的“传”者所原创，因而无论在以语言还是文字为载体的“传”的过程中，该知识都应该与原创者本人的知识差别甚大。这是因为语言与文字的传递性功能会使得它们在多重传递过程中所蕴含的信息产生改变，“传闻”过程中每一当下“传”者是上一“传—受”环节之“受”者，而每一当下“受”者又是下一“传—受”环节之“传”者，他们必然通过语言或文字的形式将“传闻”所得之知识传播下去，那么几经辗转和多方传播，“传闻”知识中的信息定会发生某些变化，不一定能完全保留原创者本人知识原貌。正是因为这一点，有些治墨学者便表示，“传闻”所得之知识精确性与可信度较为缺乏（相比于原创者本人知识原本及“亲闻”所得之知识）。[1] 然而著者以为，“传闻”一方面的确会使所获得的知识产生较大偏差；但另一方面亦不容忽视的是，“传闻”又因为这种“偏差”从而使其发挥的空间及余地变得十分广阔，因为知识之源——原创者本人的知识几经时空传播，早已被传递过程中的“传”者与“受”者运用发散性思维加以“发挥”。因此“传闻”从这一角度而言，其所具有的知识之灵活性较大，发散性思维往往得到极大的释放，知识的创新便很有可能由此产生（如历史上“亲闻”孔子师生言行所成之书唯《论语》一部，但后世通过“传闻”而历代相传《论语》，竟使得中华思想史上对《论语》一书的引述及解读层出不穷，各家援引并诠释《论语》之用意及其中之义理皆各有其特色。由此，“亲闻”之《论语》原本与历代“传闻”所撰之诸传注疏解等，孰更具准确性或发散性便一目了然）。所以，“传闻”的知识，虽有真有假，或虚或实，但对于吾人而言同样值得重视的是，“传闻”所得知识亦具有很大的开拓及发展潜力，正如梁启超所云：“人类最博深之智识，多得自闻知，其最谬误之智识，亦多得自闻知。”[2] 因此著者从这一角度名“传闻”曰“活”。

1 如孙中原认为“传闻”这一形式“增加了传播媒介的环节，即通过别人的嘴巴说，经由我的耳朵听。这时，不管是别人说错，或是我听错，都等于增加了犯错误的可能。传播的次数越多，信息失真的可能性越大”。（孙中原：《墨学通论》，沈阳：辽宁教育出版社，1993 年，第 75 页。）亦认为“由于闻知比亲知增加了传播媒体，所以出错的可能性就增大，故闻知没有亲知更为可靠”。（孙中原：《墨学与现代文化》，北京：中国广播电视出版社，1998 年，第 132 页。）王冬珍亦云：“「闻知」有二：（一）闻之真者。（二）闻之谬误者。”（王冬珍：《墨学新探》，台北：世界书局，1984 年，第 358 页。）固然，“吾人于「闻知」之时不可不慎”（同上），但著者以为，吾人虽既不能忽视“闻”之谬误，却更应该重视并发扬“闻”之真的正向积极作用，正如盛杰玉所云：“「闻知」必须求真知。”（盛杰玉：《墨辩理则思想之探讨》，台北：五南图书出版公司，1983 年，第 29 页。），周云之亦有云：“重视听取各种不同的言论和意见，当然是丰富认识和克服片面性的重要途径。”（周云之：《墨经校注 · 今译 · 研究——墨经逻辑学》，兰州：甘肃人民出版社，1993 年，第 269 页。）。

2 梁启超：《墨经校释》，《饮冰室合集第八卷：专集之三十八》，北京：中华书局，1989 年，第 44 页。

三　直接与间接相合之知源“说知”款及其“死”“活”二式

《墨经》中所谓“说知”，即“方不㢓”而得之知识。所谓“说”，便是“据理推测，不为时空所阻”[1]。对于“说知”，历代治墨学者多将其解读为由推理、推论、推度、推断、推明、推概（或推测、推通）而得之知[2]，简曰

1　伍非百：《中国古名家言》（上），北京：中国社会科学出版社，1983 年，第 78 页。

2　如吴毓江云：“说知由比类推论而得。”［吴毓江撰，孙启治点校《墨子校注》（上），北京：中华书局，1993 年，第 517 页。］梁启超云：“『方不说也』者，谓由推论而得之智识也。”（梁启超：《墨经校释》，《饮冰室合集第八卷：专集之三十八》，北京：中华书局，1989 年，第 43 页。）伍非百云：“说以推概而知。”［伍非百：《中国古名家言》（上），北京：社会科学出版社，1983 年，第 79 页。］支伟成云：“推论得知，是为说知。”（支伟成编《墨子综释》，上海：泰东图书局，1925 年，第 24 页。）范耕研云：“由是而推明其他者，是谓说知。”（范耕研：《墨辩疏证》，台北：台湾商务印书馆，1973 年，第 85 页。）高亨云：“说知即阅知。阅知者以参为验，以稽为决，推得一理，各方咸通，而无障蔽也。”（高亨：《墨经校诠》，北京：中华书局，1962 年，第 81 页。）谭戒甫云：“说是超越界限，由推论得来的知识。”（谭戒甫编著《墨经分类译注》，中华书局，1981 年，第 90 页。）沈有鼎云：“‘说知’是由推论得来的知识。”（沈有鼎：《墨经的逻辑学》，北京：中国社会科学出版社，1982 年，第 7 页。）汪奠基云：“所谓说知即是推知。凡推知必无拘虚、无障蔽而以推通为知。”（汪奠基：《中国逻辑思想史料分析·第一辑》，北京：中华书局，1961 年，第 316 页。）杨芾荪云：“‘说’……即推理。”（杨沛荪主编《中国逻辑思想史教程》，兰州：甘肃人民出版社，1988 年，第 107 页。）盛杰玉云：“说知，……是从推理得来。”（盛杰玉：《墨辩理则思想之探讨》，台北：五南图书出版公司，1983 年，第 28 页。）王冬珍云：“说知即吾人推论所得之知识也。”（王冬珍：《墨学新探》，台北：世界书局，1984 年，第 356 页。）朱志凯云：“说知是凭推论而得的知。”（朱志凯：《墨经中的逻辑学说》，成都：四川人民出版社，1988 年，第 40 页。）蔡仁厚云：“由推论而得的知识，谓之‘说’。”（蔡仁厚：《墨家哲学》，台北：台湾东大图书公司，1993 年，第 161 页。）姜宝昌云：“由某一知识作为出发点，经由符合事理之阐释推论，可以得到更为全面、更为深入之知识，而不为方域所限生障碍也。”（姜宝昌：《墨经训释》，济南：齐鲁书社，1993 年，第 140 页。）孙中原云：“‘说知’是……推论之知。”（孙中原：《墨学通论》，沈阳：辽宁教育出版社，1993 年，第 76 页；或孙中原：《墨学与现代文化》，北京：中国广播电视出版社，1998 年，第 132 页。）梁周敏云：“‘说知’是一种……推理之知。”（梁周敏：《墨家逻辑论》，开封：河南大学出版社，1995 年，第 163 页。）王赞源云：“推度是心灵的认识作用，不受时空的阻隔……可见说知乃推理的知识。”（王赞源：《墨子》，台北：台湾东大图书公司，1996 年，第 75 页。）徐希燕云：“‘说’指解说、阐释、论证、推论等，意为根据推理、分析、类比等获得的知识。”（徐希燕：《墨学研究——墨子学说的现代诠释》，北京：商务印书馆，2001 年，第 71 页。）杨武金云：“通过推理得来的知识叫说知。”（杨武金：《墨经逻辑研究》，北京：中国社会科学出版社，2004 年，第 170 页。）雷一东云：“还有一部分知识是靠分析推理而得知的，这就是‘说知’。”（雷一东：《墨经校解》，济南：齐鲁书社，2006 年，第 134 ~ 135 页。）陈克守与桑哲云：“所谓说知，……是类推（方）无碍之意，即通过推理而得不为时空所限的知识。”（陈克守、桑哲：《墨学与当代社会》，北京：中国社会科学出版社，2007 年，第 239 页。）李雷东云：“‘说’即推理。”（李雷东：《第四编墨辩逻辑及其学术影响》，郑杰文、王继学等著《墨学对中国社会发展的影响》，济南：山东人民出版社，2011 年，第 318 页。）

“推知”。著者亦赞同诸治墨学者的看法，认为将“说知”作“推知”解较妥。

那么究竟什么是“推知”？“推知”又应作何详解？著者发现，《墨经》中曾列举一例以明确阐述何为“推知”之“说知”。《墨经》之《经说下》云：

> 闻：在外者所知也，在室者所不知也。或曰：“在室者之色若是其色。”是所不智若所智也。犹白与黑也，谁胜？是若其色也，若白者必白。今也智其色之若白也，故智其白也。夫名以所明正所不智，不以所不智疑所明，若以尺度所不智长。外，亲智也；室中，说智也。

《墨经》此条牒经之例假设一人在室外，他只知道室外物的颜色（假若室外物的颜色是“白色”），却对室内物的颜色一无所知。现在若有另一人告知他“室内物的颜色与室外物相同”，那么此室外之人便可“推”出室外物的颜色也是“白色”。由此可见，《墨经》此条牒经不仅论及“说知”，更是谈到了著者前文所述的“亲知”与“闻知”这两种“知源”（如原牒经所云“闻”与“外，亲智也”）。实际上在著者看来，《墨经》此条应该说是说明了“说知”与其他两种“知源”——“亲知”与“闻知”存在密不可分的内在联系，也即“说知”建基于“亲知”与“闻知”二者之上，是“亲知”与“闻知”综合之后运用“推”的方式所得之知：以上述《墨经》牒经所言为例，在室外之人必先直接经验感知到室外物的颜色为“白色”（此即“亲知”），于其脑海中形成有关“室外物是白色”的印象、观念或记忆，在此基础上，他听另一人告知他“室内物的颜色与室外物的颜色相同”（此即“闻知”），由此该室外之人才能依据他本人所“亲知”获得的“室外物是白色”及他所“闻知”获得的“室内物的颜色与室外物颜色相同”从而推出室内物的颜色是白色。正如崔清田所云：“推出‘室内物为白色’的过程是说知。说知以闻知（‘室内物的颜色与室外物的颜色相似’）为根据。闻知则是以亲知（‘室外物为白色’）为根据实现的。”[1]

因此吾人可知，若无直接的“亲知”和间接的“闻知”交互作用，“说知”的“推”难以完成，或者说难以准确运用“推”而得知。所以，“说知”之所以能“推”，便在于有直接经验的“亲知”和间接传递的“闻知”作保障方能实现。只有“亲”“闻”这两种“知源”相合相资，“推”才能实现。在诸治墨学者中，唯少数学者在其解读中表示出了“说知”与“亲知”、“闻知”交互作用的这一内在关系。[2]

然而，发现“说知”依赖于“亲知”与“闻知”并建基于此二者的学者毕竟少数。大多数治墨学者经解读后所认为的“推知”，可主要归为三类：一是认为“推知”是一种间接所得之知识[3]，二是认为“推知”是一种演绎所得之知识[4]，

1 李匡武主编《中国逻辑史》（先秦卷），兰州：甘肃人民出版社，1989 年，第 197 页。此外，周云之亦针对《墨经》此条牒经之例云：“‘说知’就是由亲知（‘在外者所知’）和闻知（‘在室者之色若是其色’）经推理而得出的新知（‘是所不智若所智也’）。这说明，推理之知是必须以亲知和闻知为基础的。”（周云之：《墨经校注 · 今译 · 研究——墨经逻辑学》，兰州：甘肃人民出版社，1993 年，第 269 页。）由此著者以为，周氏所云亦可与崔氏之言论相印证。

2 这些为数不多的学者之解读，如梁启超云：“说知则在两者之间焉。”（梁启超：《墨经校释》，《饮冰室合集第八卷：专集之三十八》，北京：中华书局，1989 年，第 44 页。）吴毓江云：“说知……介乎前二者之间。”（吴毓江撰、孙启治点校《墨子校注（上）》，北京：中华书局，1993 年，第 517。）詹剑峰云：“说知是在亲知与闻知的基础上而成立。”（詹剑峰：《墨家的形式逻辑》，武汉：湖北人民出版社，1956 年，第 71 页。）杨武金云：“说知……以亲知和闻知为基础，而又高于亲知和闻知。”（杨武金：《墨经逻辑研究》，北京：中国社会科学出版社，2004 年，第 170 页。）著者有关“说知”属于直接与间接相合之知源的若干灵感及思考亦得益于上述诸家。

3 如沈有鼎云：“‘说知’……是以自己已有的知识为媒介的间接知识。”（沈有鼎：《墨经的逻辑学》，北京：中国社会科学出版社，1982 年，第 7 页。）朱志凯云：“离开了感性实践，运用推论而得到的间接知识，即‘说知’。”（朱志凯：《墨经中的逻辑学说》，成都：四川人民出版社，1988 年，第 40 页。）孙中原云：“这是在感性认识基础上，运用思维而获得的理性认识，是属于间接知识。”（孙中原：《墨学通论》，沈阳：辽宁教育出版社，1993 年，第 76 页。）杨武金云：“说知是一种间接知识。”（杨武金：《墨经逻辑研究》，北京：中国社会科学出版社，2004 年，第 170 页。）杨芾荪云：“‘说’和听来的知识（‘传受之，闻也’）以及由感官直接获得的知识（‘身观焉，亲也’）不同，它是以已知知识为媒介所获得的间接认识。”（杨沛荪主编《中国逻辑思想史教程》，兰州：甘肃人民出版社，1988 年，第 107 页。）

4 如梁启超云：“说知是演绎的论理学。”（梁启超：《墨子学案》，上海：商务印书馆，1923 年，第 85 页。）陈孟麟云：“说知是把蕴涵在前提里的结论用推理形式加以揭示的知识。”（陈孟麟：《墨辩逻辑学》，济南：山东人民出版社，1979 年，第 11 页。）徐希燕云：“这里常常借助于演绎……说知（由推理、论证获得的知识），比如根据演绎推理获得的知识，此可上升为理论知识。”（徐希燕：《墨学研究——墨子学说的现代诠释》，北京：商务印书馆，2001 年，第 71、72 页。）杨芾荪云：“‘方不彰’……主要指演绎推理。”（杨沛荪主编《中国逻辑思想史教程》，兰州：甘肃人民出版社，1988 年，第 107 页。）

三是认为“推知”是一种由已知到未知的知识[1]。总而概之，他们认为“推知”是一种运用演绎推理由已知到未知的间接所得之知识。[2] 但著者结合上引《墨经》有关“说知”之例，却并不完全认同这些多数治墨学者所界定的“推知”。

首先，著者认为，“说知”的这种“推知”确是一种由已知到未知的知识，因为《墨经》中明确指出这种“推知”的“说知”是“以所明正所不智”。所谓“所明”对“所不智”加以“正”，便是由已知到未知的意思，这一点毋庸置疑。但是多数表示“推知”是一种由已知到未知的知识的治墨学者并未对何为“已知”者、何为“未知”者作深入探讨。若缺失了这一层深入的探讨，很有可能会导致对“说知”的定位出现偏差及误解，而对“已知”与“未知”究竟各指什么“知”这一层的深入探讨恰是这些治墨学者所尚付阙如的。

1　如梁启超云：“据其所已知以推见其所未知……是之谓‘说’。”（梁启超：《墨经校释》，《饮冰室合集第八卷：专集之三十八》，北京：中华书局，1989 年，第 43 页。）詹剑峰云：“什么是说知？……乃据其所已知推度其所未知，不为方域今昔所障碍而不通也。”（詹剑峰：《墨家的形式逻辑》，武汉：湖北人民出版社，1956 年，第 71 页。）朱志凯云：“‘说知’是由已知到未知的过程。”（朱志凯：《墨经中的逻辑学说》，成都：四川人民出版社，1988 年，第 41 页。）孙中原云：“‘说知’……是用已知的前提作标准，去衡量未知的东西，这时未知（结论）就转化为已知。”（孙中原：《墨学通论》，沈阳：辽宁教育出版社，1993 年，第 77 页。）周云之云：“‘说知’……是由已知（已有的理性之知）而推出的未知（新的理性之知）。”（周云之：《墨经校注·今译·研究——墨经逻辑学》，兰州：甘肃人民出版社，1993 年，第 269 页。）梁周敏云：“‘说知’是一种由已知到未知的推理之知。”（梁周敏：《墨家逻辑论》，开封：河南大学出版社，1995 年，第 163 页。）王赞源云：“说知是根据已知以推度未知。”（王赞源：《墨子》，台北：东大图书公司，1996 年，第 75 页。）庄春波云：“‘说’，由已知推知未知。”（庄春波：《墨学与思维方式的发展》，北京：中国书店出版社，1997 年，第 46 页。）徐希燕云：“墨子主张由已知的前提去推断未知。”（徐希燕：《墨学研究——墨子学说的现代诠释》，北京：商务印书馆，2001 年，第 71 页。）李雷东云：“‘说’……由已知推论未知。”（李雷东：《第四编　墨辩逻辑及其学术影响》，郑杰文、王继学等著《墨学对中国社会发展的影响》，济南：山东人民出版社，2011 年，第 318 页。）杨芾荪云：“‘说’和听来的知识（‘传受之，闻也’）以及由感官直接获得的知识（‘身观焉，亲也’）不同，它是以已知知识为媒介所获得的间接认识。所以，‘说’是‘在诸其所然未然者’（考察已经知道的与没有知道的知识之间的联系），即推理。”（杨沛荪主编《中国逻辑思想史教程》，兰州：甘肃人民出版社，1988 年，第 107 页。）

2　当然，还有部分治墨学者将“说知”作“理性知识”解（他们亦将前文所述之“亲知”与“闻知”并作“感性知识”解，如陈孟麟、潘富恩与施昌东、朱志凯、姜宝昌、孙中原、周云之、陈克守与桑哲等，兹不一一赘举其相关论述）。著者以为，有关“亲知”、“闻知”及“说知”的探讨，实辄属于“知源”的讨论范围。而所谓“感性知识”“理性知识”者，实属于“知性”（认识性质）或“知序”（认识过程）的讨论范围，因此部分治墨学者可能在这些领域的区分上存在一定的混淆。换言之，属于“知源”讨论范围的问题并不必然能准确与属于“知性”或“知序”讨论范围的问题相对应，通过某“知源”所获得之知识可能具有某一种甚至几种“知性”（如“亲知”所得之知识在运用感知接收方面而言有感性的一面，同时在对感知进行加工处理方面又有理性的一面；又如“亲知”和“闻知”都须借助全体或部分感官知觉功能，因此二者都有感性经验的成分在其中），亦有可能要经过一重或多重“知序”方可得之。有关《墨经》“知性”与“知序”的问题，著者将另撰“中篇”一文加以探讨与论述。

就著者阅读所及，唯杨芾荪曾明确探讨并表示“已知”者与“未知”者究竟为何。杨氏有云：“所谓已经知道的和没有知道的知识之间的联系，即一个推理中前提和结论之间的联系。”[1] 可以看出，杨氏认为所谓“已知”者即推理的前提，所谓“未知”者即推理的结论。但著者并不认为这一说法之准确性，原因便在于杨氏所谓的“说知”的这种“推知”所具有的“推理”性质，实际上就是一种演绎推理。既然是演绎推理，那么演绎推理的结论实辄就蕴含于其前提之中，如：

凡人皆有死
苏格拉底是人
故苏格拉底有死

这一演绎推理中“苏格拉底有死”这一结论启示本身就蕴含于“凡人皆有死”这一前提中，只不过是人们为突出强调苏格拉底这一人也“有死”从而通过这样一则演绎推理以表明之。如此说来，“苏格拉底有死”这一结论又怎么能算是“未知”（即人尚未了结或掌握）者呢？这一结论其实已经先在地成为“已知”者并蕴含于同样是“已知”者的前提之中，只不过人们专门揭示出了这一结论而已。因此，著者认为杨氏对“已知”与“未知”的界定是值得再商榷的。

“已知”便是人所既得之知识，以上引《墨经》有关“说知”之例来看，著者认为这种既得之知识实际上就是通过“亲”和“闻”这两条途径获得的“亲知”与“闻知”，作为“未知”的“说知”需要通过“推”的方式将此“未知”以明，而这种“推”便是在“已知”的“亲知”和“闻知”的基础上进行的。由此可见，《墨经》“知源”在“说知”的层面上亦纳入了“亲知”和“闻知”而使“亲”“闻”“说”三大“知源”在“说知”层面上相融合统一。因此，著者以为，所谓“说知”的这种“推知”固然是一种由已知到未知的知识，具体而言这种“推知”便是在由“亲知”和“闻知”而获得的知识的基础上再加以“推”而得到的知识。这样一来，吾人便明确了“说知”中“已知”者和“未知”者究竟分别为何，也就真正明白了“说知”

1　杨沛荪主编《中国逻辑思想史教程》，兰州：甘肃人民出版社，1988 年，第 107 页。

的具体获得方式及路径。

王冬珍对“说知”的具体获得方式及路径亦有所探讨。王氏曾云：“人之所以能成博学者，多恃‘闻知’，然后由‘闻知’而求‘说知’（推论而得之知识）。‘闻知’愈广，则‘说知’亦愈广。”[1] 王氏此言可以概括为，“说知”是建基于“闻知”而进一步“推”得的知识，王氏自然没有注意到“亲知”亦是“说知”赖以实现的又一基础。当然，王氏此言的前提是“博学”，在王氏看来，“闻知”是人得以博学的基础，“闻知”的博学甚于“亲知”，因此“说知”若依赖于较“亲知”而言更为博学的“闻知”而成，则人将更“博学”。如若从这一角度分析，则王氏重视“闻知”并视其为“说知”之基础也就可以理解了。

其次，著者认为，“说知”的这种“推知”并非只是一种演绎所得之知识。[2] 所谓“演绎推理”，按严复的说法，即“据公理以断众事者也，设定数

1 王冬珍：《墨学新探》，台北：世界书局，1984 年，第 358 页。

2 詹剑峰亦根据上引《墨经》有关“说知”之例表示“说知”实乃演绎推理。詹氏云：“‘夫名，以所明正所不知，不以所不知疑所明，若以尺度所不知长’。这几句话说明演绎推理的作用。盖三段论式表面上是依据两个已知的前提，推出一个未知的结论，而实则小词与大词两概念的关系尚未明知，唯借助于第三者中词以衡度之，而确定大词与小词的关系。因为天下事物不能尽如上例——石像与粉墙之色，可以直接比较，势必借助于第三者以明之，即须用一公共标准，以居间测定其关系。例如，衡山与武当山，一在湖南，一在湖北，我们欲知两山孰高，势不能移衡山于武当山之傍，直接观察而比较之，唯有用间接的方法以济其穷，先采用同一的尺，分别测量两山，各得几里，然后以实测的结果，两相比较，则两山虽不并处一地，而其高低之分，固可由尺度的比例，推断而知了。三段论式中的中词之作用，即同于测量两山所用的尺度，乃在两事物或两概念不能直接比较时所假借的公共标准。例如，钻石是否可燃，闻者本不易相信，但依据钻石是碳素构成的物质，而一切碳素构成的物质都是可燃的，就可据其所已知者以推断钻石是一定可燃的。这里所用‘碳素’一概念，即三段论式的中词，其作用确与上例的尺度完全相类。”（詹剑峰：《墨家的形式逻辑》，武汉：湖北人民出版社，1956 年，第 73 页。）在著者看来，“说知”是立足于“知源”的角度加以讨论的。既然讨论“知源”，那么就必须详细考察知识从何而来、通过何种途径而得。詹氏在“知源”的层面讨论“说知”，并未将“说知”的“知源”一一详察，唯讨论进入“推”这一环节之后的得知方式及途径，并将这一环节中的全过程同演绎推理三段论式相比附，又把前一环节通过“亲”与“闻”的方式所获得的知识认为是既定者而并不对此二者加以“知源”上的详细考察。如此舍前取后，将“说知”的全过程断省去不少，自然会以为“说知”乃演绎推理，且每一步骤亦皆与三段论式的“大词—中词—小词”相应。

如詹氏举衡山与武当山之例，其演绎推理如下：

测得衡山 x 米，武当山 y 米

又 $x < y$（或 $x > y$）

故衡山低于（或高于）武当山

此例中詹氏只从获得测量高度的数据开始论述“说知”，自然其后各个步骤皆可与演绎推理相比附。殊不知若从“说知”的“知源”角度加以讨论，亦必须先弄清楚测量高度的数据又是（转下页注）

以逆未然者也”“迁所谓本隐之显者”[1]。换言之，演绎推理即从一般性前提出发，通过演绎式推导而得出具体陈述或个别结论的推理过程。所谓“一般性前提”，便是人自身主观性设定的不证自明的“公理”或“公设”，由演绎式推导所得的一切具体陈述或个别结论，必须依赖于这个主观性设定的不证自明的“公理”或“公设”方能成立。也就是说，演绎推理所得之结果（即具体陈述或个别结论）是从“公理”或“公设”出发而得的，因此这种推理是一种“前提与结论之间有必然性联系的推理”[2]。

前文已述，“说知”是一种由已知到未知的知识，那么这种由已知到未知的知识究竟是不是“演绎推理”所得之知识呢？著者以为不完全是（具体说明之一亦可参见上文著者驳杨芾荪之相关文字内容，此外具体说明之二即下文所陈述者），其原因便在于“说知”这种由已知到未知的知识其实就是由“亲知”和“闻知”出发推而得的知识。若将这种获得知识的过程比附为演绎推理，那么很明显，“亲知”和“闻知”这一出发点就应同一般性前提，也即同主观性设定的不证自明的公理或公设（axiom）相比附。然而事实上，根据前文对“亲知”与“闻知”的论述便可知，“亲知”与“闻知”是通过人调动其官觉功能而后产生的，并非是人所主观性设定的，那么自然“亲知”与“闻知”也就不是什么不证自明的公理或公设了。但是，虽然在前提上“说知”的“亲知”与“闻知”这两个前提不能同演绎推理相比附，但是一旦通过“亲知”与“闻知”获得了前提后，进入“推”的阶段其“推”的过程便可同

（接上页注2）通过何种方式及途径获得的。此便是舍前取后。

又如詹氏举钻石可燃之例，其演绎推理如下：

凡碳素者皆可燃

又钻石由碳素构成

故钻石可燃

此例中詹氏亦只从获得碳素可燃、钻石由碳素构成的知识开始论述“说知”，自然其后各个步骤亦皆可与演绎推理相比附。殊不知若从“说知”的“知源”角度加以讨论，亦必须先弄清楚碳素可燃和钻石由碳素构成这两个知识又是通过何种方式及途径获得的。

其实詹氏所谓的与演绎推理相比附的“说知”，若从“知源”视角来看，是“缩略”后的“说知”。著者亦将于下文对将“说知”同演绎推理完全相比附的观点进行驳斥，在此只举詹氏之例以反对之。此处以为商榷。

1 〔英〕赫胥黎：《天演论》，严复译，北京：商务印书馆，1981 年，第 ix 页。

2 金岳霖主编《形式逻辑》，北京：人民出版社，1979 年，第 144 页。

演绎推理相比附。因此，严格来说，“说知”并非西洋逻辑学中纯粹的先验自我演绎，而是一种既容纳演绎推理又超越这种先验自我演绎的得知方式及路径，这是十分值得吾国人引起重视关注并加以深研的。

再次，著者认为，“说知”的这种“推知”并非只是一种间接所得之知识，实乃直接与间接相合而得之知识。前文已述，“说知”须在以“亲知”与“说知”为基础的共同作用下方可实现，而“亲知”在著者看来属于直接知源，“闻知”则属于间接知源，因此“说知”自然是直接知源与间接知源相合而成之另一“知源”。

梁启超在《墨经校释》一书中曾列举有关“说知”的四个例子，吴毓江亦在《墨子校注》一书中列举有关“说知”的《荀子·解蔽篇》例、《淮南子·说山训》例、《墨子·经说下》例、《淮南子·说林训》例、《孟子》与《吕氏春秋·古乐篇》例[1]，都表明“说知”既依赖于直接知源“亲知”，亦有恃于间接知源“闻知”。

如梁启超举例“隔墙见角而知有牛，墙不障也，隔岸见烟而知有火，岸不障也”，某甲必在先前通过亲眼所见或听人讲述、指导、介绍从而知道了牛角的形状，当下又隔墙亲眼见牛角，从而推得墙外有牛；某乙亦必在先前通过亲眼所见或听人讲述、指导、介绍从而知道有火然后生烟，当下又隔岸亲眼见有烟，从而推得彼岸着火。又如“游峨眉见积雪焉，须弥落机，所未历也，知其高与峨眉齐也，或更高于峨眉也，则知其有积雪也”一例，此人先游峨眉亲眼见有积雪，而后必得知山体达到一定海拔高度必有积雪，由此推得与峨眉一般高甚至更高的须弥山和落机山亦覆盖积雪。再如“儿童触火而得灼，所触此火也，他火非待一一触之，而莫敢或狎者”一例，儿童手触火而知烫，家长若告知儿童凡与火的“烫”属性相关者皆不可直接手触，那么儿童不仅遇见“他火”，而且只要遇见有“烫”的属性者便不会再去触碰。

如吴毓江《荀子·解蔽篇》例“从山上望牛者若羊，而求羊者不下牵也。

1　梁启超：《墨经校释》，《饮冰室合集第八卷：专集之三十八》，北京：中华书局，1989 年，第 43 ~ 44 页；吴毓江撰，孙启治点校《墨子校注》（上），北京：中华书局，1993 年，第 517 ~ 518 页。

从山下望木者，十仞之木若箸，而求箸者不上折也”，此求羊者必曾经亲身经历过从山上见山下有“羊”然而下山一看实辄为“牛”的体验；或曾经亲眼看到山下的牛随山之海拔增高而在此求羊者视线中呈“羊”之形态；或曾经听人教诲从高山下眺而物体将变得比其本身要渺小，由此他才会推得其所亲见山下似“羊”者非羊实牛。求箸者亦复如是，其曾经亦必亲身经历过从山下见山上有“箸”然而上山一看实辄为“木”的体验；或曾经亲眼看到山上的木随山之海拔增高而在此求箸者视线中呈“箸”之形态；或曾听人教诲从山脚上眺而物体将变得比其本身要渺小，由此他亦推得其所亲见山上似“箸”者非箸实木。又如《淮南子·说山训》例“见一叶落而知岁之将暮，睹瓶中之冰而知天下之寒”，此人必曾经亲身在“岁之将暮”时经历过叶落；在“天下之寒”时经历过结冰，或曾经听人教诲而知“岁之将暮”时叶子会凋落，“天下之寒”时水会结成冰，由此他才会推得其亲见叶落则“岁之将暮”，其亲见结冰则“天下之寒”。再如《淮南子·说林训》例“见象牙乃知其大于牛，见虎尾乃知其大于狸，一节见而百节知也”，必是此人曾亲眼见过象牙（虎尾）乃大于牛（狸）之象（虎）所有，或曾听人教诲象牙（虎尾）乃大于牛（狸）之象（虎）所有，由此他见象牙（虎尾）便推得其原有者必大于牛（狸）。见节亦复如是，此人必曾亲眼看到一节与其余百节相同，或曾听人教诲一节与其余百节相同，由此他见一节便推得其余百节与此一节相同无异。还如有人通过《孟子》与《吕氏春秋·古乐篇》的记载而知古时中原曾有象，加之今此人又亲眼见化石学家亲自在中原以北发现象骨遗骸，由此他才会推得古时中原确曾有过象的存在。

吴毓江举讫以上诸例后又补云“亲知未及而说知推论以得其全”“闻知有疑而赖说知以证实之”。吴氏之言看似在说“说知”可弥补“亲知”与“闻知”所不及之处，但在著者看来，若将吴氏这两句话加以综合，实际上是从侧面说明“说知”必须在直接知源“亲知”与间接知源“闻知”共同作为基础的前提下方可进行“推”，从而得知。

由此可见，“说知”须在直接知源与间接知源相合的前提下方能“推”得，同时亦表明，“说知”所具有的“方不瘴”的特点，不仅可将其解读为像多数治墨学者所说的不受地域或空间（甚至扩展至时空）限制便可运用思维进行推而无碍[1]，在著者看来亦可将其解读为人不论在何处只要通过“亲”与“闻”的方式获得一个前提，便可将这一前提进一步推，从而深入获得其他方面的知识[2]。因此，著者有关《墨经》“知源”问题的“三款六式”框架中第三款“知源”，便是直接与间接相合之知源——“说知”。

与“亲知”“闻知”一样，在由“方不瘴”而得的直接与间接相合之知源“说知”一款中，若吾人再经详细推敲，仍会发现其中还存有两种“说知”的形式，著者亦分别称之为“死”说知一式与“活”说知一式。“说知”一款的这两式，就著者阅读所及，历代治墨诸家皆无一家能将“说知”一款中所隐含的两种形式加以发明，历代唯有詹剑峰一人对“说知”一款的两式有过明确论述，实属罕至不易。詹氏认为“说知”具有“两义”，在著者看来，这“两义”或许就是“说知”一款所隐含的两式。詹氏曾云：“说知是总结过去的经验，把它推广出去，以处理当前的问题；或推断未来的事件，……‘察往以知来’，这是‘说’之第一义。……说出道理使人明白，这是‘说’的第二义。总合而言：说一方是推度，另一方是说明，前者是自悟，后者是悟他。自悟是建立在亲知的基础上，而悟他亦借助于别人的亲知。盖以知识传给别人须用‘说’，而说出的道理又须和受教者的亲知相结合，方能收效。……使人闻而知之，势必用‘说’来进行，而用‘说’的过程中，又必须与受教者的‘亲知’相结合，使他明悟。”[3] 在著者看来，詹氏所言“推度以自悟”者即是著者所谓“死”闻知，而詹氏之“说明以悟他”者

1 如孙诒让云：“非方土所阻是人所说也。”［（清）孙诒让撰，孙启治点校《墨子闲诂》（上），北京：中华书局，2001 年，第 350 页。］伍非百云：“不为时空所阻。”［伍非百：《中国古名家言》（上），北京：中国社会科学出版社，1983 年，第 78 页。］范耕研云：“苟能推说以求知识，则不复拘虚笃时矣。”（范耕研：《墨辩疏证》，台北：台湾商务印书馆，1973 年，第 85 页。）谭戒甫云：“方不瘴，犹云方域不障碍。”（谭戒甫编著《墨经分类译注》，北京：中华书局，1981 年，第 90 页。）姜宝昌云：“不为方域所限生障碍。”（姜宝昌：《墨经训释》，济南：齐鲁书社，1993 年，第 140 页。）庄春波云：“可以不受时空限制得到。”（庄春波：《墨学与思维方式的发展》，北京：中国书店出版社，1997 年，第 46 页。）陈克守与桑哲云：“类推（方）无碍之意，即通过推理而得不为时空所限的知识。”（陈克守、桑哲：《墨学与当代社会》，北京：中国社会科学出版社，2007 年，第 239 页。）

2 如梁启超云：“能推焉而知不障。”（梁启超：《墨经校释》，《饮冰室合集第八卷：专集之三十八》，北京：中华书局，1989 年，第 44 页。）高亨云：“推得一理，各方咸通，而无障蔽。”（高亨：《墨经校诠》，北京：中华书局，1962 年，第 81 页。）蔡仁厚云：“方不障，是比类推论而无碍之意。”（蔡仁厚：《墨家哲学》，台北：台湾东大图书公司，1993 年，第 160 ~ 161 页。）他们的解读或与著者所表达之大意同。

3 詹剑峰：《墨家的形式逻辑》，武汉：湖北人民出版社，1956 年，第 72、74 页。

便是著者之“活”闻知。故以下著者将基于詹氏之论述进而详析“死”“活”说知这两式之具体表现以及这两式曰“死”与“活”之理由。

(1)“死”说知式。总的来看，按詹氏所云，“说知”其实就是一种“总结过去的经验，把它推广出去”而得的知识。这种知识须先通过“亲知”与“闻知”的方式获得而形成“经验”，在此“经验”的基础上对这种“经验”又须通过两种处理方式方可成为“说知”：一是“总结”，二是“总结”之后的“推广”。前者“总结”便是“推度以自悟”的“死”说知，后者“总结”之后的“推广”便是“说明以悟他”的“活”说知。

具体而言，前一种所谓“总结”的“死”说知，即詹氏所言具有第一义“察往以知来”的说知。这一式的“说知”，主要是用来使作为求知者的本人明晓得知的方式及途径。作为求知者的本人在通过“亲”与“闻”的方式及途径获得经验材料后，便通过自我思维的“推”对这些经验材料加以“总结”，从而将这些“总结”转化成为自身的知识。可以说，这种“说知”只需动用作为求知者的本人自身所具备的思维能力（著者简曰“思”）便可获得(即“推度”)，因此只要符合作为求知者的本人所惯用的思维方式或思维习惯便可将这种“说知”推得，而作为求知者的本人又是进行“推”这一过程的主体(即“自悟”)，自然他本人对自己所惯用的思维方式或思维习惯了若指掌，能够较快地用自己容易接受的“推”的形式将这些“总结”接纳并吸收转化为自身知识的一部分。故这一式“说知”的“推”，好比是“独白”之“推”。因此，从对经验材料进行自悟式总结这一视角来看，著者将这一式“说知”曰“死”。

(2)“活”说知式。后一种所谓“总结”之后的“推广”的“活”说知，即詹氏所言具有第二义“说出道理使人明白”的说知。这一式的“说知”，主要是在作为求知者的本人明晓的基础上，通过一定的“推”的形式[1]再使他人

1 著者以为，墨辩中“推”的形式有很多，《小取》中概而言之成体系之说的就有“或”“假”“效”“辟”“侔”“援”六种（除《小取》外的墨辩其他五篇，即《经上》、《经下》、《经说上》、《经说下》与《大取》中还有其他不成体系或另成体系之说的“推”式），皆蕴含于“推”中。在著者看来，《小取》中的六种“推”式又可细分为演绎之“推”、归纳之“推”与类比之“推”三类。作为求知者的本人可择取其中适合自身思维方式及习惯的“推”式进行“说知”，此外，本人还可灵活运用六种中的某一种、某几种甚至全部六种“推”式对作为求知者的他人进行“说知”。

明晓得知方式及途径。作为求知者的本人光凭自我思维的“推”加以“总结”而使自身明晓并使这些“总结”转化为自身的知识，这还不够，还只停留在第一义“死”说知的层面上。若要达到第二义“活”说知的层面，作为求知者的本人还须运用自我思维能力再将这些已转化为自身知识的“总结”通过各种“推”的形式表达给亦作为求知者的他人，同样使作为求知者的他人明晓并转化为他们自身的知识（在第二义“活”说知的层面上，不仅本人是需要通过说知获得知识的求知者，作为求知者的他人亦是，因此在第二义“活”说知的层面上求知者范围要广于第一义“死”说知只有本人作为求知者的层面）。

因此，这种“说知”须动用作为求知者本人的语言逻辑能力（著者简曰“辩”）将转化为自身知识的那些“总结”再表达给亦作为求知者的他人，从而使他人得知（即“说明”）。由于他人作为受众，每个他人的理解能力及接纳程度各不相同，所以作为求知者同时也作为表达者的本人，须灵活巧用各种适合每个受众接收并习惯的思维方式或思维习惯将那些已经转化为本人自身知识的“总结”用推的各种形式加以表达，以使每一受众都能很好地明晓（即“悟他”）。一般而言，这种“悟他”基本上是建立在作为表达者的本人与作为受众的他人相互对话的基础之上。因此这一式“说知”对于已将“总结”转化为自身知识的表达者本人而言，须有灵活变通之推的辩术方能将“推”进行并得以实现。这一式“说知”，受众之具体情况各有殊异，表达者本人“推”的辩术亦须因人而异，自然这种“悟他”的难度甚大、要求甚繁、水平甚高。故这一式“说知”的“推”，好比是“对白”之“推”。因此，从对不同受众进行悟他式推辩这一视角来看，著者将这一式“说知”曰“活”。

四　结语

张纯一曾云：“闻说亲、是求知之纲领。”[1] 先秦墨家在《墨经》中讨论

1　张纯一：《墨子集解》，北京：世界书局，1936 年，第 305 页。

“知源”时，将“知源”分为“亲知”、“闻知”和“说知”三款。此三款“知源”既是“纲领”，便说明《墨经》在“知源”问题上的论述最为全面翔实，“亲”“闻”“说”三款可谓是将人类求知来源一概而尽，以说明《墨经》对这三款“知源”都同等重视而无所偏重[1]。此外，《墨经》将“知源”划分为“三款”，表示每一款“知源”皆在来源性质上相互独立且具有同等重要之地位及价值，因此每一款“知源”皆是不同的来源，不可两两归并为一源。由是，便可知求知的来源有三条：直接知源——“亲知”、间接知源——“闻知”和直接与间接相合之知源——“说知”。在这三条“知源”中，最为历代治墨学者所忽视或误读者，当属第三条知源——直接与间接相合之知源“说知”。许多学者未加以详细推敲，便将“说知”归入间接知源之列，由此而得《墨经》论“知源”有二，如庄春波云“三种来源又可以划分为两类，直接知识和间接知识”[2]，便是未对第三款“说知”加以详析所导致的误解。须知在“知源”问题上所谓《墨经》“三款”者，第一款“亲知”若以具有肯定性的“直接知源”曰“正”或“是”款（著者又曰“直”款），第二款“闻知”则以具有否定性的“间接知源”曰“反”或“非”款（著者又曰“不”款），那么第三款“说知”必以具有肯定与否定双性（黑格尔辩证法“否定之否定”一说或可与之相比附）的“直接与间接之合知源”曰“合”或“双亦双非”款（著者又曰“绕”款）。以上“三款”才应是有关《墨经》“知源”问题的“三款”之大全。

《墨经》在“知源”问题上不仅有系统的“三款”格式，通过著者于本文

1 如吴毓江云：“三者在人类求知上均甚重要。”［吴毓江撰，孙启治点校《墨子校注》（上），北京：中华书局，1993 年，第 518 页。］梁启超则再三反复强调：“墨家则于此三者无畸轻畸重也。”（梁启超：《墨经校释》，《饮冰室合集第八卷：专集之三十八》，北京：中华书局，1989 年，第 44 页。）“三种交相为用，各有所宜，不能偏废。”（梁启超：《墨子学案》，上海：商务印书馆，1923 年，第 85 页。）“这三种方法，一般的重要。”（梁启超：《墨子学案》，上海：商务印书馆，1923 年，第 87 页。）“墨经三者并用，便调和无弊了。”（同上）盛杰玉云：“应以‘亲知’‘闻知’‘说知’三者并重。”（盛杰玉：《墨辩理则思想之探讨》，台北：五南图书出版公司，1983 年，第 29 页。）潘富恩与施昌东云：“（后期）墨家对于这三种知识都很重视，并不偏废。”（潘富恩、施昌东：《中国古代认识论史略》，上海：复旦大学出版社，1985 年，第 449 页。）雷一东云：“《墨经》认为知识的这三个来源同等重要。”（雷一东：《墨经校解》，济南：齐鲁书社，2006 年，第 135 页。）李雷东云：“三种途径可并存。”（李雷东：《第四编　墨辩逻辑及其学术影响》，郑杰文、王继学等著《墨学对中国社会发展的影响》，济南：山东人民出版社，2011 年，第 318 页。）

2 庄春波：《墨学与思维方式的发展》，北京：中国书店出版社，1997 年，第 46 页。

的详细分析，吾人还可以发现《墨经》在每款"知源"中还有更为翔实具体的"死""活"二式，如此一来，"三款"共有"六式"。于是《墨经》在有关"知源"问题的探讨上竟形成了富有体系的"三款六式"的严密框架，这一新的重大发现是先前历代治墨大家及前辈并未能够全面且充分挖掘出来的，具有重要价值。著者综上文所述，通过表1来明示《墨经》在"知源"问题上所构建出来的一套系统严密的"三款六式"框架。

表1 《墨经》"三款六式"框架

<table>
<tr><td rowspan="6">知源
"三款"</td><td rowspan="2">直接知源款"亲知"</td><td>"死"亲知式(亲"常")</td><td rowspan="6">知源"六式"</td></tr>
<tr><td>"活"亲知式(亲"特")</td></tr>
<tr><td rowspan="2">间接知源款"闻知"</td><td>"死"闻知式(亲闻)</td></tr>
<tr><td>"活"闻知式(传闻)</td></tr>
<tr><td rowspan="2">直接与间接相合之知源款
"说知"("亲""闻"之合)</td><td>"死"说知式(推度以自悟)</td></tr>
<tr><td>"活"说知式(说明以悟他)</td></tr>
</table>

斯洛文尼亚籍汉学家罗亚娜（Jana S. Rošker）女士认为中华先哲对知识的起源问题的探究侧重于通过教育和学习而得的间接认识[1]，此所谓"通过教育和学习"而得的知识，便是上文著者所述之"闻知"，罗氏又将"闻知"归于"间接认识"，在这一点上著者亦表示认同。但是，若通过上文著者的详细分析，加之著者所发现的《墨经》在"知源"问题上所构建的"三款六式"框架，吾人可知至少在《墨经》有关"知源"问题的探讨中便可将罗氏的这一立论加以反驳并推翻。更退而言之，正如梁启超所云："秦汉以后儒者所学，大率偏于闻知说知两方面。"[2] 又云："中国秦汉以后学者，最尊闻知，次则说知，而亲知几在所蔑焉。"[3] 结合前文所述，亦可知中华知识论史上有关"知

1 罗氏原语为"Instead, in China, inquiries into the issue of the origin of knowledge focused primarily on indirect comprehension, i.e. a comprehension which could be achieved through education and learning, while comprehension deriving from sensory perception and reasoning was regarded as of only secondary importance." 参见 Jana S. Rošker, *Searching for the Way-Theory of Knowledge in Pre-Modern and Modern China*, Hong Kong: Chinese University Press, 2008, p. 4.

2 梁启超:《墨子学案》，上海：商务印书馆，1923年，第87页。

3 梁启超:《墨经校释》，《饮冰室合集第八卷：专集之三十八》，北京：中华书局，1989年，第44页。

源”问题的探讨，最起码是重视间接知源“闻知”，以及直接与间接相合之知源“说知”两种，由此亦可将罗氏的立论反驳并推翻。

总之，《墨经》在“知源”问题上构建了一套最为完整的“三款六式”框架，这一框架为不少古今中外学者所忽视，从而未能被深入挖掘。然而，《墨经》有关“知源”问题的这一“三款六式”框架，却成为影响后来中华知识论史上探究有关知识来源问题的大全。[1]

1 张耀南案：本文论毕，牵扯出另一重大问题，即《墨子》与夏文化之关系问题，对此问题，著者暂提出如下猜想：夏易《连山》，部分或全部保存在《墨子》一书中；《老子》全书，乃是殷易《归藏》之卦爻辞或传。桓谭说《连山》八万言，《归藏》四千三百言。前者合于《墨子》字数，后者合于《老子》字数。如此则可提出“中华三祖说”：墨子代表了夏文化，老子代表了殷文化，孔子代表了周文化，他们共同成为中华三祖。

《黄帝四经》与《黄帝内经》思想研究

邢玉瑞*

摘　要： 通过对《黄帝四经》与《黄帝内经》思想以及思维方法的比较研究，从道气与精气学说、循道与顺势思维、审时与因时治疗、守度与权衡思维、环周观与气血循环理论、阴阳大义与阴阳理论六个方面阐述了《黄帝四经》对《黄帝内经》的影响。

关键词： 黄帝四经　黄帝内经　学术思想　思维方法

* 邢玉瑞，陕西中医药大学教授，图书馆馆长，研究方向为中医理论与中医哲学。

《黄帝四经》作为战国稷下学派的重要著作，自1973年出土以来，受到了国内外学者的高度重视，掀起了研究的热潮，并引发了黄老之学与黄帝之学的争议[1][2][3][4]。李零[5]认为，黄、老知识系统相近，内容形式互补，前者是后者的知识基础，后者是前者的理论抽象，二者并称不是混融合一，而是故为表里，是系统相近的古代知识与哲学思想的结合。黄帝之学的知识庞杂，包括古人的天象、历算、星占、望气、地理、兵法、博物、医方、养气、神仙一类知识。黄帝之学在形而上的哲理背后，拥有春秋战国时代相当丰富的天文历算、地理物宜、法律制度，甚至占星、推历、望气、德、形法的知识，以及种种治世和处世之道。概言之，黄帝之学基本上是从天地之道推衍出来的一套实用技术和思想理论[6]。

尽管对以《黄帝四经》为代表的黄老思想归属有不同的认识，但崇尚黄帝以及所阐述的托名为黄帝的思想与思维方式，则在一定程度上揭示了黄帝思想与《黄帝内经》之间联系的密码。《黄帝四经》对《黄帝内经》的哲学思想以及医学理论体系的形成，也有巨大的影响。具体可概括为以下几个方面。

1. 道气与《黄帝内经》精气学说

道有体用，从道体看，它是宇宙的本原，作为“天地之始”，道是“无”，有质朴性、绝对性、虚空性，作为“万物之母”，它是“有”，具备潜在性、无限性、生动性。从道用看，它是法则秩序，也称为“常道”，具有周行不殆、对立统一、天人一体、自然为本、无为无不为等客观规律。《老子》六十二章云：“道者万物之奥。”《老子》四章云：“道……渊兮似万物之宗。”

1 陈鼓应：《黄帝四经今注今译》，北京：商务印书馆，2007年，第31～47页。

2 钟宗宪：《“黄帝”形象与“黄帝学说”的窥测——兼以反省〈黄帝四经〉的若干问题》，“新出土文献与先秦思想重建”国际研讨会论文，台北，2005年。

3 余明光：《黄帝四经与黄老思想》，哈尔滨：黑龙江人民出版社，1989年，第158～174页。

4 张增田：《基于治道理据的〈黄帝四经〉学派归属新说——兼论黄帝学与老学的关系》，见徐炳主编《黄帝思想与先秦诸子百家》（上册），北京：社会科学文献出版社，2015年，第13～35页。

5 李零：《说“黄老”》，见陈鼓应主编《道家文化研究》（第五辑），上海：上海古籍出版社，1994年，第142～157页。

6 葛兆光：《中国思想史，第一卷，七世纪前中国的知识、思想与信仰世界》，上海：复旦大学出版社，2007年，第113页。

"道"作为宇宙万物的本原，其生成宇宙万物的模式是"道生一，一生二，二生三，三生万物。万物负阴而抱阳，冲气以为和"（《老子》四十二章）。《黄帝四经》认为"道"至高远，"恒先之初"就已存在，故是万事万物禀性赋生的根源，《经法·名理》中说"道"是"神明之原……有物始'生'，建于地而洫（溢）于天，莫见其刑（形），大盈冬（终）天地之间而莫知其名"。《经法·道法》说"道""虚无刑（形）……万物之所从生"。《道原》谓，"鸟得而飞，鱼得而流（游），兽得而走，万物得之以生，百事得之以成"；"天地阴阳，'四'时日月，星辰云气，规（蚑）侥（蛲）重（动），戴根之徒，皆取生"。《十大经·观》阐述天地万物的生成谓："黄帝曰：群群□□□□□□为一囷。无晦无明，未有阴阳。阴阳未定，吾未有以名。今始判为两，分为阴阳，离为四'时'……牝牡相求，会刚与柔。柔刚相成，牝牡若刑（形）。"

但《黄帝四经》并未明言"道"就是气，只是说"道""恒先之初，迵同大（太）虚。虚同为一，恒一而止。湿湿梦梦，未有明晦，神微周盈，精静不熙……盈四海之内，又包其外"（《道原》）。"梦梦"依萧汉明的解读，通"蒙蒙"，意为潮湿的雾状[1]，即"道"是一种无形的类似原始物质的状态。庄子则在继承老子"道"论思想的同时，明确提出了具有物质性的"气"的概念，将气看作万物统一性的根源，得出"通天下一气耳"（《庄子·知北游》的结论，同时提出"化"的观点加以论述而形成气化论，在庄子哲学中，道是以气为基础的[2]。《管子》一书中，明确、直接地以"精气"名道，提出了精气学说，建立了气一元论。

《黄帝内经》直接继承了道家的精气说，把精气（或气）作为宇宙万物的本原，"天地合气，六节分而万物化生矣"（《素问·至真要大论》），万物的产生都是以气为始基的，气的运动变化决定了万物的生化、有形、藩育、象变等不同形态。正如《素问·五常政大论》中说："气始而生化，气散而有形，气布而藩育，气终而象变，其致一也。"人体的生成及生命活动的维持也依赖

1 萧汉明：《道家与长江文化》，武汉：湖北教育出版社，2004年，第163页。
2 王世舜、王倩：《庄子气论发微》，《道家文化研究》（第八辑），上海：上海古籍出版社，1995年，第91～109页。

于气，“人以天地之气生，四时之法成”。“人生于地，悬命于天，天地合气，命之曰人”（《素问·宝命全形论》）。《素问·金匮真言论》亦指出：“夫精者，身之本也。”人的精神活动也以精气为物质基础，《素问·阴阳应象大论》说：“人有五脏化五气，以生喜怒悲忧恐。”疾病则是在各种条件下，人体气的异常变化，“余知百病生于气也，怒则气上，喜则气缓，悲则气消，恐则气下，寒则气收，炅则气泄，惊则气乱，劳则气耗，思则气结”（《素问·举痛论》）。

故诊治疾病，“用针之类，在于调气”（《灵枢·刺节真邪》）。《黄帝内经》也发展了道气论，丰富了气的种类划分和命名，对气的运动形式的认识有所深化，提出了气在多少、有余和不足、厚薄、温凉、盛衰等量和质方面的差别，并正确地解决了精气与形、神之间的辩证关系，其所达到的理论高度又为先秦道家所不及。

2. 循道与《黄帝内经》顺势思维

道作为对天地运行之轨迹和规律，世人所行之道路与准则的深刻领悟与哲学观照，是天地万物的普遍规律，或者说是其恒常的运行形式，也是人类生活的根本准则。《老子》认为道的特性为周行不殆，并提出“反者道之动”。《庄子·渔父》云：“道者，万物之所由也。”《黄帝四经》谓规律之道是“人皆用之，莫见其刑（形）”（《道原》），“天有恒日，民自则之，爽则损命，环（还）自服之。天之道也”。《十大经·三禁》中认为“道”作为规律，是看不见的，寓于虚且普遍起作用，守恒且稳定，是事物之间的客观必然性。《经法·论》则明确指出：“物各合于道者，谓之理。理之所在，谓之顺。物有不合于道者，谓之失理。失理之所在，谓之逆。”

因此，《黄老四经》提出了“执道”“循理”的思想，即要认识和掌握客观事物的普遍规律，具体地“审知顺逆”，“顺逆各自命也，则存亡兴坏可知也”（《经法·论》）。“顺天者昌，逆天者亡。毋逆天道，则不失所守”（《十大经·姓争》），“顺则生，理则成，逆则死”（《经法·论约》）。只有顺应自然规律才能成功，否则，逆道而行，“是胃（谓）重央（殃），身危为僇（戮），国危破亡”（《经法·四度》）。《韩非子·解老》把道解释为“理”，指出：“道者，万物之所然也，万理之所稽也。理者，成物之文也；道者，万物之所以成也……万物各异理而道尽稽万物之理。”一切自然现象之所以能有次序地运动变化，就是由于受着“道”，即万物运动变化的规律的支配。

《黄帝内经》也广泛地运用了作为规律或原理的“道”的概念，来描述、揭示客观事物的变化过程和必然趋势，如“天地之道”“阴阳之道”“经脉之道”“营气之道”“卫气之道”“持脉之道”“针道”“标本之道”等。《素问·征四失论》即指出：“窈窈冥冥，孰知其道？道之大者，拟于天地，配于四海。”认为道是不能直观的，但它无处不在，大至天地、四海，小至万事万物，无不受其支配。人体的生理、病理现象也有其一定的变化之道，防治疾病也有其不易之道，所谓“有道以来，有道以去。审知其道，是谓身宝”（《灵枢·五乱》），即把握了生理、病理变化之道，就意味着抓住了生命的根本。

因此，顺应自然规律来养生防病与诊治疾病，也就成为《黄帝内经》的基本原则。如《灵枢·师传》明确指出：“夫治民与自治，治此与治彼，治小与治大，治国与治家，未有逆而治之也，夫惟顺而已矣。”《素问·阴阳应象大论篇》也说：“治不法天之纪，不用地之理，则灾害至矣。”《灵枢·顺逆肥瘦》则将治病之道比喻为“临深掘水，不用功力，而水可竭也；临掘决冲，而经可通也。此言气之滑涩，血之清浊，行之顺逆也”，认为治病之道要充分顺应与利用客观规律，如此才可达到事半功倍的效果。

《素问·阴阳应象大论》说：“病之始起也，可刺而已；其盛，可待衰而已。故因其轻而扬之，因其重而减之，因其衰而彰之……其高者，因而越之；其下者，引而竭之；中满者，泻之于内；其有邪者，渍形以为汗；其在皮者，汗而发之；其慓悍者，按而收之；其实者，散而泻之。”强调治疗疾病应根据病邪的性质特点、停留部位、病势的发展以及正气驱邪的趋向等因素，顺应其势，从便利的途径驱邪外出，达到在最短时间内治愈疾病的目的，以免扰乱更多脏腑。

受《黄帝内经》的影响，张介宾将“为治之道顺而已矣”列在《类经·论治类》之第二位，居于“治病必求于本”之后，并强调：“顺之为用，最是医家肯綮。言不顺则道不行，志不行则功不成，其有必不可顺者，亦未有不因顺以相成也。呜呼！能卷舒于顺不顺之间者，非通变之士，有未足以与道也。”

3. 审时与《黄帝内经》因时治疗

葛志毅[1]认为，在中国古代，“时”的本质在于它是一种标示持续性与延续性的时间计量关系，为在此时间计量体系中标示出易于人事成功的那个“点”或“度”。因此，“时”与人的活动存在密切关联，也使之被最大限度地社会人文化，导致时机、时运、时世、时会等概念的产生。中国古代先哲十分重视对“时”的认识与把握，早在春秋时期，范蠡即明确指出，“夫圣人随时以行，是谓守时。天时不作，弗为人客；人事不起，弗为之始……天时不作而先为人客，人事不起而创为之始，此逆于天而不和于人”（《国语·越语下》）。他认为天时运行节律对人事成败有极强的制约作用。

得时则成功，时去必无成，一切以是否得时为人事成败的转移定律。阴阳家则把阴阳五行作为天道变化定数，认为天道变化定数即体现为阴阳五行的天时运行节律，“时”即阴阳五行定数周回运转的结果，阴阳五行定数的周回运转直接上应日月五星天象，是天道的象征，它对人事成败起决定作用。这些都反映了自然命定论的思想。

《黄帝四经》把“道”看作客观存在的天地万物的总规律，在强调“执道”“循理”的同时，又较为深入地阐述了“审时”的思想。由于“道”本身就处于周而复始的运动状态，所谓“周行不怠”，即要通过一个有来有去的时间序列显示出来，而时序又寓蕴着人们必须循蹈的法则，故“时”与“道”相互渗透，相互包含，特别体现于四时节序的变化上。诚如《黄帝四经》所指出的，“四时有度，天地之理也……三时成功，一时刑杀，天地之道也。四时而定，不爽不代（忒），常有法式”（《经法·论约》）。说明四时的运作也是“道”的表现，并且可以落实为“法式”。故“一立一废，一生一杀，四时代正，终而复始，人事之理也”。《经法·论约》认为人道必须取法天道，“是故为人主者……毋逆天时。然则五谷溜孰（熟）民乃蕃兹（滋）。君臣上下，

1 葛志毅：《“时”义解析及阴阳、道、儒相关思想之比较》，《淮阴师范学院学报》（哲学社会科学版）2008 年第 2 期，第 23 ~ 231 页。

交得其志。天因而成之”，若政令与时令不合，“其时赢而事绌，阴即复次，地尤复收”，“其时绌而事赢，阳节复次，地尤不收”（《十大经·观》）。“不天天则失其神，不重地则失其根，不顺‘四时之度’则民疾”（《经法·论》）。

《十大经·兵容》也指出：“圣人之功，时为之庸，因时秉宜，兵必有成功。”同时又强调了在顺应、利用客观规律做事时要把握好抓住时机、机遇的问题。《十大经·姓争》说，“明明至微，时反以为几（机）……静作得时，天地与之；静作失时，天地夺之”，认为“时若可行，亟应勿言。（时）若未可，涂其门，勿见其端”，称“当天时，与之皆断；当断不断，反受其乱”（《十大经·观》）。

《黄帝内经》直接继承与发挥了先秦有关审时的思想，把人看作生命功能状态和信息传导的流动过程，着重于研究人体生命运动的时间节律。《素问·四气调神大论》明确指出：“夫四时阴阳者，万物之根本也。所以圣人春夏养阳，秋冬养阴，以从其根，故与万物沉浮于生长之门，逆其根则伐其本，坏其真矣。故阴阳四时者，万物之终始也，死生之本也。逆之则灾害生，从之则苛疾不起，是谓得道。”《素问·宝命全形论》则云：“人能应四时者，天地为之父母。知万物者，谓之天子。”

这种重视时间要素的思想，贯穿于《黄帝内经》有关生理、病理、诊断、治疗、养生等各方面的论述中，并具体阐述了顺应四时阴阳、四时五行、昼夜阴阳与五行变化，以及月节律变化等诊治疾病的思路与方法。如《素问·八正神明论》论述针刺的法则时说：“凡刺之法，必候日月星辰，四时八正之气，气定乃刺之。”《素问·疏五过论》也指出：“圣人之治病也，必知天地阴阳，四时经纪。”正由于对时间要素的重视，所以，《黄帝内经》在诊治疾病时，也十分重视对诊治时机的把握与利用。如《灵枢·卫气行》云：“谨候其时，病可与期；失时反候，百病不治。”《素问·宝命全形论》论针刺的治疗则强调应“至其当发，间不容瞚”。

《素问·八正神明论》中说：“月始生，则血气始精，卫气始行；月廓满，则血气实，肌肉坚；月廓空，则肌肉减，经络虚，卫气去，形独居。”故治疗疾病，当顺应月相盈亏，气血盛衰变化，“月生无泻，月满无补，月廓空无治，是谓得时而调之”。《素问·四气调神大论篇》中强调，“不治已病治未病，不治已乱治未乱”，如果错过时机则“譬犹渴而穿井，斗而铸锥，不亦晚乎”，均说明了抓住有效治疗时机的重要性。

4. 守度与《黄帝内经》权衡思维

“度”，《黄帝四经》也称之为“恒度”“尺寸之度”“四时之度”等，是维持事物存在的界限或事物的质的规定性。《经法·道法》说：“变恒过度，以奇相御。”认为做事超过了度就会走向事物的反面，从而被“奇”所控制。《黄帝四经》用这种“度”的辩证观念审视人们的行为，强调在顺应并利用客观规律的时候不能超越“度”，必须在客观条件允许的范围之内，否则“过极失当，变故易常”（《十大经·姓争》）。《经法·四度》篇重点讨论了治国之道中，掌握君臣、贤不肖、动静、生杀四方面关系的尺度和原则，并提出了“当”即适宜的概念，指出：“当者有数，极而反，盛而衰；天地之道也，人之理也。”

如果上述四方面失当，就会内外不顺，发生逆乱暴行，“国危破亡”。《经法·论约》谓：“四时有度，天地之李（理）也……功洫（溢）于天，故有死刑；功不及天，退而无名；功合于天，名乃大成，人事之理也。”《经法·道法》则指出：“应化之道，平衡而止。轻重不称，是胃（谓）失道。”可见“度”是一种主观能动性与客观规律相结合的辩证范畴[1]。《黄帝四经》突出阐述了“度”的概念，强调“守度”或“处于度之内”的重要性，得出了“过极失当，天将降殃”的论断。

《黄帝内经》对客观事物之“度”也有深刻认识，如论述人类疾病发生的原因时，《素问·经脉别论》提出了“生病起于过用”的命题，认为人的饮食、劳作、情绪等行为或心理活动的过度是疾病发生的根源。论疾病的治疗，《素问·示从容论》说：“夫圣人之治病，循法守度，援物比类。”《素问·五常政大论》论“毒药”之应用，强调“大毒治病，十去其六；常毒治病，十去其七；小毒治病，十去其八；无毒治病，十去其九。谷肉果菜，食养尽之，

1 丁原明：《黄老学论纲》，济南：山东大学出版社，1997 年，第 110 页。

无使过之，伤其正也”。

《素问·六元正纪大论篇》论积聚的治疗则谓：“大积大聚，其可犯也，衰其大半而止，过者死。”《素问·至真要大论》亦指出：“寒热温清，衰之以属，随其攸利，适事为故。”均反映了“守度”的思想，这对后世用药中病即止不可过剂的思想有很大影响。

上述循道、审时、守度思想，又与古人将天地万物视为一个有机整体的思想相关。《经法·论约》说：“参之于天地之恒道，乃定祸福死生存亡兴坏之所在。”《经法·六分》言：“王天下之道，有天焉，有人焉，有地焉。三者参用之，故王而有天下矣。”《十大经·前道》则云：“治国固有前道：上知天时，下知地利，中知人事。”与此相应，《黄帝内经》也认为，“道上知天文，下知地理，中知人事，可以长久”，并提出“人与天地相参”的命题。

正由于天、地、人本为一体，故人应当效法、遵循天地固有的秩序，即日月运行、四时更替等表现为“理”“数”“纪”的宇宙秩序和规则，审天时，要把握好自然规律的必然性。

5. 环周观与《黄帝内经》气血循环理论

天道环周的思想源于古时人们对日月星辰等天体运行的观察，是对自然界和人类社会发展变化规律的概括，指出这种发展变化是一种周流不息的环周运动。将天道升格为宇宙本体意义“道”的道家，自然十分关注天道之环周运动，如《老子》二十五章论“道”之特性为“独立而不改，周行而不殆……大曰逝，逝曰远，远曰反”。《庄子·齐物论》则云：“彼是莫得其偶，谓之道枢。枢始得其环中，以应无穷。”魏启鹏[1]认为天道环周的思想，贯穿于整个《黄帝四经》，成为黄帝之言哲学思想体系的核心和基本点。

如《经法·四度》说：“周迁动作，天为之稽。天道不远，入与处，出与反……极而反，盛而衰，天地之道也，人之理也。”《经法·论》言：“极而反

1 魏启鹏：《马王堆汉墓帛书〈黄帝书〉笺证》，北京：中华书局，2004 年，第 308 页。

者，天之性也。”《十大经·姓争》则指出：“天稽环周。”即自然界和人类社会，都呈现出环周往复、盛极必反、交替不已的规律性变化。《吕氏春秋·圜道》篇则提出了圜道的概念，并对圜道观展开论述说：“日夜一周，圜道也；月躔二十八宿，轸与角属，圜道也；精行四时，一上一下各与遇，圜道也；物动则萌，萌而生，生而长，长而大，大而成，成乃衰，衰乃杀，杀乃藏，圜道也；云气西行云云然，冬夏不辍，水泉东流，日夜不休，上不竭，下不满，小为大，重为轻，圜道也。”可见天道环周的观念无疑是中国传统文化中最根本的观念之一。

《黄帝内经》以天道环周的观念为依据，明确提出了“经脉流行不止，环周不休”（《素问·举痛论》）的观点，《灵枢·脉度》说：“气之不得无行也，如水之流，如日月之行不休，故阴脉荣其脏，阳脉荣其腑，如环之无端，莫知其纪，终而复始。”《灵枢·痈疽》也指出：“经脉留（流）行不止，与天同度，与地合纪……夫血脉营卫，周流不休，上应星宿，下应经数。”具体而言，《灵枢·五十营》论营气的运行说：“黄帝曰：余愿闻五十营奈何？岐伯答曰：天周二十八宿，宿三十六分；人气行一周，千八分，日行二十八宿。人经脉上下左右前后二十八脉，周身十六丈二尺，以应二十八宿，漏水下百刻，以分昼夜。”《灵枢·卫气行》论卫气之运行时说：“岁有十二月，日有十二辰，子午为经，卯酉为纬。天周二十八宿，而一面七星，四七二十八星，房昴为纬，虚张为经。是故房至毕为阳，昴至心为阴，阳主昼，阴主夜。故卫气之行，一日一夜五十周于身，昼日行于阳二十五周，夜行于阴二十五周，周于五脏。”

可见《黄帝内经》中营卫运行理论的形成，并非建立在解剖学的基础之上，而是通过天人合一的思维方式，吸收黄老之学的天道环周思想加以推类、发挥而形成的。另外，《素问·诊要经终论》说：“正月二月，天气始方，地气始发，人气在肝；三月四月，天气正方，地气定发，人气在脾；五月六月，天气盛，地气高，人气在头；七月八月，阴气始杀，人气在肺；九月十月，阴气始冰，地气始闭，人气在心；十一月十二月，冰复，地气合，人气在肾。”在一年十二个月中，人气之盛衰亦随天道环周而有一定的周期和对应的规律。

6. 阴阳大义与《黄帝内经》阴阳理论

《黄帝四经》在道气“始判为两，分为阴阳”（《十大经·观》）思想的基础上，在《称》篇专论“阴阳之大义”，比较早地系统阐述了天地万物的阴阳分类问题，指出：“凡论必以阴阳□大义。天阳地阴，春阳秋阴，夏阳冬阴，昼阳夜阴。大国阳，小国阴；重国阳，轻国阴。有事阳而无事阴。信（伸）者阳而屈者阴。主阳臣阴，上阳下阴，男阳女阴，父阳子阴，兄阳弟阴，长阳少阴，贵阳贱阴，达阳穷阴。取（娶）妇姓（生）子阳，有丧阴。制人者阳，制于人者阴。客阳主人阴。师阳役阴。言阳黑（默）阴。予阳受阴。诸阴者法天，天贵正；过正曰诡，□□□□祭乃反。诸阴者法地，地之德安徐正静，柔节先进，善予不争。此地之度而雌之节也。”

这里将自然、社会的一切现象都纳入这个庞大的阴阳体系中。在“天阳地阴”“天尊地卑”，尊尚倾斜于主、上、贵、父等的同时，又强调“天贵正”，如果“过正”便是“诡”，“过际”就会走向反面，其最终倾向，还在于娴熟于“道”的基础上的“柔节先定”的“雌节”。

《黄帝内经》着眼于医学实际需要，对人体组织结构、疾病状态以及药物作用等进行阴阳划分。如《素问·金匮真言论》论人体结构之阴阳谓：“夫言人之阴阳，则外为阳，内为阴；言人身之阴阳，则背为阳，腹为阴；言人身之藏府中阴阳，则藏者为阴，府者为阳。肝、心、脾、肺、肾五藏皆为阴，胆、胃、大肠、小肠、膀胱、三焦六府皆为阳……故背为阳，阳中之阳，心也；背为阳，阳中之阴，肺也；腹为阴，阴中之阴，肾也；腹为阴，阴中之阳，肝也；腹为阴，阴中之至阴，脾也。”

论病证之阴阳，如《素问·阴阳别论》论脉象曰：“所谓阴阳者，去者为阴，至者为阳；静者为阴，动者为阳；迟者为阴，数者为阳。”《灵枢·寿天刚柔》论症状谓：“病有形而不痛者，阳之类也；无形而痛者，阴之类也。”《素问·至真要大论》论药物性味作用之阴阳说：“辛甘发散为阳，酸苦涌泄为阴，咸味涌泄为阴，淡味渗泄为阳。”在此阴阳分类认识的基础上，提出了“察色按脉，先别阴阳”（《素问·阴阳应象大论》）的诊疗原则。当然，《黄帝内经》对阴阳分类的认识更为深入，体现了阴阳分类的层次性与无穷性，以及绝对与相对的统一。

《黄帝四经》作为黄老学或黄帝学的代表性著作，不仅在道家学说思想的发展过程中有着重要的学术价值，其与《黄帝内经》理论体系的建构也有密切的关联，对《黄帝内经》思维及其学术思想的形成与发展都有重大的影响，值得进一步深入研究。

自然国学评论

跨文化视角

现代中华美学及其传统背景
——兼论用跨文化方法对李泽厚“积淀”理论和荣格“原型”说的批判性比较

〔斯洛文尼亚〕沈德亚（Téa Sernelj）* 钱爽（译）

摘　要： 本文涉及李泽厚的“积淀”理论，该理论乃审美与艺术发展之源。李泽厚是美学论辩的代表性人物，这场论辩曾在西元1950年代的中国激发了不少知识分子的精神。从本质上来看，参与这场论辩的论辩者们皆力求建构起马克思主义的美学意识形态，但同时他们又设法开始为拒斥艺术概念化（conceptualization）和口号化（sloganization）的美学打下理论基础。在这样一个社会和政治语境下，李泽厚创立了他自己的哲学艺术理论及美学。

对于李氏而言，艺术与审美体验（aesthetic experience）在培养的过程中有可能可以引导人们获得圆满。人能够欣赏艺术，并能够通过精神的形式或者说“积淀”（sedimentation）从而养成美感（aesthetic feelings）或态度。所谓“积淀”，就是社会的、理性的和历史的东西积累并沉淀以后变成个人的、感觉的和直观的东西；它通过“自然的人化”（the humanization of nature）得以实现。

为了在全球美学的语境下评价李泽厚，本人须揭示李氏美学思想中所包含的某些中华传统元素，并对分别创立于欧西与中华的、彼此之间具有一些相似性的两个概念予以批判性考察：这一批判性考察一方面涉及李泽厚的作为审美与艺术发展之源的“积淀”理论；另一方面还探究了卡尔·古斯塔夫·荣格（Carl Gustav Jung）的“原型”（archetypes）概念，并将其同李氏的重要概念

* 沈德亚（Téa Sernelj），斯洛文尼亚卢布尔雅那大学哲学院亚洲学系汉学讲师；钱爽，比利时根特大学哲学与艺术学院东方语言文化系汉学博士研究生。

"积淀"进行比较。通过对"原型"和"积淀"这两个概念及其思想意识背景进行对比分析，二者之间存在的差异便不显自彰，换言之这亦可以揭示出中西思想之间存在的某些推论上或范式上的差异。

关键词： 李泽厚　积淀　卡尔·古斯塔夫·荣格　原型　中华美学

一 弁言

本文涉及李泽厚的积淀理论，该理论乃是审美与艺术发展之源。李泽厚是美学论辩的代表性人物，这场论辩曾在西元1950年代的中国激发了不少知识分子的精神。从本质上来看，参与这场论辩的论辩者们皆力求建构起马克思主义的美学意识形态，但同时他们又设法开始为拒斥艺术概念化（conceptualization）和口号化（sloganization）的美学打下理论基础。在这样一个社会和政治语境下，李泽厚创立了他自己的哲学艺术理论及美学。

对于李氏而言，艺术与审美体验（aesthetic experience）在培养的过程中有可能可以引导人们获得圆满。人能够欣赏艺术，并能够通过精神的形式或者说积淀（sedimentation）从而养成美感（aesthetic feelings）或态度。所谓“积淀”，就是社会的、理性的和历史的东西积累并沉淀以后变成个人的、感觉的和直观的东西。它通过“自然的人化”（the humanization of nature）得以实现。

为了在全球美学的语境下评价李泽厚，著者须揭示李氏美学思想中所包含的某些中华传统元素，并对分别创立于欧西与中华，彼此之间具有一些相似性的两个概念予以批判性考察：这一批判性考察一方面涉及李泽厚的作为审美与艺术发展之源的“积淀”理论；另一方面还探究了卡尔·古斯塔夫·荣格（Carl Gustav Jung）的原型（archetypes）概念，并将其同李氏的重要概念“积淀”进行比较。通过对“原型”和“积淀”这两个概念及其思想意识背景进行对比分析，二者之间存在的差异便不显自彰，换言之这亦可以揭示出中西思想之间存在的某些推论上或范式上的差异。

二 历史背景：西元二十世纪的中华美学热

二十世纪初的中华，其特点是对西洋理念及思想的全面接纳，而美学则在西洋理念及思想中作为一门学术科目发挥着极其重要的作用。一方面，美学理论是一方免受政治压力干扰的学术领域；另一方面，艺术哲学是美学的一个组成部分，它为中华源远流长而又丰富多彩的文化遗产搭建了一个认同和重评的平台。因此，在二十世纪以经济自由化为特征（从而在某些社会和文化领域里亦以政治自由化为特征）的最后二十年间，有关中华文化遗产的诸迫切问题早已掀起了不计其数的有关中华美学的激烈论辩，这些论辩因而在所谓"美学热"这样一个前卫的名义下使处于世纪之交的中华一时活跃了起来。李泽厚是这些论辩中的核心人物之一，他有关美学思想的哲学亦是在这些论辩创生出话语的过程中形成的。因此，为了更好地理解李氏的思想成果是如何在社会政治语境中焕发生机的，我们首先须对中华美学热的主要发展阶段做一简介，并简要指出其后续影响。

中华美学作为一门学科诞生于二十世纪初。尽管儒学（以及一般意义上的传统主义）——连同其所发展出来的所有保守的意识形态——被彻底拒斥，并且在"五四运动"[1] 的作用下名誉扫地，但许多中华知识分子仍体会到他们自己的文化在本质上是具有美学性的。这种立场至关重要，特别是考虑到当时中国在面对西洋观念并获取西洋知识的过程中所盛行的全体反传统氛围。[2] 因此毫不奇怪，作为对美的一项学术研究的美学能够在那时开始繁盛起来。[3] 此外，美

1 著者在此所提及的五四运动（1919年5月4日——译者注）是超出纯粹游行示威运动这种狭隘时间范围的长时段，也即所谓的五四新文化运动。这场运动由一些反传统者开启，发生于1919年至1923年。尽管许多学者声称这场运动是在"全盘西化"的旗帜下进行的（如参见Karl-Heinz Pohl, "Play-Thing of the Times: Critical Review of The Reception of Daoism in the West", in *Journal of Chinese Philosophy*, 30: 3 and 4, 2003, p. 473），但这一观点未免有些相对化，因为当时这场运动还表现出了一些维护某些传统概念及价值，以及拟综合中华传统与西洋思想的倾向。

2 Karl-Heinz Pohl, *An Intercultural Perspective on Chinese Aesthetics*, Trier: Trier University, https://www.uni-trier.de/fileadmin/fb2/SIN/Pohl_Publikation/Interculural_perspective_on_chinese_Aesthetics.pdf. Accessed on 1st of June, 2015, p. 91.

3 "美学"这一术语是由旅日的中华留学生引入中华的。在第二次世界大战之前，日本对于华人而言就是欧西的缩影写照。许多现代中华词语皆源自日语体系（从而事实上也即源自欧西体系），如"哲学""美学""文学""艺术"等［Gao Jianping, "Sto let kitajske estetike-oris (Hundred Years of Chinese Aesthetics-An Outline)", translated by Katja Kolšek, in *Filozofski vestnik*, Vol. 17, No 1, 2006, p. 107］。在李泽厚看来，把aesthetics译为"美学"（字面意思即对美的研究）既不恰当也不准确；西洋术语aesthetics即源自古希腊关于感知（perception）的术语。李泽厚建议，"审美学"是对这一含义更好且更合适的译法，因为该译名实际上指的就是对认知与感知美的过程的研究（Li Zehou and Jane Cauvel, *Four Essays on Aesthetics: Toward Global View*, Oxford: Lexington Books, 2006, p. 19）。

学又是帝制中华终结之后学者们试图对中华文化本质进行再定义并建立起新中华认同的思想领域。[1]

在接纳西洋概念、技能和知识的过程中，中华知识分子不是消极被动的草率接受者，而是在一个新的社会政治语境下批判性地质疑并质问他们自身的传统。中华美学作为一门学术科目，在二十世纪中期得以充分发展，它最初深受西洋思想传统（尤其是德国唯心主义和马克思主义唯物论）的影响，但同时许多源自中华传统文化的要素亦深刻影响之。

在中华传统历史长河中，曾有过大量文艺讨论；但中华学者在这些语境中并未建立起与西洋美学相同的（或者说可与西洋美学相比拟的）美学范畴和概念，因而这些中华学者并未能成为开创西洋美学思潮的理论者。尽管美学作为一门学术科目乃是由西洋所“引入”的，但许多现当代学者却仍努力拟对某些西洋概念和若干在中华美学史历程中建立起来的关键性观念加以综合。在中华美学传统的框架下，这些观念得以走进生活。下文将对中华美学传统的特性加以讨论。

在此之前，重要的是要理解对于西洋理念的吸收亦在中华美学内部产生的不同思想流派，这一现象的出现取决于诸思想流派对诸如“美”究竟是主观的、客观的还是主客观相统一的，如何发展作为一门学科的中华美学等问题的各种不同看法。在定义中华美学时，这些思想流派要么是致力于与西洋美学相结合，要么是力求寻找到中华美学本身无与伦比的独特性。在讨论上述这些问题时，中华美学家既会提及十八和十九世纪的德国哲学，又会谈到儒释道三教的哲学传统。

作为一种审美状态或审美意识（aesthetic state or consciousness），王国维的“境界”概念是开创中华传统与西洋理念相综合的典型尝试。他通过康德的“审美理念”（aesthetic idea）这一概念来诠释中华佛教的“境界”概念，并且用这种方法在这一新兴的、颇具中华特色的美学中创造了一个新颖而又非常重

1 Woei Lien Chong, *Kant and Marx in Post-Mao China: The intellectual path of Li Zehou*, Doctoral Thesis, Amsterdam, 1999, p. 49.

要的概念。尽管王氏并未对"境界"这一术语做任何理论解释，而且他只在有关诗的领域中使用它，但"境界"这一术语很快就获得了普遍或一般层面的美学意义（a general aesthetic meaning），它既象征着审美理念（the aesthetic idea），又象征着心灵最崇高的状态（a most sublime state of mind）。[1] 王氏之后，中华传统美学反思开始式微。但与此同时，王国维的理念亦标志着在中华美学这一思潮领域里开始向以西洋范式居首的方向转变。[2]

中华与西洋思想的际遇带来了西洋丰富的、引人入胜的新理念，尤其引发了华人在中华自身文化传统中寻找与之相似的概念。曾在"五四运动"期间担任北京大学校长的蔡元培（1868～1940年），便是首位提出华人须对文化与美学有自我理解的进步知识分子。他在求学德国期间，开始了解西洋哲学，特别是康德哲学。他把"西人"（Westerners）理解为被宗教所深刻塑造的一群人，但他又认为作为礼仪、艺术、美与伦理的结合体的美学是对华人产生功用的精神性的东西，这相当于宗教在西洋的作用。

因此，蔡氏提倡对中华青年进行美育（aesthetic education），这种教育可以用来取代西洋所教授的宗教教育（religious education）。[3] 在中华传统中，审美体验一直被理解为心（human heart-mind）的最高状态，这种状态使人类能够体验到存在的较高层次，它所产生的影响和意义类似于西洋的宗教体验（religious experience）。

大体而言，在当时的知识界有两大流派关注中华美学的发展。其中一大流派表示，由于美学源自西洋，因此没有必要再发展出一门叫作"中华美学"（Chinese aesthetics）的专门学科，就像建立"中华数学"或"中华逻辑"这样的专门学科是毫无必要的一样。另一大流派则主张，由于中华有悠久的文艺

1 Karl-Heinz Pohl, *An Intercultural Perspective on Chinese Aesthetics*, Trier: Trier University, https://www.uni-trier.de/fileadmin/fb2/SIN/Pohl_Publikation/Interculural_perspective_on_chinese_Aesthetics.pdf. Accessed on 1st of June, 2015, p. 91.

2 Karl-Heinz Pohl, *sthetik und Literaturtheorie in China: Von der Tradition bis zur Moderne*, München: K. G. Saur, 2007, p. 425.

3 Karl-Heinz Pohl, *An Intercultural Perspective on Chinese Aesthetics*, Trier: Trier University, https://www.uni-trier.de/fileadmin/fb2/SIN/Pohl_Publikation/Interculural_perspective_on_chinese_Aesthetics.pdf. Accessed on 1st of June, 2015, p. 91.

（以及文艺理论）传统，因此用恰当且合适的方法论对其加以考察是值得的且有必要的。而这样一种理论考察与探究将产生一门新兴的学术科目，即中华美学的建立，它可以为中华传统思想的发展提供一种良好且有价值的诠释工具。[1]

高建平[2]揭示了朱光潜（1897～1987年）、宗白华（1897～1987年）、蔡仪（1906～1993年）和李泽厚（1930～ ）同为二十世纪中华美学领域最具影响力的学者。[3] 在他看来，朱光潜是西洋美学在中华的典型代表，一方面他将大量西洋美学经典（如柏拉图、克罗齐、维科和黑格尔）译成中文，并引介了整合西洋思想与中华材料的一套科学方法；另一方面，宗白华则是将康德《判断力批判》（*Critique of Judgement*）译成中文的第一人。宗氏对艺术探索（exploring art）情有独钟，因此他对绘画理论（the theory of painting）进行了广泛研究，他发现了中西艺术精神，也是中西两种美学之间存在着的一个重大差异。

> 他坚持认为，西方绘画源于建筑，渗透着科学意味（scientific implications），而中国绘画源于书法，是一种类似音乐与舞蹈的节奏（rhythms）艺术。西方美学具有一种主客二分（the dichotomy between the subjective and objective）的空间与时间意识，而中国美学具有一种天人合一（the world by identifying man with nature）的空间与时间意识。[4]

高氏认为，宗氏试图用源自中华艺术的独特细节所具有的创意来弥补西洋理论模型。

1 高建平：《什么是中国美学?》，载高建平、王柯平主编《美学与文化·东方与西方》，合肥：安徽教育出版社，2006年，第29页。

2 除李泽厚与王柯平外，高建平是当代中华最重要的美学家之一。

3 Gao Jianping, "Sto let kitajske estetike-oris (Hundred Years of Chinese Aesthetics-An Outline)", translated by Katja Kolšek, in *Filozofski vestnik*, Vol. 17, No 1, 2006, p. 105.

4 高建平：《什么是中国美学?》，载高建平、王柯平主编《美学与文化·东方与西方》，合肥：安徽教育出版社，2006年，第27页。

二十世纪五十和六十年代的中华美学，其特点就是朱光潜、蔡仪和李泽厚[1]三者之间展开的一场重要的美学论辩。这场论辩的背景，是中国共产党努力对知识分子进行全国范围的意识形态再教育，其中唯心主义被辩证唯物主义所取代，目的是为了加强马克思主义意识形态在中国范围内的传播。[2]在这场发生在20世纪五六十年代朱、蔡、李三人之间的重要美学论辩中一个议题便是有关美是主观的还是客观的问题，也即美是唯心主义世界观的产物还是唯物主义世界观的产物的问题。朱光潜认为美是主客观的结合；蔡仪则主张美是客观的；而李泽厚则坚持认为美既是社会的、客观的，也是直观的。[3]

然而，这场论辩还有另外一个重要维度。它构成了艺术理论的理论基础，强调艺术理论领域中的诸概念，同时又拒斥艺术的概念化以及所谓的“口号化”（也即意识形态宣传）。在新中国成立的头几年中，华人在美学领域中的研究深受苏联理论及意识形态的影响。1956年中苏关系僵化后，中华美学家试图建立自己的美学体系。但遗憾的是，这一尝试又被从1966年一直持续到1976年的“文化大革命”给草草中断了。[4]

朱（光潜）氏与宗（白华）氏属于中华美学发展第一期，其特点是在二十世纪初对西洋思想加以多样化部署；而蔡仪与李泽厚则代表的是中华美学发展第二期，该期发生于左派思想涌现的二十世纪后半叶。他们试图通过在其理

1 李泽厚在20世纪50年代开始发展他的美学思想，他同时又深受马克思《1844年经济学哲学手稿》的影响，并从中发展出了他的异化（alienation）或异在（estrangement）理论。李氏力图通过马克思有关社会生活与实践（也即“物质生产活动”，例如制造并使用工具）的理念对康德认识论加以重构（Karl-Heinz Pohl, *An Intercultural Perspective on Chinese Aesthetics*, Trier: Trier University, https://www.uni-trier.de/fileadmin/fb2/SIN/Pohl_Publikation/Intercurlural_perspective_on_chinese_Aesthetics.pdf. Accessed on 1st of June, 2015, p. 92）。在此基础上，他亦对可见于古代儒学和早期马克思的诸人性概念进行了探究（Karl-Heinz Pohl, “Introduction”, in *Chinese Thought in a Global Context: A Dialogue Between Chinese and Western Philosophical Approaches*, Leiden-Boston-Köln: Brill, 1999, p. XIV）。

2 Woei Lien Chong, *Kant and Marx in Post-Mao China: The intellectual path of Li Zehou*, Doctoral Thesis, Amsterdam, 1999, p. 49.

3 Woei Lien Chong, *Kant and Marx in Post-Mao China: The intellectual path of Li Zehou*, Doctoral Thesis, Amsterdam, 1999, p. 50.

4 Gao Jianping, “Sto let kitajske estetike-oris (Hundred Years of Chinese Aesthetics-An Outline)”, translated by Katja Kolšek, in *Filozofski vestnik*, Vol. 17, No. 1, 2006, p. 109.

论形态中运用唯物主义认识论，并通过强调美是客观的而且是典型（typical）的，来建立一套马克思主义美学。同时，作为左派知识分子，他们亦努力让美学介入到社会现实领域中去。[1] 虽然这种艺术理论并不完全反对感情（emotions）或情感（sentiments），并且它亦主张每一种类型（type）的艺术都具有典型性，也即它们都是由除其本身的美学要素之外的具体而独特的特性所界定的，但蔡氏和李氏本质上仍提倡在艺术领域中个体性（individuality）与情感（sentiments）具有超越性。

作为一名唯物主义哲人，李泽厚亦认为美肯定是客观的，因为它是在社会中进行的，同时其本身又独立于个体心理之外。在此方面，李氏指出马克思的理论表明在外部世界中无物拥有美本身，并表明美本身只有通过使人得以社会化并由此获得美的人的本质的客观化（the objectification of the human essence）才能实现。这是一个集体的过程而非个体心理的过程。[2] 在这种语境中，李氏揭示出唯心主义美学家把美简化为个体的主观美感并把其当作某些先于经验的，在他们看来是全人类共通的主观心理功能（psychological functions）。在这一点上，被视为是社会与历史条件的产物的美本应是客观存在的，却被唯心主义者给否定了。[3]

然而，二十世纪五十至六十年代的美学论辩主要关注的是在中华建立马克思主义的唯物主义美学，使之成为实现马克思主义作为 1949 年以后的中华国家意识形态的一部分。在其他有关不同议题的所谓“公开性论辩”中，最高层的政治精英做出决定，无论意见或立场正误对错，[4] 这场美学论辩与艺术和社会之间存在着相互关系，故其实际上是一个仅有的例外。毛泽东在 1942 年 5 月的《在延安文艺座谈会上的讲话》中清楚地表达了他要求美学的功用应当

1 Gao Jianping, “Sto let kitajske estetike-oris (Hundred Years of Chinese Aesthetics-An Outline)”, translated by Katja Kolšek, in *Filozofski vestnik*, Vol. 17, No 1, 2006, p. 109.

2 Woei Lien Chong, *Kant and Marx in Post-Mao China: The intellectual path of Li Zehou*, Doctoral Thesis, Amsterdam, 1999, p. 62.

3 Woei Lien Chong, *Kant and Marx in Post-Mao China: The intellectual path of Li Zehou*, Doctoral Thesis, Amsterdam, 1999, p. 60.

4 当然，在最后一种情况（即错误的意见或立场——译者注）下，此种意见之持有者将会遭到相应的惩罚。

是服务人民和社会主义事业的，这意味着社会斗争与革命需要。[1] 美学在“文革”时期进入了衰退状态，但在毛泽东逝世后美学论辩的成果很快便在美学热中涌现出来。如前已述，这场美学热作为一场意识形态的解放运动而出现，可以被标榜为中华的启蒙运动（Enlightenment）或一种文艺复兴（Renaissance）。[2]

美学热在全国范围内获得了普及，掀起了一股翻译西洋各种美学著作的巨大浪潮，这表明美学成为中华人文学科中的主导学科。在学校或大学里要开设美学课程，有关美学的书籍亦变得畅销起来。美学思想的这种复苏由于先前无所不在的意识形态限制和革命禁欲主义的低迷与消沉而受到影响。人们渴望探索表达他们自己及他们个体性的新方式，就此方面而言，他们所关注的问题即美是什么。[3]

界定二十世纪八十至九十年代的美学领域特征，便是对强调内容即诠释之核心的西洋文学理论进行系统翻译和介述。就中华本土美学话语获得关注而言，李泽厚在这一时期的理论成果获得了海内外学术界的极大关注与青睐。

我们将在第三部分讨论李泽厚对美学理论的理论贡献，但在此之前，让我们对其有关中华传统美学的历史背景的观点做一简要窥探。李氏有关中华传统美学的历史背景的观点主要聚焦的儒家和道家哲学，它们从根本上塑造了中华传统美学。不理解中华传统美学的具体特点，也就很难掌握李氏美学理论的主要方法论路径。

三　中华传统美学的具体特点

为了提供条件以便更深入地理解李泽厚美学哲学所潜藏的范式层，故本文

1　Li Zehou & Jane Cauvel, *Four Essays on Aesthetics: Toward Global View*, Oxford: Lexington Books, 2006, p. 32.
2　Li Zehou & Jane Cauvel, *Four Essays on Aesthetics: Toward Global View*, Oxford: Lexington Books, 2006, p. 23.
3　Li Zehou & Jane Cauvel, *Four Essays on Aesthetics: Toward Global View*, Oxford: Lexington Books, 2006, p. 23.

包括了对中华美学历史发展的基本概览和基本解释，这些内容在其与美学相关的著作（尤其是在其《美的历程》和《美学四讲》）中有所诠释。这一发展始自巫术文化，以此作为审美意识（aesthetic awareness）的开端，此后又演化了数世纪，深受各种哲学思潮的影响，包括儒家和道家哲学思潮的影响在内。古代以后，其又深受所谓楚骚[1]方法的影响，后来又深受禅宗哲学的影响。[2] 所有这些话语都聚焦于美（beauty）、审美体验（aesthetic experience）和审美意识（aesthetic consciousness）诸概念，以及它们与中华传统文化中的道德和伦理价值之间的直接而又不可分离的联系。

中华传统美学涉及人类存在、宇宙、人际关系与社会诸问题。在这一框架中，美学问题不被认为是在追求有关美与美学是什么这些问题的答案的这种意义而言的知识问题，这种知识问题通常都是西洋美学所追求的。[3] 相反，中华传统美学则是建立在人性（humanity）的背景基础上以及集融哲学、美学和生活体验（life experience）于一体的人类生活的反思基础之上。[4] 因此，李泽厚主张美学对于认知及伦理都具有优越性。对于他而言，美学既非理性（认知）的内化，亦非理性或认知的浓缩（伦理），而是理性（reason）与感觉（sense）的积淀融合。[5]

这种观点表现出与西洋美学的重大区别，后者被定义为对待艺术、美与品位的本质（dealing with the nature of art，beauty and taste）以及美的创作与欣赏（the creation and appreciation of beauty）的一个哲学分支（a branch of

1 稍后我们将看到，这一表述指的是上古中期著名诗人屈原（西元前 340 ~ 前 277）的美学。

2 著者一般遵循刘纲纪的预设，即虽然中华美学非常多样复杂，但其本质上不过是上述四种美学（Liu Gangji，"Ancient Chinese Aesthetics"，in *Asian thought and Culture*：*Contemporary Chinese Aesthetics*，edited by Zhu Liyuan and Gene Blocker，New York：Peter Lang Publishing，1995，p. 181）。不过，著者增加了魏晋美学，这是因为它总体而言为中华美学做出了许多重大贡献。

3 Téa Sernelj，"Xu Fuguan's Comparison of the Concept You in Zhuangzi's and Kongzi's aesthetics"，in *Modern Confucianism and the East Asian Modernization*，Newcastle：Cambridge Scholars Publishing，2015，p. 78.

4 徐碧辉：《试论中国传统美学的新生》，载高建平、王柯平主编《美学与文化 · 东方与西方》，合肥：安徽教育出版社，2006 年，第 221 页。

5 Wang Keping，"A Rediscovery of Heaven-and-Human Oneness"，in *The American Journal of Economics and Sociology*，66（1），2007：p. 251.

philosophy)[1]。此外，由于在西洋美学自身的概念框架中，艺术是一个自主实体（autonomous entity），因而西洋美学明显区别于认识论与伦理学，因为它涉及的是感觉（senses）。所以，艺术本身亦必然没有任何道德或政治目的。[2]

正如我们进一步将要看到的，中华传统美学中的道德与伦理意蕴在中华传统社会及文化中发挥着不可或缺的重要作用。李泽厚亦多次指出，美学、伦理学与认识论之间存在紧密联系。[3]

据《说文解字》所释，汉字“美”与“善”同义。[4] 李泽厚对“美”字的分析表明，这一象形文字描绘出了人头戴羊首或手握羽毛（可能在）举行仪式的场景，这是古代中华早期社会巫术传统的表现。此外，如若我们检视一下“美”这一象形文字的上下两部分，它亦描绘的是大羊。大羊指的是从外观意义上而言的美，亦是作为（美）味（佳）肴而言的具备积极内在特性的美。这两层含义既是指一个人的感觉存在、需求与情绪，又是指一个人的社会存在、共同体与理性。在中华传统中，美的另一面指的是艺术作品（the works of art）及其他提供审美愉快（aesthetic pleasure）的对象（例如来自外部自然界的对象）。李氏亦揭示道，即便是在当代中国“美”这个词在许多语境中使用时仍与人的感觉体验（sensuous experience）、伦理价值（ethical values）以及审美愉快有关联。

在李泽厚看来，物质和精神生产以及［审美意识（aesthetic consciousness）］始于制作和使用工具，他的这一观点采用自恩格斯与普列汉诺夫[5]的工具本位唯物主义（tool-centered materialism），主张所有的历史变迁都是起因于工具的

1 此乃韦氏在线词典对“aesthetics”词条的定义 1。

2 Annemarie Gethmann-Siefert, *Introduction to Aesthetics* (*Einführung in die Asthetik*), München: Wilhelm Fink, 1995, p. 7.

3 如参见李泽厚《中国现代思想史论》，台北：风云时代出版社，1987 年，第 238 页；或李泽厚《美学四讲》，桂林：广西师范大学出版社，2001 年，第 87 页。

4 许慎撰《说文解字》，http://ctext. org/dictionary. pl，2015 年 8 月 7 日。

5 格奥尔基·瓦连京诺维奇·普列汉诺夫（Georgi Valentinovich Plekhanov，1856 ~ 1918）是自诩为马克思主义者的首位俄国人。他打算在科学社会主义和马克思主义哲学的基础上发展出一套美学理论，以推动无产阶级的阶级斗争。他是俄国社会民主主义运动的奠基人（Woei Lien Chong, *Kant and Marx in Post-Mao China: The intellectual path of Li Zehou*, Doctoral Thesis, Amsterdam, 1999, p. 52）。

发展。[1] 在这种观点看来，工具（主体——译者注）是用来生存的客体，它构成了原始社会的物质基础。通过工具上的装饰品，可以得出它们是人类理念（ideas）、幻想（fantasies）和想象力（imagination）的产物，由此将会发展出宗教、艺术与哲学。在李氏看来，远古时期的图腾巫术与仪式由此转变为政治与社会制度，图腾歌舞也已发展成为艺术与文学（诗、歌、舞、乐与神话传说）。[2] 巫术歌舞中的图腾崇拜逐渐被英雄和祖先崇拜取代，换言之，它们变得人性化和理性化了。这一转变过程在殷周两代交替之时得以完成，伴之以宗法制或父家长制（the patriarchal system）的确立。

审美意识与体验的演化使得现实的动物形象转变为抽象符号，这在当时的新石器时代陶器上和青铜艺术品中仍然可以观察到。这些符号包含一套复杂的概念意义（conceptual significance），它们的形式是有意味的，因为它们表示的是由社会所界定的诸特征；因此，它们是审美感情（aesthetic emotion）和美本身的起源。自然对象的纯粹呈现（pure presentation）被线条（lines）所取代，其中包含诸如对称（symmetry）、均衡（balance）、连续（continuity）、间隔（intermission）、节奏/韵律（rhythm）、变化（change）、统一（unity）等特征，并以集中的方式表现出来。它们经常是主观情感（subjective feelings）在运动状态时的象征。[3] 这种转变对于理解中华书法以及中华文学都是非常重要的，因为它们都是建立在上述诸原则的基础之上。汉字既包含符号含义（symbolic meanings），又包含有抽象意义（abstract significance），它们本身还具备想象与模拟双重维度（an imaginative as well as simulative dimension）。[4] 线条所具有的创造性本质（creative essence）使得情感（feelings）、理念（ideas）及感情（emotions）得以通过线条的各种形式表现或表达出来，后来它们进一步发展并最终变成“线的艺术”（the art of line）或中华书法。

1 Woei Lien Chong, *Kant and Marx in Post-Mao China: The intellectual path of Li Zehou*, Doctoral Thesis, Amsterdam, 1999, p. 52.

2 李泽厚：《美的历程》，北京：文物出版社，1981 年，第 17 页。

3 李泽厚：《美的历程》，北京：文物出版社，1981 年，第 27 页。

4 李泽厚：《美的历程》，北京：文物出版社，1981 年，第 40 页。

> 它像音乐从声音世界里提炼抽取出乐音来，依据自身的规律，独立地展开为旋律、和声一样，净化了的线条——书法美，以其挣脱和超越形体模拟的笔画（后代称其为所谓永字八法）的自由开展，构造出一个个一篇一篇错综交织、丰富多样的纸上的音乐和舞蹈，用以抒情和表意。[1]

艺术的美学价值（aesthetic value）和审美意识（aesthetic awareness）在所谓的先秦时期（西元前770～前221年）变得表面化，此时中华正从原始巫术与宗教中分离出来，并进入理性主义时代。

孔子把原始文化、仪式以及音乐的宗教特征转变为人们日常生活中人际关系、社会政治概念以及艺术的实用性与无神论性（the pragmatic and atheistic nature），其中心焦点集中在通过人类的教育和修身的过程对道德伦理加以应用。他把原始仪式中的宗教作用转化到人际关系范围中去，并将其定义为“仁”（co-humanness）。先前对神的崇拜与服从转变为一种内在的、包容的伦理学，这在中华艺术及美学的普遍特征及社会功用中亦具有重要意义。[2]

> 艺术已不是外在的仪节形式，而是（一）它必须诉之于感官愉快并具有普遍性；（二）与伦理性的社会感情相联系，从而与现实政治有关。[3]

音乐被认为是艺术的最高形式，因为它的和谐结构最清晰地体现了人类理性与情感的融合。除了提供快感与愉悦，[4] 音乐亦具备塑造和平衡个体的社会与道德情感的能力。在这方面，孔子是强调美与艺术具有社会意义（social significance）的第一人。[5] 对于孔子而言，美是儒家哲学的最高目标——“仁”（humanness）的体现。儒者强调艺术在教育和修身中的功能特征与功利

1 李泽厚：《美的历程》，北京：文物出版社，1981年，第43页。
2 李泽厚：《美的历程》，北京：文物出版社，1981年，第49页。
3 李泽厚：《美的历程》，北京：文物出版社，1981年，第50页。
4 汉字“乐”既有音乐（music）之意，又有欢悦（joy）之意。
5 Liu Gangji，“Ancient Chinese Aesthetics”，in *Asian thought and Culture*：*Contemporary Chinese Aesthetics*，edited by Zhu Liyuan and Gene Blocker，New York：Peter Lang Publishing，1995，p. 181.

性，这些被视为是在建立以人类理性与仁爱为基础的道德与和谐社会时至关重要的进程。因此，艺术的形式与内容是极其严格的结构化和规范化的，例如，它们可见于儒家对“合礼之乐”与“非礼之乐”的严格区分。[1]

与艺术的实用功能形成对照，道家路径方法提供了一种在理解外部世界时更为自由且更加自主的艺术立场和人类感情的表达。道者首次把艺术、美和自由同自然规律（natural regularity）和目的性（purposefulness）相结合。他们拒斥明是非之分，亦拒斥等级化的社会结构、功利性以及艺术的目的性，而这些方面全都是儒家思想中非常重要的元素。

道家哲学的最高目标是顺应自然或道从而实现个人自由。在李氏看来，老庄哲学代表的是美学人生观（the aesthetic view of life），强调人类在感知世界时其想象力（imagination）、感情（emotions）与直觉（intuition）的表达，同时亦强调：

> 人性（humanity）与超越功利的外在世界（the external world that transcended utility）之间是自由放任的关系（laissez-faire relationship）。他们聚焦于审美关系（an aesthetic relationship），聚焦于内在的、精神的、实体的或实存的美（beauty），聚焦于艺术创作的非认知规律（the non-cognitive laws of artistic creation）。倘若儒者对后来文艺的影响主要在于主题（topic）和内容（content）上，那么道者的影响则主要在于美学中的创造性规律（the laws of creativity）。作为意识形态独立形式（a unique form of ideology）的艺术，其重要性恰恰在于其审美规律（aesthetic laws）。[2]

因此，感情的自然性（naturalness）、自发性（spontaneity）、想象力（imagination）及自由表达（free expression）是道者对中华古代美学做出的最

1　例如，“恶郑声之乱雅乐也”（《论语·阳货》，http：//ctext. org/analects，2015 年 8 月 7 日。

2　Li Zehou and Jane Cauvel, *Four Essays on Aesthetics*: *Toward Global View*, Oxford: Lexington Books, 2006, p. 51.

为重要的贡献。

儒道美学的综合，表现为以屈原（西元前340～前277）为代表的楚骚美学。[1] 楚骚指的是南方楚国和源于屈原著名诗歌《离骚》的骚体诗。南方受北方儒学及文化的影响，但同时仍受古代巫术传统的影响，故在当时的南方，巫术与神话传说依然十分有活力。

> 《离骚》把最为生动鲜艳、只有在原始神话中才能出现的那种无羁而多义的浪漫想象，与最为炽热深沉、只有在理性觉醒时刻才能有的个体人格和情操，最完满地溶化成了有机整体。由是，它开创了中国抒情诗的真正光辉的起点和无可比拟的典范。[2]

屈原接受了儒家的人性学说和美善合一说，但他却拒斥了顺从和中庸。因此，毋宁说屈子融合了道家个体感受与想象力的自由表达这一概念，并消弭了儒家对是非问题的关注。[3]

楚骚美学的浪漫主义精神在汉代得以进一步延续并发展。人的世界与神的世界以一种积极的方式融为一体，神并非一种主宰力量，恰恰相反，是人征服了神。[4]

心理状态的这种转变表现在人们日常生活的生动描述（如农收、风俗、食物、起居等）与当下对人生的想象力、幻想、希冀、欲望、快感以及爱的融合之中。

然而，魏晋后期的美学却恰好是与楚、汉浪漫主义相对立的。由于怀疑论（skepticism）作为一股哲学潮流盛行一时，因此对人生无常的焦虑、对世事难料的悲忧、家破人亡等成为流行于当时文艺的普遍主题。中华美学中的一些最为重要的概念，如“气韵”（rhythmic vitality）与“言不尽意”（words cannot fully convey

1 Liu Gangji, “Ancient Chinese Aesthetics”, in *Asian thought and Culture*: *Contemporary Chinese Aesthetics*, edited by Zhu Liyuan and Gene Blocker, New York: Peter Lang Publishing, 1995, p. 185.

2 李泽厚:《美的历程》，北京：文物出版社，1981年，第68页。

3 Liu Gangji, “Ancient Chinese Aesthetics”, in *Asian thought and Culture*: *Contemporary Chinese Aesthetics*, edited by Zhu Liyuan and Gene Blocker, New York: Peter Lang Publishing, 1995, p. 185.

4 李泽厚:《美的历程》，北京：文物出版社，1981年，第74页。

meaning）等，就是魏晋虚无主义精神（nihilistic spirit）的产物。[1]

表现内在精神的这种主要意旨在禅宗话语中达到了顶峰。禅宗是唐（618～907年）中期以后中华美学的新潮流，它包含了道家超脱（detachment）和出世（retreat from worldly affairs）的理念以及道家对精神自由（spiritual freedom）的追求，但二者在方法上有所不同。对于道者而言，其主要关注点聚焦于调和自身与无限且永恒的自然（即“道”）以实现精神自由与超脱，而禅者则表示道和整个外部世界只不过是人心的虚妄产物，本身并不存在。因此，禅宗哲学提出遁入空寂的内心世界。禅宗对中华美学评判（aesthetic judgment）及艺术的贡献可见于对自觉的内在生命（the conscious inner life）的表达以及主体的内观（introspection）。[2]

对于儒学而言，道家和禅宗的审美体验（aesthetic experience）是人心体验的最高状态。这种状态可以通过“功夫”（constant practice）以及对艺术技能（artistic skills）的掌握来实现，最终走向道（即宇宙的本质或本体）的具显（embodiment）。正如庄子在庖丁之寓中提出的：“臣之所好者道也，进乎技矣。”[3]

因此，王柯平揭示道，李泽厚开创了所谓的“实践美学”（practical aesthetics），[4] 还指出实践美学的关键实质是在李氏的四篇文章中发展而来的。[5] 卜松山（Kari-Heinz Pohl）认为，持续的实践会走向对艺术媒介或艺术载体（artistic medium）的直观掌握（intuitive mastery）：“因此，中华传统美学的首要理想，便是在艺术作品中达到艺术完美的程度。当艺术作品洋溢着‘气韵’时，它便看似是浑然天成之作，却又传达出了灵性掌握之感。”[6]

1 李泽厚：《美的历程》，北京：文物出版社，1981年，第74页。

2 Liu Gangji，“Ancient Chinese Aesthetics”，in *Asian thought and Culture：Contemporary Chinese Aesthetics*，edited by Zhu Liyuan and Gene Blocker，New York：Peter Lang Publishing，1995，p. 187.

3 《庄子·内篇·养生主》，http：//ctext. org/zhuangzi，段2，2015年8月7日。

4 Wang Keping，“A Rediscovery of Heaven-and-Human Oneness”，in *The American Journal of Economics and Sociology*，66（1），2007：p. 141.

5 李泽厚：《美学四讲》，桂林：广西师范大学出版社，2001年。

6 Karl-Heinz Pohl，*An Intercultural Perspective on Chinese Aesthetics*，Trier：Trier University，https：//www. uni-trier. de/fileadmin/fb2/SIN/Pohl_Publikation/Intercultural_perspective_on_chinese_Aesthetics. pdf. Accessed on 1st of June，2015，p. 6.

四 李泽厚的哲学美学及其积淀理论

李泽厚美学理论中的主要概念，一方面是由上述一些中华传统的重要概念组成的，另一方面则是由若干康德哲学与马克思主义观念组成的。这些主要概念有自然的人化（humanization of nature）、人的自然化（naturalization of humans）、工艺-社会结构（technological and social formation）、心理-情感结构（psychological and emotional formation）以及最重要的概念——积淀（sedimentation）。这些概念彼此相互联系，构成了李氏美学理论的有机整体。李氏在美学领域里视历史（history）为实现其理想目标的过程，同时他又把美学理解为自然与自由的结合。

前文已述，在李氏看来，中华美学并非指任何宗教或神秘主义的东西，而是建立在理性主义（rationalism）基础之上的，并通过儒、道两家得到发展。这两家所发挥的互补的交互作用，是贯穿整个中华传统美学思维的知性思想（intellectual thought）的一条重要的共同主线。中华哲学及美学受日常生活、人际关系以及政治概念的实用主义（pragmatism）与实践理性（practical rationality）所指导，而非受指导于任何抽象且深奥的理性主义理论。[1]

李氏认为，实用主义与理性的踪迹可追溯至前文所述的商周巫史传统，因此不能把孔子视为古代文化关键概念的创造者，而应视其为富有创造性的传递者。这些关键概念后来便成为儒家哲学思想的代表。[2] “天”（或自然）与“人”之间的合一关系（unified relation）在巫术仪式中就已经确定下来了，当时的巫术仪式自有其实践或实际目标，诸如祈雨及其他相似的以实用主义为导向的精神性活动（pragmatically-oriented spiritual activities），而非探索如何救赎人类灵魂（the salvation of the human soul）。“天”（heaven）并非象征着人格神

1 Jana S. Rošker, *Iskanje poti*（*Searching for the Way*）, Ljubljana: Filozofska fakulteta, 2006, p. 186.

2 Sylvia Chan, “Li Zehou and New Confucianism”, edited by John Makeham, *New Confucianism. A Critical Examination*, New York: Palgrave Macmillan, 2003, p. 117.

上帝或泛神，它显示的是人在行礼（ritual performance）过程中的功用所在。[1] 礼仪中具有的实用主义内容亦是理性的，而非被视作神秘主义的或某种形而上学的东西。

自然的人化[2]这一概念是建立在李氏人类学本体论哲学（philosophy of anthropological ontology）的基础之上的，其中对存在（being）的研究是本，事物（things）则是体，还包括中华一元世界观［拒斥二元论方法，如心灵（mind）与身体（body），自然（nature）与人类（man），实体（substance）与物质（matter）等］在其中。此外在人类学本体论哲学中，现存的万事万物是与人类的存在相联系的，而且是从社会和历史的视角而非形而上学的视角来加以理解的。[3]

因此，李氏表示"存在（being）无法与人类的存在（the existence of human beings）相分离"，[4] 他的人类学本体论聚焦于作为人类整体历史发展具体过程的社会实践（social practical）。[5] 他后来把其人类学本体论变为历史人类学本体论理论（the ontological theory of historical anthropology），用以"进一步强调人类社会的物质基础（the material base of human society）和人类心智力量发展水平（the level of development of the mental powers of human beings）这两者在历史上的独特本性（the historically specific nature）"[6]。

1 Sylvia Chan, "Li Zehou and New Confucianism", edited by John Makeham, *New Confucianism. A Critical Examination*, New York: Palgrave Macmillan, 2003, p. 117.

2 朱光潜是从马克思早期作品中采用这一术语的第一人，其中他将其定义为通过人类劳动改造自然的过程或对自然进行物质生产的过程，从而使自然人化。朱氏亦把"人化"（humanization）这一术语用于意识的活动（the activity of consciousness），例如艺术与美学。李氏表示，虽然马克思使用"自然的人化"这一术语仅仅是与经济学有关，然而这一过程却包含了重要的美学意蕴（aesthetic implication）。随着人们通过人类劳动逐渐征服或驯化了自然，人们便能够理解自然的美学价值（aesthetic value）所在（Woei Lien Chong, *Kant and Marx in Post-Mao China: The intellectual path of Li Zehou*, Doctoral Thesis, Amsterdam, 1999, p. 79）。

3 Li Zehou and Jane Cauvel, *Four Essays on Aesthetics: Toward Global View*, Oxford: Lexington Books, 2006, p. 40.

4 Li Zehou and Jane Cauvel, *Four Essays on Aesthetics: Toward Global View*, Oxford: Lexington Books, 2006, p. 40 .

5 Li Zehou and Jane Cauvel, *Four Essays on Aesthetics: Toward Global View*, Oxford: Lexington Books, 2006, p. 40.

6 Sylvia Chan, "Li Zehou and New Confucianism", edited by John Makeham, *New Confucianism. A Critical Examination*, New York: Palgrave Macmillan, 2003, p. 108.

人类的社会存在恰恰就是人类超越其作为生物体（biological creatures）所具有的生物特性（biological nature）之处。这是自然的人化（humanizing physical nature）的过程。李氏采纳了马克思关于自然的人化（humanization of nature）包含两层过程的理念，但也把我们后面将要看到的人的自然化（human's naturalization）过程包括进来。自然的人化的第一层指的是外部自然的人化（humanization of external nature），也即山河日月以及整个宇宙的人化。在这一过程中，人类创造出了物质文明；第二层指的是内心的人化（humanization of inner nature），也即感官（senses）、感知（perception）、情感（feelings）与欲望（desires）的人化，由此人类创造出了精神文明。自然的人化通过生产实践或生产劳动得以演进。李氏把生产实践或生产劳动描述为制造和使用工具，并把物质文明定义为工艺 – 社会结构，把精神文明定义为终极实在（the ultimate reality）的文化 – 心理结构，其中：

> 前者指的是个体得以成长的物质条件（material conditions）：自然环境（the natural environment）、人体的物理结构（the physical structure of the human body）以及任何既定历史时期的技术发展水平（the level of technological development at any given historical period）。后者则是指个体所拥有的心智力量（the mental powers）：认知（cognition）、情感（emotion）及意志（volition）。[1]

在此过程中的主要概念即主体性（subjectality）概念，李氏描述其为人类理解真理的主观欲求和意向以及对善的渴望与对美的热爱。[2]

这一切都构成了一个认知机制（cognitive mechanism），它产生了工艺 – 社会结构和文化 – 心理结构。主体性，这一概念既体现在客观层面，又体现在主观层面。主观层面是基础，体现为技术与社会存在，它通过物质实在的

1 Sylvia Chan, "Li Zehou and New Confucianism", edited by John Makeham, *New Confucianism. A Critical Examination*, New York: Palgrave Macmillan, 2003, p. 109.

2 Jana S. Rošker, *Iskanje poti* (*Searching for the Way*), Ljubljana: Filozofska fakulteta, 2006, p. 182.

社会实现（the social realization of material reality），即通过生产过程（the process of production）得以显现出来。此外，它亦包括社会意识（social consciousness）的主观层面，而社会意识的主观层面则体现在受文化所制约的心理结构（culturally conditioned mental structures）之中。因此对于李氏而言，主体性首先并非个体在感觉（sensations）、情感（feelings）、欲望（desires）等意义上的主观意识（subjective awareness），而是指体现在精神与思想文化的深层结构（deep structures of spiritual and intellectual culture）中的人类历史的产物，它亦包含伦理与审美意识的结构（structures of ethical and aesthetic consciousness）。

除了主体性是自然的人化中的主要概念外，李氏亦引入了中华传统的人性（human nature）概念，这一概念是作为人类意识中感觉（sensitivity）与理性（rationality）、自然（nature）与文化（culture）、工艺-社会结构与文化-心理结构的统一来加以讨论的。换言之，人性是社会性与理性的融合（影响个体的外在因素），也是生物性与感性的融合（内在于个体的兽性层面）。它是情感生活与理性相互渗透的产物，是持续演化而产生的自然性与社会性的融合。

> 这种统一（unification）并非是由这些要素机械相加（mechanical addition）而得，而是通过自然的人化（the humanization of nature）这一动态过程（the dynamic process）以及由此而来的人类主体与自然客体之间的相互作用（an interaction between human subjects and natural objects）方能实现。在这一过程中，感性（sensitivity）与自然性（naturalness）须由理性（rationality）与诸社会因素（social factors）加以转化。[1]

这种转化体现在“美感”（the sense of beauty）之中。美感是人类社会及生产实践的产物。李氏表示，外部世界的人化区别于外部现实（external

1 Jana S. Rošker, *Iskanje poti*（*Searching for the Way*），Ljubljana：Filozofska fakulteta，2006，p. 183.

reality），并且把世界重塑成美丽的对象及景致，从而使其成为美的来源。[1] 内心世界的人化构成了主观心理（subjective psyche）中的美感，这是审美体验或美的感觉（the sense of beauty）之源。因此在李氏看来，内外两种进程都是人类社会历史实践的产物。

李氏从马克思主义人化的自然（humanized nature）的意义上对美加以解释：

> 自然本身并不是美，美的自然是社会化的结果，也就是人的本质对象化（异化）的结果。自然的社会性是美的根源。[2]

因此，李氏主张美本身并不存在，它也不是人类感知（human perception）所先天固有的，美也不是仅由人类感受（human sensibility）来界定的。然而，美却是物质和心理生产的历史进程（the historical process of material and psychological production）的产物：

> 在个别事物的具体形象的直觉本身中，即已包含了极为丰富复杂的社会生活的内容，包含了我们对这种生活的了解和认识，而这，就正是包含了我们对事物关系的认识。[3]

社会的、理性的和历史的东西经过积累和沉淀后变成了个体的、感观的和直觉的东西，李氏称之为“积淀”，它发生在自然的人化这一过程中。积淀是社会的和个体的进程与历史进程的融合，结果是形成了文化－心理结构。[4] 人类物质生产

1 Li Zehou and Jane Cauvel, *Four Essays on Aesthetics*: *Toward Global View*, Oxford: Lexington Books, 2006, p. 88.

2 李泽厚：《论美感、美和艺术（研究提纲）——兼论朱光潜的唯心主义美学思想》，《哲学研究》1956年第5期，第57页。

3 李泽厚：《美学论集》，上海：上海文艺出版社，1980年，第7页。

4 Karl-Heinz Pohl, *An Intercultural Perspective on Chinese Aesthetics*, Trier: Trier University, https://www.uni-trier.de/fileadmin/fb2/SIN/Pohl_ Publikation/Interculural_ perspective_ on_ chinese_ Aesthetics. pdf.

及其相对应的心理生产把积淀物（sediment）渗透进了人心（human mind），并且事实上这两种生产亦是文化—心理结构中持续动态的进程：

> 纵观整个人类历史，社会和物质实践（the social and material practices）通过积淀（sedimentation）的过程已经构成了并且继续构成着人类文化—心理结构（human cultural-psychological formations）。简言之，我们的心理（psyche）、思维方式（patterns of thought）、行为模式（ways of behaving）以及我们的艺术（arts）和制度（institutions），都是人类能动性（human agency）与物质世界（the physical world）在整个人类历史中相互作用及演化的产物。[1]

这一积淀的过程始自李氏所谓的制造并使用工具，这使得早期人类从其动物状态中分离出来。从心理和生理双重意义上说，对工具的运用使人类能够改造社会和自然世界，反之社会和自然世界又会改造人类。亘古以来，这些物质和心理活动已经促成了心理形式（mental forms）或积淀的形成，并通过文化—心理结构表达出来。在人心中，积淀在三个层次或三种积淀中出现：

> ①生物或物种积淀（the biological or species sediment），是全人类的共有形式，例如认知能力（cognitive facilities）、理解类型（categories of comprehension）等；
>
> ②文化积淀（the cultural sediment），是指我们赖以生存的文化所共有的思维与感觉习惯（the customs of thinking and feeling）；
>
> ③个体积淀（the individual sediment），这是我们与世界以及我们从生活体验（life experiences）中积累得来的世界观（worldview）相互作用

1 Li Zehou and Jane Cauvel, *Four Essays on Aesthetics: Toward Global View*, Oxford: Lexington Books, 2006, p. 5.

(interaction) 的产物。[1]

这些积淀常处于变化和交互的动态过程中，它们绝不是（康德意义上）我们精神的先验范畴（a priori categories），而是由社会的历史演化和物质生产（society's historical evolution and material production）发展而来的社会与个体的融合。

此外，李氏主张积淀是对外部世界的感知所形成的社会理性化的原型形式（the socially-rationalized, archetypical forms）的积累。这些理性化的外在形式并不起任何作用：

> 如同从外部叠加在个体之上的强制力（a coercive power），但又像是与内在本质（inner nature）相似的东西，铭刻、储存、内化并积淀在个体的心律、眼神与感觉（the very pulse, gaze, and feeling of the individual）之中，并在同感（consent）与自由（ freedom）的这种完满愉悦（the full delight）之中加以体验。[2]

李氏表示，积淀作为这些原型因素的积累与承载（loading），其过程表现在三个层次上。每当积淀达到一定情形时，它就会进入下一个创造审美感受与对象（aesthetic sensations and objects）的更高阶段。积淀的基础层次是原始积淀（elementary sedimentation），这是艺术积淀（artistic sedimentation）的基础。有了艺术积淀，便可以进行形式创作（the creation of forms），艺术积淀达到饱和程度便进入生活积淀（vital sedimentation），这是艺术创造力（artistic creativity）的基础。[3] 美学感受（aesthetic sensibility）是人类最重要的能力，它通过心理与文化积淀的过程改造我们对世界的理

1 Jane Cauvel, "The Transformative Power of Art: Li Zehou's Aesthetic Theory", in *Philosophy East and West*, Vol. 49, No. 2, 1999, p. 158.

2 Jana S. Roker, *Iskanje poti* (*Searching for the Way*), Ljubljana: Filozofska fakulteta, 2006, p. 185.

3 Jana S. Roker, *Iskanje poti* (*Searching for the Way*), Ljubljana: Filozofska fakulteta, 2006, p. 185.

解。[1]

自然只有在自然的人化这一进程达到一定的历史发展水平之后才能成为审美鉴赏（aesthetic appreciation）的对象（或成为审美对象），此时人类认识到自然环境是人类日常生活的资源与工具。只有到那时，自然物（山、川、云、雨、日、月等）才开始具备美的本质并表现出美学特质。[2]

纵观整个人化自然（humanizing nature）的历史进程，美的感知（the perception of beauty）与美感（the aesthetic sensibility）已经嵌入我们的心理—文化积淀（psychological-cultural sedimentation）之中，而自然化的人（naturalized humans）则是其对应物。自然化的人这一术语涉及三层含义：(1）作为生活与生存环境的自然；(2）作为欣赏和欢娱对象的自然；(3）通过特定实践（如气功、冥想等）使人与自然相互融合，人在其中学会了使身心与自然节律相适应。[3] 李泽厚提出的“人的自然化”这一概念是作为他对自然的人化这一本质上属马克思主义术语的诠释的对应物而出现的。

根据李氏的说法，[4] 自然的人化和人的自然化都是建立在中华古典概念“天人合一”（the unity of Heaven and man）的基础之上的，这是儒道两家具有非常重要意义的概念。[5] 这种天人合一［the unity of Heaven（Nature）and man］不仅包括自然的人化，亦包括人的自然化。李氏认为，中华美学的特殊精神，是建立在儒道互补的基础之上的，这恰好可以在这种天与人的“合一”中找

1 Brian Bruya, “Li Zehou's Aesthetic as a Marxist Philosophy of Freedom”, *Dialogue and Universalism*, No. 11 – 12, 2003, p. 138.

2 Li Zehou and Jane Cauvel, *Four Essays on Aesthetics: Toward Global View*, Oxford: Lexington Books, 2006, p. 72.

3 Li Zehou and Jane Cauvel, *Four Essays on Aesthetics: Toward Global View*, Oxford: Lexington Books, 2006, p. 75.

4 李泽厚:《美学四讲》，桂林：广西师范大学出版社，2001 年，第 87 页。

5 王柯平在其题为“A Rediscovery of Heaven-and Human Oneness”（《天人合一的再发现》）一文中亦着重强调了“天人合一”这一观念的必要性，指出“当前有这样一种倾向，即通过加进新的甚至是现代的讯息对旧的观念进行理解，从而对与‘天人合一’的关联性（the relevance of ‘heaven-and-human oneness’）进行再发现。这是一种开放式的行为（an open-ended activity），出于共同利益（the common good）及其所潜藏的普遍性（universality），从而引发人们参与到这一再反思（a second reflection）、跨文化阐述（transcultural exposition）乃至创造性转换（creative transformation）的行为中来”（Wang Keping, “A Rediscovery of Heaven-and-Human Oneness”, in *The American Journal of Economics and Sociology*, 66 (1), 2007: p. 237)。

到。因此，对于李泽厚而言，天人合一理论同时就是人与自然相互转化的理论，因为这种理论既包括自然的人化，又包括人的自然化。实际上，他视自然的人化和人的自然化这两个概念不过是一个内容两个名词而已。[1] 在李泽厚看来，人的自然化（the naturalization of humanity）充当的是自然的人化（the humanization of Nature）的对应物，它针对的是人的实现（human fulfilment）和人性的整体性（the wholeness of human nature）[2]。

自然的人化在儒家传统中表现为对道德价值观（moral values）和伦理观（ethics）的强调，而人的自然化则表现在道家哲学（特别是庄子哲学）中，强调个人自由的价值（the value of personal freedom）：

> 儒家讲"天人同构""天人合一"，常常是用自然来比拟人事、迁就人事、服从人事。庄子的"天人合一"，则是要求彻底舍弃人事来与自然合一。儒家从人际关系中来确定个体的价值，庄子则从摆脱人际关系中来寻求个体的价值。[3]

李氏认为，儒家的自然的人化乃是建立在人类本能欲求（human instinctive desires and needs）的社会化及其培养教化的基础之上，亦建立在有关人际关系和道德（interpersonal relations and morality）的人类情感（human emotions）的平衡与塑造的基础之上。因此，儒家的美学形态（儒门六艺）就是对这种意向和要求的共鸣。

道家（特别是庄子）的人的自然化则是基于对人事（human affairs）与道德律（moral laws）的遁离，只与自然法则（the laws of nature）相结合。庄子对生活艺术（the art of life）的思索无意间创生了最高的审美精神（aesthetic spirit）并因此使艺术活动（artistic activities）得以可能。庄子的逍遥游哲学是

1 李泽厚：《美学四讲》，桂林：广西师范大学出版社，2001 年，第 87 页。

2 Wang Keping, "A Rediscovery of Heaven-and-Human Oneness", in *The American Journal of Economics and Sociology*, 66 (1), 2007: p. 251.

3 李泽厚：《美学三书》，合肥：安徽文艺出版社，1999 年，第 292 页。

由功夫（mastering the technique）、美学完满（the aesthetic perfection）以及人类精神的自由与自由化（the freedom and liberalization of the human spirit）构成的，旨在实现与道的合一，此乃审美体验的最高状态。

李氏在文化—心理结构和工艺—社会结构中的积淀概念，是自然的人化和人的自然化的共同产物。[1] 它通过审美意识以及特定历史时期的创造力表现出来。如上所述，积淀是人类意识持续而动态的过程。李氏在其积淀理论中发现了若干与荣格的集体无意识（collective unconsciousness）概念和原型（archetypes）概念相似之处，但我们会进一步发现这两者是有显著区别的。

五　李泽厚的“积淀”与荣格的“原型”一种典范性的对比分析

正如在前文所看到的，李氏的积淀理论涉及的是由人类的社会和生物演化所构成并传达出来的文化—心理结构，它本身亦是历史与社会进程中物质和精神生产的产物。许多当代学者，包括王柯平在内，[2] 都描述李氏的这一理论是深受西洋思想的影响，并揭示李氏通过历史积淀假设比喻性地指出了人类文化适应（human enculturation）的隐藏结构，而这一假设是与荣格的原型心理学（archetypal psychology）、皮亚杰（Jean Piaget）的发生认识论（genetic epistemology）、贝尔（Clive Bell）的美学预设（aesthetic hypothesis）紧密联系的，当然亦与马克思的实践哲学（practical philosophy）密不可分。由于李氏的

1　李泽厚认为，“自然”可以从概念上划分为外在的（external）和内在的（internal）两类模式。外在自然代表的是人类的生存环境（the living surroundings of humankind），内在自然则代表的是人类的生理与心理能力（the physical and psychic faculties of humankind）。西元 1999 年，李氏借用比喻的方式把“外在的自然”和“内在的自然”这两个二元术语比喻为“硬件”（hardware）和“软件”（software），以帮助阐明他的诠释（Wang Keping，“A Rediscovery of Heaven-and-Human Oneness”，in *The American Journal of Economics and Sociology*，66（1），2007：p. 248）。

2　Wang Keping，“A Rediscovery of Heaven-and-Human Oneness”，in *The American Journal of Economics and Sociology*，66（1），2007：p. 250.

积淀理论最常与荣格的集体无意识及原型概念联系在一起，[1] 加之该理论具有深远的观念和跨文化意涵，故厘清这两个概念之间的范式差异似乎是有必要且重要的，我们在此须分别揭示出“积淀”和“原型”这两个概念所具有的主要对立性所在。

李泽厚本人承认，荣格的理论与其自身的学说有某些相似性：

> 我认为卡尔·古斯塔夫·荣格的集体无意识（the collective unconscious）及其中的原型（archetypes）观念为人类的心理—情感方面（the psychological-emotional aspect of human beings）提供了一种有价值的方法。荣格认为，随着人的大脑演化（the evolution of man's brain），人种（the human species）的原始社会经验（the primitive social experiences）在脑神经（the cranial nerves）中留下了生理印记（physiological traces），并形成了各种无意识的原型（unconscious archetypes）。通过遗传（heredity），这些无意识的原型代代相传，从而形成了集体无意识。艺术家的作用就在于唤醒尚隐藏在个体心智（individual minds）中的强有力的原型，以使得这些个体的心智对剩余的原始经验以及那些原型的力量做出回应。荣氏揭示了艺术中超个体（supra-individual）的集体无意识以及审美体验（aesthetic experience），他的这一洞见与我的积淀学说（doctrine of sedimentation）有相似之处。[2]

荣格本人用下述方式定义其集体无意识和原型概念：

> 除了我们的印刻意识还存在着第二种精神系统，这一系统具有在所有

1 Woei Lien Chong, *Kant and Marx in Post-Mao China: The intellectual path of Li Zehou*, Doctoral Thesis, Amsterdam, 1999; Wang Keping, “A Rediscovery of Heaven-and-Human Oneness”, in *The American Journal of Economics and Sociology*, 66 (1), 2007; Sylvia Chan, “Li Zehou and New Confucianism”, edited by John Makeham, *New Confucianism. A Critical Examination*, New York: Palgrave Macmillan, 2003.

2 Li Zehou and Jane Cauvel, *Four Essays on Aesthetics: Toward Global View*, Oxford: Lexington Books, 2006, p. 87.

> 个人身上完全相同的集体性、普世性、非个人性本质。这种集体无意识并非是单独发展而来的，而是遗传而得的。它由事先存在的形式、原型组成，原型只能继发性地成为意识，赋予某些精神内容以确定的形式。[1]

在这一概念框架中，荣格的集体无意识的存在意味着个体意识根本不是一块白板（tabula rasa），也不是不受预先设定的影响。恰恰相反，荣格认为：

> 它在最大程度上受遗传而来的预设（inherited presuppositions）所影响，更何况通过环境（the environment）施加于它的不可避免的影响。集体无意识就其本身而言是由可直溯至我们肇始祖先的精神生活（the psychic life）组成的。它是所有意识的心理发生的基质（the matrix of all conscious psychic occurrences），并因此产生了一定的影响，从而使意识的自由（the freedom of consciousness）在最大程度上做出让步妥协，这是因为它不断努力使所有意识过程（conscious processes）都回到旧的路径（the old paths）中去。[2]

李氏的“积淀”亦是一种集体无意识，但首先我们不能按照荣格的“去历史”话语来理解它。荣格的原型即是固定的且静态的结构形态，它可以被看作一种先验形式（transcendental form），正如我们前文所见，这种先验形式的存在是遭到李泽厚绝对否认的。因此，李氏的积淀并非是某种生物学意义上遗传而得的东西；它是心理—文化发展（psycho-cultural development）的一个动态的、常变的过程。在这一过程中，它是某种社会类型的主导生产方式，产生特定的文化—心理结构，从而使属于这一社会的个体按一定的方式看待现实并以某种方式采取行动。换言之，李泽厚的积淀与荣格的原型这两者的本质区

1　〔瑞士〕卡尔·古斯塔夫·荣格：《原型与集体无意识》，徐德林译，北京：国际文化出版公司，2011年，第37页；英文原文可参见 Karl Gustav Jung, *The Archetypes and the Collective Unconscious*, London: Routledge, 1990, p. 43。

2　Karl Gustav Jung, "The Significance of Constitution and Heredity in Psychology", in *The Collected Works of C G. Jung*, Vol. 8, London: Routledge, 1960, p. 112.

别就在于荣格假定原型是从遥远的过去（remote past）获得的，是存在于我们所谓“集体无意识”中的先天的或原初的模式；李氏的积淀理论则明显不同，因为它强调我们意识变化的动态过程，这是社会的物质进步对我们精神的文化—心理结构产生影响后的结果。

某一文化或社会中的全体成员都获得并拥有相同的文化代码（culture code），例如该文化或社会中的行为模式（modes of behavior）、风俗习惯、价值体系等。就这一意义来说，文化—心理结构亦具有集体性。然而荣格与李氏截然不同，他以某种方式把其原型概念赋予了神秘的、宗教的维度，把其视为反映永远独特的神性体验（ever-unique experience of divinity）的符号象征。这种神性体验拥有这样一种能力，它可以赋予人对神的预感，同时又可以保护个体不受其直接经验（immediate experience）的干扰。[1]

这些符号象征内嵌于全面综合的思想体系之中，并通过宗教或其他神秘性的实践表现出来。在荣格看来，它们可以通过艺术创作（artistic creation），尤其是通过绘画（paintings）加以发现，从而从集体无意识的层面到意识层面都唤醒它们。荣格把这套方法运用到他的治疗实践之中，以帮助其病人解决无意识层面的原初宗教或神话的冲突。这样一种对宗教的诠释和这样一种把神话同个体精神相提并论的尝试是一种大胆的概括，它忽视了文化的重要差别。

这与李氏对形式（forms）与符号象征（symbols）的诠释显然不同。在李氏这里，形式与符号象征通过时间积淀在华人精神（Chinese mind）里的文化—心理结构之中。李氏表示，由于物质生产（或技术生产）和社会的发展，图腾仪式、歌舞以及神话传说发展成为了政治制度、诗歌、文学以及书画，同时也改变了人类的精神生产。这些东西在遥远的过去从某种程度上来说都是凝固了的图像。但由于它们在历史进程中发生了转变，它们便不再以某种静态的不变的东西在人们的精神中呈现出来。此外，正如我们在前文所见，以中华文化为例，它之所以无法建立宗教，是因为理性的精神（rational spirit）在周代的中华传统中就已经流行开来了。

1 Karl Gustav Jung, *The Archetypes and the Collective Unconscious*, London: Routledge, 1990, p. 8.

但正如前文所述，这些由遥远的过去而来的原型都是静态的模式，它们出现在人类的集体无意识之中，这与李氏认为的积淀层的动态结构存在于我们的精神中并在其中不断改变自身的观点完全相反。文化认同（cultural identity）通过社会化进程以及我们所生长的社会的遗传代码而获得，因此，李泽厚在文化—心理结构中提出的积淀概念只能在这种意义上才能被认为是具有集体无意识性的。但这种作为集体无意识的先天文化代码或文化认同并非是由荣格在其原型理论中提出的原初形式（primordial forms）组成的，而是随着社会的物质和精神发展而不断变化的。

通过这样的比较，我们可以清楚地发现，随着对物质与技术在人心（human mind）所包含的积淀的文化—心理结构上产生的影响所具有的重要功能加以引介，李氏赋予了荣格观点所具有的唯心主义性质和投机性质以源自马克思主义唯物史观的重要成分。但同时，李氏亦通过揭示出在这些进程中由属于人类心理范围内的诸因素所承担的重要作用，来提升马克思主义的社会发展理论。因此，如果我们考虑上述诸因素，那么荣格的集体无意识和文化—心理结构之间肤浅的相似处就相当微不足道了。

六　结论

有鉴于上述比较，我们可以理解为李泽厚为美学与哲学思想指出一条新的方向。正如在荣格的原型思想中所举例证明的那样，西洋范畴所具有的静态性（static nature）常常无法考察文化证据（cultural evidence）的多样性（diversity）。但是，哲学应当始终是跨文化的，美学思想更应是如此，因为美的领域同样属于全人类。从这个意义上来说，李泽厚复杂但又非常开放的思想体系无疑可以被视为是对我们所共有的美学、伦理学以及认识论展开未来的跨文化讨论而做出的一大贡献。

论傅圣泽研《易》理路：由“儒耶”到“道耶”的转变*

陈欣雨**

摘　要： 来华传教士傅圣泽在对中华文化经典研究之初，跟随其师白晋以“儒耶对话”的方式研究儒家经典，特别是《易经》。而梵蒂冈图书馆馆藏的傅圣泽中文著作《据古经传考天象不均齐》一文，重点突出傅圣泽对道家思想的重视。他合《易经》与道家经典，将“道”作为连接中西方文化的核心概念，不仅首创了以《易经》为载体的“道耶对话”模式，而且也为天主教在华传教事业开拓了新的理论方式。

关键词： 儒耶对话　道耶对话　易经　傅圣泽　道家

* 本文系北京市社科基金青年项目：《西学东渐与“利玛窦与外国传教士墓地”碑文研究》（16CZC016）阶段性成果。

** 陈欣雨，哲学博士，北京行政学院哲学教研部讲师。

傅圣泽（Jean Franc oise Foucquet，1665～1741年），字方济，法国耶稣会士，出生于法国奥顿教区（Autun）的勃艮第小镇维孜莱（Vezelay），于1681年9月17日在巴黎进入初修院，成为一名耶稣会见习修士，1693年3月7日在巴黎晋铎为神父。1698年2月21日，他从洛里昂（Lorient）附近的路易港（PortLouis）出发，于1699年随白晋（Joachim Bouvet，1656～1730年）[1] 来到中国传教，“于1703年时就成为了白晋的弟子”[2]，并成为索隐学派（Figurism）的代表[3]。从1704年开始，他与白晋“就索隐学派的理论通信”[4]，1711年又被康熙招至北京时与白晋一起从事专门的《易经》研究。本来以数学和天文学著称的他，在北京投入到《易经》的研究中，直到1720年离开北京时才中止。在对中华传统文化的研习中，傅圣泽通过《易经》研究深入到传统文化经典之中，在其研究过程中，以他的《傅先生辨析儒理》（La doctrine des lettrésdiscutée par le P. Foucquet）[5] 一文作为典型，他以问答对话的方式对颜铛主教针对儒家义理中的诸条疑问做了解答，引用《周易》、朱熹的《周易本义》、《太极图说解》等，以此作为中国人祭天、祭祖和祭孔的佐证，比如言鬼神之德盛，禘之灌礼，天即理，郊社、宗庙之礼，傩舞之意，筮（蓍）之仪，阴阳之道等。他秉承文化适应的策略，试图开启的并非是泛化的“儒耶对话”，而是在确定儒学正统地位基础上，通过《易经》将“儒耶对话”

1 白晋（Joachim Bouvet，1656～1730年），法国耶稣会士，为马若瑟的老师，亦为中国易学索隐派研究的创始人。在德国汉学家柯兰霓所著的《耶稣会士白晋的生平与著作》一书专门就白晋的生平、作品以及他的索隐派思想体系以及对在华传教的重要意义等方面进行陈述，并且重点阐释了以《易经》为基础的索隐思想在白晋人生和学术中的影响。

2 〔德〕柯兰霓：《耶稣会士白晋的生平与著作》，李岩译，张西平、雷立柏审校，郑州：大象出版社，2009年，第58页。

3 〔法〕戴密微：《中国汉学研究概述》（上），《中国文化研究》，1993年第2期，第1344页。

4 〔丹麦〕龙伯格：《清代来华传教士马若瑟研究》，李真、骆洁译，郑州：大象出版社，2009年，第148页。

5 记载于高田时雄所编辑整理的梵蒂冈所藏汉文写本和印本书籍简明目录（Inventairesommaire des manuscrits et impreimes chinois de la BibliothequeVaticane. A POSTHUMOUS WORK by Paul Pellit . Revised and edited by TAKATA Tokio. IstitutoItaliano di CulturaScuola di Studisull’AsiaORientale . KYOTO 1995）的66页。梵蒂冈索引书目编号为512A。亦参见伯希和所著的《梵蒂冈图书馆所藏汉文写本和印本书籍简明目录》（Inventaire sommaire des manuscrits et impreimes chinois de la Bibliotheque Vaticane，13 JUIN－6 JUILLET 1922）梵蒂冈索引书目编号为512。此外，在余东的《梵蒂冈图书馆馆藏早期传教士中文文献目录》[CatalogodelleoperecinesimissionariedellaBibliotecaapostolicavaticana（XVI-XVIII sec.）]，（Città del Vaticano：BibliotecaApostolicaVaticana，1996.）一书的第38页也提及此书。

继续深化，这是他进行学术传教的自我尝试的开端。然而傅圣泽并不囿于儒家学说，更关注道家学说，从而在道家文化中寻求与基督教义相合的历史同源性和启示的普遍性，并且开拓了“道耶对话”的交流模式，可视为一种新兴的经典诠释方式。

一　以《易》为基——与白晋共创“耶易”

傅圣泽作为白晋最得力的弟子，其索隐派的代表人物之一的身份已被公认，他与白晋之间一直保持着良好的关系，不仅同为教友、亲为师徒，而且在《易经》研究中是为最亲密的合作伙伴。白晋于 1673 年加入耶稣会士，傅圣泽 1681 年成为耶稣会初学修士，二人都曾在法国巴黎大路易学院学习过。巧合的是傅圣泽后来还去白晋曾就读的耶稣会学院费莱彻教过书。二人均选择了献身东方传教区，也最终选定了中国作为传教事业的落脚地。正是有这样的修会背景和自我动机的促使，二人才有相遇的契机。白晋 1693 年返欧，一方面为了完成外交使命，另一方面为招募更多的有识之士，挑选精通各门科学和艺术的传教士前往中国传教。傅圣泽即是白晋挑选的十五位耶稣会士之一，最终傅圣泽于 1699 年 7 月 24 日与白晋一起来中国。到了中国以后，白晋一直在京城朝廷工作，傅圣泽在来北京之前辗转于江西南昌、抚州、临江等地传教。傅圣泽的才华和学习中文能力为白晋所赏识，二人保持书信上的来往和良好的师徒关系。

在《易经》索隐研究上成为白晋最得力的助手，与白晋一起从事易学研究。“天主不允许他（白晋）工作了，他一定会挑选傅圣泽神父来做他的接班人。”1711 年白晋第二次坠马受伤后，在《易经》研究上耽误了进程，然而康熙依然想如期阅读他关于《易经》研究的作品，故康熙不仅免除了白晋的鞑靼之行，还打算找人来帮助他完成《易经》上的研究。在皇帝的多次询问下，白晋决定让傅圣泽前往北京帮助自己。其背后的原因非常复杂，一方面是顾及铎罗于 1707 年 2 月 7 日所颁布的“南京训令”所衍生出来的对传教士学术活动的约束，包括严禁白晋运用中国知识诠释天主教教义，这一禁令的颁布使得很多原本对白晋研究感兴趣的人也望而却步。另一方面也顾及傅圣泽的安危以及对教会的解释问题，故白晋再三考虑，直到1711年才依照康熙的指令让傅圣泽进宫协助他研究《易经》。关于1711年傅圣泽前往北京协助白晋研究《易经》之事，在梵蒂冈图书馆馆藏的康熙奏折中对此有所体现，“臣傅圣泽在江西叩聆圣旨，命臣进京相助臣白晋同操《易经》稿，同臣白晋竭尽微力草《易经》稿数篇，候圣驾回京恭呈御览”[1]。而白晋回答康熙询问《易经》研究的情况时，也多有提及傅圣泽的《易经》研究，“臣白晋前进呈御览《易学总旨》，即《易经》之内意与天教大有相同，故臣前奉旨初作《易经稿》内有与天教相关之语，后臣傅圣泽一至即与臣同修前稿，又增几端”[2]。

“有旨问臣白晋你的易经如何？……傅圣泽虽与臣所见槩同，然非我皇上天纵聪明，惟一实握大易正学之权，亲加考证。”[3] 方豪在《十七八世纪来华西人对我国经籍之研究》中，“康熙帝命西士研究易经”一节中节录梵蒂冈图书馆中康熙奏折[4]，且在《中国天主教史人物传》一书中，将白晋和傅圣泽放在一起论述，可知二者的关系较为密切[5]。此外，在《康熙朝满文朱批奏折》中“康熙五十年六月初十日”（编号：1755）和“康熙五十年六月初十日”（编号：1768）[6] 对傅圣泽自江西到北京辅助白晋一事亦有所记载。

二人不仅在《易经》研究上为合作关系，而且在旨趣上多有重合。比如从整体而言都试图在中国古典文献中找到基督的痕迹[7]，具体来说都将《圣经》作为《易经》的参考文本，用《圣经》的主旨来贯穿易学研究，以《圣经》的故事对应《易经》的具体卦爻，用《圣经》的人物来对应易学

1 “康熙诏书”，梵蒂冈图书馆，Borgia · Cinese ，439 A，（e）。
2 “康熙诏书”，梵蒂冈图书馆，Borgia · Cinese ，439 A，（h）。
3 “康熙诏书”，梵蒂冈图书馆，Borgia · Cinese ，439 A，（k）。
4 方豪：《方豪六十自定稿》上册，台北：台湾学生书局，1969年，第196～197页。
5 方豪：《中国天主教史人物传》，北京：中华书局，1988年，第417～423页。
6 中国第一历史档案馆编，王小虹等编译，《康熙朝满文朱批奏折全译》，北京：中国社会科学出版社，1996年，第736页。
7 Albert Chan，*Chinese Books and Documents in the Jesuit Archives in Rome.* Armonk，N. Y. M. E. Sharpe，2002：518.

人物等，从而形成了“耶《易》”[1]，而“耶《易》”正是索隐学派得以建立的基础。他们师徒一起直接促成了耶《易》的产生，使《易经》研究在清初迎来了一次诠释新风，一场由基督宗教传教士掀起的非正统的“新经学”尝试。

他们一方面吸收着传统易学的智慧，熟悉《易经》的内容、本义、体例，从而将此作为东方经典的权威代表；另一方面以西方《圣经》作为诠释依据来探查易学深意，寻求基督宗教在中华文化中的影子。故傅圣泽被称为一位一以贯之的索隐派学者，竭力在中国早期经典著作中寻找基督宗教的证据，雷慕沙有言，“诸教师中最盼在中国文字中发现基督宗教之秘迹者，莫逾于圣泽，彼谓其眩惑之极至于迷乱”[2]。魏若望言，“在所有法国耶稣会士之中，傅圣泽将成为索隐主义最忠心不贰的拥护者”[3]。由此可以看到傅圣泽通过对《易经》的研究体现出他对中华经典的浓厚兴趣以及对天主的观照。

二　合《易》与道——《据古经传考天象不均齐》内容概述

在梵蒂冈图书馆内，关于傅圣泽的中文易学资料众多。参考余东的《梵蒂冈图书馆馆藏早期传教士中文文献目录》[4]，魏若望的“Controversial Ideas in China and in Europe：A Biography of Jean-Francois Foucquet”，司马富的“The Yijing（Classic of Changes）in Global Perspective：some Reflections”（全球视角

1 “耶”即基督宗教的简称，“耶《易》”即是指代基督宗教对《易经》的研究成果，本文特指白晋及其弟子傅圣泽等人的《易经》研究。

2 〔法〕费赖之撰，冯承钧译，《在华耶稣会士列传及书目》，北京：中华书局，1995 年，第 556 页。

3 〔美〕魏若望：《耶稣会士傅圣泽神甫传：索隐派思想在中国及欧洲》，吴莉苇译，郑州：大象出版社，2006 年，第 133 页。

4 余东：《梵蒂冈图书馆馆藏早期传教士中文文献目录：十六至十八世纪》，梵蒂冈：梵蒂冈图书馆，1996 年，第 37～43 页。

下的《易经》：一些反思）[1][2] 等文可以确定梵蒂冈图书馆《据古经传考天象不均齐》（Borgia Cinese 317－13°）和《天象不齐考古经籍解》（Borgia Cinese 317－14°）[3] 两本书为傅圣泽所著。柯兰霓言及“他的第一部作品名字就叫作《据古经传考天象不均齐》”[4]。此外，魏若望提及此书是傅圣泽所写的以欧洲人与中国人进行天文学对话的著作，“表现了傅圣泽如何接触一位中国人并努力劝服他相信索隐派思想”[5]。此外，还将《据古经传考天象不均齐》一书放在傅圣泽的“中文与日文数据”一栏[6]，而《天象不齐考古经籍解》为《据古经传考天象不均齐》的另一个写本，内容一致。

《据古经传考天象不均齐》（《天象不齐考古经籍解》主要采取“以欧洲人与中国人进行天文学对话的形式”[7]，中国人问、欧洲人回答）通过天文学的知识来阐明《易经》卦象与天文的关系，合《易》与道家经典来论证先天、后天之旨，从而说服中国人信服索隐派思想的文章。魏若望认为可能成书于1712～1715年[8]。

文章第一部分根据《易经》和其他古经古传，从五纬（即太白、岁星、辰星、荧惑、填星五星）行度之不齐出发，解释诸天象何以为不均齐之原因。

1 J. Smith, Richard, *The Yijing (Classic of Changes) in global perspective: some reflections*, Paper for the Boos of Changes World Conference, Taipei, Taiwan, September 28-October 2, 2002 (23): 7.

2 J. Smith, Richard, *The Yijing (Classic of Changes) in global perspective: some reflections*, Paper for the Boos of Changes World Conference, Taipei, Taiwan, September 28-October 2, 2002, p. 23. 然结合在白晋易学著作考证中的分析，所提及的《易稿》，著者推断为白晋所著，而《周易义例》，通过考证，其内容即为李光地的《周易折中》中的《义例》部分以及卷二十一《启蒙附论》部分。（李光地等撰《启蒙附论》，《御纂周易折中》，上海：上海古籍出版社，1990年，第35～38、521～553页。）

3 〔美〕魏若望：《耶稣会士傅圣泽神甫传：索隐派思想在中国及欧洲》，吴莉苇译，郑州：大象出版社，2006年，第175页。

4 〔德〕柯兰霓：《耶稣会士白晋的生平与著作》，李岩译，张西平、雷立柏审校，郑州：大象出版社，2009年，第70页。

5 〔美〕魏若望：《耶稣会士傅圣泽神甫传：索隐派思想在中国及欧洲》，吴莉苇译，郑州：大象出版社，2006年，第175页。

6 〔美〕魏若望：《耶稣会士傅圣泽神甫传：索隐派思想在中国及欧洲》，吴莉苇译，郑州：大象出版社，2006年，第433页。

7 〔美〕魏若望：《耶稣会士傅圣泽神甫传：索隐派思想在中国及欧洲》，吴莉苇译，郑州：大象出版社，2006年，第175页。

8 Witek, John W., *Controversial ideas in China and in Europe: a biography of Jean-Francois Foucquet, S. J.*, (1665－1741), Institutum Historicum S. I., Roma, 1982, p. 454.

首先，傅圣泽通过五纬运行法则的繁复认为寰宇天象皆杂乱变易。进而引用《周易·系辞》中的“法象莫大乎天地”“悬象着明莫大乎日月”等语说明天地日月之行度乃万物之则，虽隐现难测但皆遵变易的规则。其次，傅圣泽根据天象大变，分析了先天、后天之别。主要以《易》因先天、后天之变而成先天、后天八卦之图像为例，说明先天八卦顺先天不变之境而相生，相对应的先天图之卦象亦对待不易，后天八卦逆而相克，故后天图之卦象流行不定[1]。再次，傅圣泽认为先天、后天天象相异而不相杂。他认为先天天地已然定位，而后天天地易位，并以《淮南子》《列子》《史记》《楚辞》等书中对“天柱折，地维绝”一语的记载[2]作为天地大变的凭据，又以《易》图之旨乃为阴阳二气的转变[3]。最后，傅圣泽以人为论明先天、后天之真旨。根据《易经》先天乾坤相合，人备易简之德，故“太初先天之时，天地万物，无一不安和美善”[4]，此为道家所言“至一”[5]；而后天水火相克相害且为变易之道，故人心好恶，灭天理而穷人欲，此大乱之道兴。傅圣泽将其原因回归到《圣经》中所言的人祖之罪，“普世人类之万变，皆自出生人类先祖之所贻也”[6]。由此可见，本部分实质是通过《易经》来论先天、后天之旨，暗喻天主教的诸多教义。

文章第二部分是分析道家严君平的《老子指归》[7]。主要对严君平《老子指归》一书中的解释错讹之处（四端）进行辨析，从而对先祖（君王、祖考）的身份以及先祖宗庙进行界定。傅圣泽对此进行了逐一分析。其一，先祖身份。他先否定了严君平以及特定朝代君王所界定的先祖身份，“其一所云先祖者，断非严君平之先祖，亦非汉朝君王之先祖”[8]，再结合严君平所言“一人为之，伤败万国”[9] 之语，认为先祖即普世统一之原祖，“必谓普世万代之原

1 〔法〕傅圣泽著《据古经传考天象不均齐》，梵蒂冈图书馆，Borgia Cinese，317 - 13，第4页。
2 〔法〕傅圣泽著《据古经传考天象不均齐》，梵蒂冈图书馆，Borgia Cinese，317 - 13，第5页。
3 〔法〕傅圣泽著《据古经传考天象不均齐》，梵蒂冈图书馆，Borgia Cinese，317 - 13，第6页。
4 〔法〕傅圣泽著《据古经传考天象不均齐》，梵蒂冈图书馆，Borgia Cinese，317 - 13，第7页。
5 〔法〕傅圣泽著《据古经传考天象不均齐》，梵蒂冈图书馆，Borgia Cinese，317 - 13，第8页。
6 〔法〕傅圣泽著《据古经传考天象不均齐》，梵蒂冈图书馆，Borgia Cinese，317 - 13，第10页。
7 （汉）严遵：《老子指归译注》，王德有译注，北京：商务印书馆，2004年，第5页。
8 〔法〕傅圣泽：《据古经传考天象不均齐》，梵蒂冈图书馆，Borgia Cinese，317 - 13，第10页。
9 （汉）严遵：《老子指归译注》，王德有译注，北京：商务印书馆，2004年，第68页。

祖"[1]，唯有至元之祖，才能够获罪于天，这里将先祖等同于《圣经》中人祖（亚当）。其二，国君身份。傅圣泽认为国之君王"乃普天之君王也"[2]。在这里一是根据先祖之人伦特性，作为族类之父监管如今天下分立万邦，故在先祖之初必合为一国一家一邦一统。二是通过拆分"国"字，从"王"从"口"，暗指四方惟此一王，但由于战争，各立为王，自称为国。三是引用严君平所言"宗庙崩弛、国为丘墟，族类离散"[3] 为反例，以君王之罪作为国之破亡的原因，进而又引用《楚辞》中的"丹丘""不死之旧乡"形容先祖君王有德之时，所居华美之土（对应《圣经》中的伊甸园）即丘土之高地[4]，先天造物主与世人之三纲（对应《圣经》中的上帝与世人"立约"），从而宇内成太和之大顺，对应连山《易》。然而人祖（对应国君）失离大道，故天地易位，五星失度，对应归藏《易》，正如《易经·颐卦》六二爻中所言"颠颐拂经于丘颐，征凶"[5]，从而国君亦为《圣经》中人祖（亚当）。

其三，先显祖考身份。傅圣泽认为先祖为万代万邦万民之始祖，而造物者为生先祖之本，故称之为祖考。并且引用《淮南子·原道训》中"无形者物之大祖，无音者声之大宗，所谓大父大母皆是也"[6] 一言将造物主视为天地之宗，大父大母。故此处先显祖考为《圣经》中的造物主（上帝）。其四，将所废太初之宗庙视为崇丘肃敬之地（对应《圣经》中的伊甸园）。万民先祖本居荣华中土，最高文明之丘。然而正是由于人之过，寰宇万象皆变为乖戾，乾坤失序。傅圣泽做了一个推测，认为即使有人不将先天元吉转凶之责定于先祖一人身上，却"不得不认先天变为后天，由于人之故，是以妖灾兴而作"[7]，进而引用《春秋穀梁传》序中"是以妖灾因衅而作，民俗染化而迁，阴阳为之

1 （汉）严遵：《老子指归译注》，王德有译注，北京：商务印书馆，2004 年，第 68 页。
2 〔法〕傅圣泽：《据古经传考天象不均齐》，梵蒂冈图书馆，Borgia Cinese ，317 - 13，第 11 页。
3 （汉）严遵：《老子指归译注》，王德有译注，北京：商务印书馆，2004 年，第 269 页。
4 〔法〕傅圣泽：《据古经传考天象不均齐》，梵蒂冈图书馆，Borgia Cinese，317 - 13，第 11 页。
5 （宋）朱熹：《周易本义》，廖名春点校，北京：中华书局，2009 年，第 118 页。
6 刘康德：《淮南子直解》，上海：复旦大学出版社，2001 年，第 25 页。
7 〔法〕傅圣泽：《据古经传考天象不均齐》，梵蒂冈图书馆，Borgia Cinese，317 - 13，第 14 页。

愆度，七耀为之盈缩，川岳为之崩竭，鬼神为之疵厉”[1] 来说明正是由于人之妖灾，从而坏民俗，乱阴阳，天文地理皆其失序。

此外，傅圣泽对圣人进行了定义，圣人为人类之首，人伦之至，“即古经籍所在参天地致中和之大圣也”[2]，故“凡古经称为圣、为神、为后、为君、为师、为大人焉”皆指此救世圣人（对应《圣经》中的圣子耶稣）。结合老子所言“大道废，有仁义”（《道德经·第十八章》）从而说明大圣诞世的原因，是天地无德，故有圣人出。

由此可见，傅圣泽结合天主教义，对严君平《老子指归》中的先祖、君王、祖考、圣人等身份以及宗庙等地作了全新的诠释，分析先天、后天之变，展开了基督宗教和道家思想之间的对话。

三　“道耶对话”——理论传教的新尝试

在基督宗教历史中，魏若望认为由于利玛窦对道家的否定，所以步他后尘而来的传教士们对道教并未太多涉及，仅仅认为道教是一种类似巫术的邪教，而道士就是一群骗人钱财的无耻之徒，李明认为道教“求助巫术，做出各种各样荒诞的事来”[3]，可见道教在传教士印象中极其负面。然而傅圣泽却是一个特例，他对道教产生了浓厚的兴趣，特别是对道家的核心范畴——“道”的探索，并长期计划写一篇关于《道德经》的“索引派解释”[4]。费赖之的书中记载傅圣泽著有《道德经评注》[5] 一书，并有拉丁文和法文版本，可以看到，傅圣泽对道家学说非常重视。“当白晋将注意力集中在《易经》中的算术

1 （晋）范宁集解，（唐）杨士勋疏，《春秋穀梁传注疏》，李学勤主编，十三经注疏标点本，北京：北京大学出版社，1999 年，第 4 页。

2 〔法〕傅圣泽：《据古经传考天象不均齐》，梵蒂冈图书馆，Borgia Cinese，317－13，第 14 页。

3 李明：《中国现状新志》，转引自许明龙《欧洲十八世纪中国热》，北京：外语教学与研究出版社，2007 年，第 142 页。

4 〔美〕魏若望：《耶稣会士傅圣泽神甫传：索隐派思想在中国及欧洲》，吴莉苇译，郑州：大象出版社，2006 年，第 201 页。

5 〔法〕费赖之：《在华耶稣会士列传及书目》，冯承钧译，北京：中华书局，1995 年，第 559 页。

和几何成就时，傅圣泽却因其对道教的兴趣而超越这一点”[1]。

在梵蒂冈图书馆所藏的关于傅圣泽的作品中，几乎每一本都涉及道家学说。在《经义精要》（一、二）（Borgia Cinese 380 2°－4°）中，傅圣泽合道家思想来诠释易学核心概念，认为道家“道生一、一生二、二生三”以成乾象，并以此来解释“三一”，明确提出引庄子和陈抟的事迹来说明“造化”之意等等。在《易经诸家详说》（Borgia Cinese361－3°）中，傅圣泽以“庄生所称神奇者也，一分两，两含一，如影相偶”[2] 来理解赵振芳所著的《易原》中“一”的概念，认为一为万物之始；又用老子的“无之以为用”来解释李本固《古易汇编》中的“一”，此“一”即无而有用，即天一，“天一为根阴根阳之宗”[3]。

此外，在解释李本固《古易汇编》中的“太极”时，傅圣泽又以“老子曰：道可道，非常道，强名曰道”[4] 将太极与道同一，从而说明太极的本体地位。在 Vat. Estr. Or. 30 的《傅先生辨析儒理》一文中他也多将儒学和道家学说分开论述[5]，这与他对道教的研究亦是相关的。而《据古经传考天象不均齐》更是大量的运用道家学说，除了《道德经》《庄子》《淮南子》《列子》以外，特别是对严君平《老子指归》一书进行了详细的剖析，从而对加深了对先祖（君王、祖考）的身份以及先祖宗庙的理解，进而辨先天、后天之异，以《圣经》中造物主上帝、人祖亚当、救世主耶稣等身份来对应综先祖、君王即祖考身份，从而实现了“以耶解道”的文本诠释。

此外，在梵蒂冈图书馆中有他对道家作品的专门抄录和摘注，如 Borg. cin 361 的 1（c）中的第 26～28 页是对《列子·天瑞》第一篇（Le pretrieme Chapini de 列子）的摘注。在文中，傅圣泽通过引证《列子·天瑞》第一章中

1 〔美〕魏若望：《耶稣会士傅圣泽神甫传：索隐派思想在中国及欧洲》，吴莉苇译，郑州：大象出版社，2006 年，第 185 页。
2 〔法〕傅圣泽：《易经诸家详说》，梵蒂冈图书馆，Borgia Cinese 361－3：（3）7。
3 〔法〕傅圣泽：《易经诸家详说》，梵蒂冈图书馆，Borgia Cinese 361－3：17。
4 〔法〕傅圣泽：《易经诸家详说》，梵蒂冈图书馆，Borgia Cinese 361－3：（3）13。
5 〔法〕傅圣泽：《傅先生辨析儒理》，梵蒂冈图书馆，Estr Oriente 30：12。

所提及的太易、太初、太始、太素来将世界分为四种初始状态[1]以理解“易”之含义。其中，傅圣泽认为“太易者，易者，不穷不滞之称，凝寂于太虚之城”[2] 是三者宗本，为最先存在者。他将“易”字认为是耶稣基督所创造的神秘化的字，“易”分日月，太阳为“圣父”天主之道，月亮为“圣灵”之形，合为“易”。而圣人合阴阳，故圣人为“圣子”耶稣基督[3]。有形者生于无形者刚好暗示了圣父派圣子降生为人，从而以统天地。以此通过道家学说论说先天、后天之旨。

德国汉学家弥维礼（W. L. Müller）著有《傅圣泽对于〈道德经〉及其他中国古代经典的解读》[4] 一文，即是对傅圣泽《神学问题》一书中关于汉字“道”的论争（即它是否等同于基督宗教之天主）问题的解答。其中傅圣泽将“道”比作最高存在之天主，《圣经》中的弥赛亚即是中华传统的圣人。道的特性傅圣泽认为：其一，“道”天然自生，意即应时而生；其二，“道”自为一体，且见素抱朴；其三，“道”无尽完美，尽管其朴素无华；其四，“道”一而已，但亦集难以名状之三位一身[5]。显而易见，傅圣泽之“道”的道家特色。傅圣泽借助《老子》《庄子》《列子》《淮南子》等道家经典，于 1719 年提出自己的三条索隐主义原则中，其中可以看到他对“道”的重视[6]：

> ①中国古代文献是天启之作，来自“天”“天主”，故其来源是神性的；
>
> ②古书中的“道”这个概念表明永恒的智慧，及天主教徒所称的“天主”；
>
> ③“太极”一词的真正意义就是“道”，也就是“天主”和“天”。

1 〔法〕傅圣泽：《易经诸家详说》，梵蒂冈图书馆，Borgia Cinese 361 -3：（1c）145。

2 〔法〕傅圣泽：《易经诸家详说》，梵蒂冈图书馆，Borgia Cinese 361 -3：（1c）29。

3 〔美〕魏若望：《耶稣会士傅圣泽神甫传：索隐派思想在中国及欧洲》，吴莉苇译，郑州：大象出版社，2006 年，第 145 页。

4 弥维礼：《傅圣泽对于〈道德经〉及其他中国古代经典的解读》，韦凌译，陈锡禹校，国际汉学第十二辑，郑州：大象出版社，2005 年，第 183 ~ 191 页。

5 弥维礼：《傅圣泽对于〈道德经〉及其他中国古代经典的解读》，韦凌译，陈锡禹校，国际汉学第十二辑，郑州：大象出版社，2005 年，第 186 页。

6 Witek , John W. , *Controversial ideas in China and in Europe: a biography of Jean-François Foucquet, S. J.*, (1665 -1741), Institutum Historicum S. I. , Roma, 1982, p. 219.

傅圣泽的“道”贯穿他的索隐思想之中。“道”与《圣经》中的上帝（天主）为对等关系，唯有以“道”作为至高存在才能理解中国文献，否则“即使研习中国文献二十年，也没有人能够理解这些文献”[1]。在此基础上，中西文化才有交融的可能，“我们教义中关于这些问题的理论与中国古典文集中的观点之异曲同工是不言而喻的”[2]。故可以看到，傅圣泽对道家学说的研究不仅已经突破了老子、庄子的著作，而且还涉及道家后学的思想。他将道家的最核心概念“道”用于对天主教的教义诠释，坦率声明他对《老子》的运用“仅仅是关于三位一体和化身说之神圣的象征和谜语的一层帘幕”[3]，由此可见，傅圣泽使用“道”来指称基督宗教之神的提议，对于其他传教士所忽略的中国思想的一个侧面来说，“是一种新的尝试”[4]。他确定“道”为中华文化的核心，重视道家的“自然本位，以人合天”的思维框架[5]，不仅道家作品是为了对“道”的论证，包括《易经》和《诗经》也是对“道”的说明，从而实现了在道家文化基础上的“道儒整合”。

综而论之，作为白晋的弟子，傅圣泽一方面受到了白晋索隐学的影响，将隐藏于中华传统文化中特别是儒家经典中的天主的启示努力显现出来；另一方面他又呈现出自己的诠释特色，特别是在诠释《易经》的路向上，他不仅丰实了白晋的“儒—耶”对话，而且开创了“道—耶”对话模式。他合《易经》与道家经典，将“道”同“天主”等同起来，认为“道即为基督宗教的天主”（Tao is the Christian God）[6]，此举可以说是基督宗教在学术传教过程中从“以耶解儒”转向了“以耶解道”的典型。

1 〔美〕魏若望：《耶稣会士傅圣泽神甫传：索隐派思想在中国及欧洲》，吴莉苇译，郑州：大象出版社，2006年，第190页。

2 弥维礼：《傅圣泽对于〈道德经〉及其他中国古代经典的解读》，韦凌译，陈锡禹校，国际汉学第十二辑，郑州：大象出版社，2005年，第187页。

3 〔美〕魏若望：《耶稣会士傅圣泽神甫传：索隐派思想在中国及欧洲》，吴莉苇译，郑州：大象出版社，2006年，第195页。

4 〔美〕魏若望：《耶稣会士傅圣泽神甫传：索隐派思想在中国及欧洲》，吴莉苇译，郑州：大象出版社，2006年，第303页。

5 陆玉林：《论〈淮南鸿烈〉的道儒整合》，《中国人民大学学报》，1993年第2期第57页。

6 Rule，Paul A.，*K'ung-tzu or Confucius：the Jesuit interpretation of Confucianism*，Allen & Unwin，Sydney，London，Boston. 1986：170.

自然国学评论

学术观察

量子力学的跨学科影响
——2017 中国武汉量子力学基础专题讨论会纪要

武汉量子力学基础专题讨论会秘书组

中国武汉量子力学基础专题讨论会 2017 年 4 月 21 日至 23 日在华中科技大学召开，大会由华科大 - WISCO 联合实验室与哲学系联合主办，来自中国社会科学院、中国石油大学、上海海事大学、上海交通大学、杭州师范大学、浙江大学、湖南大学、国防科技大学、武汉大学、华中科技大学等近二十位知名物理学者、数学学者和哲学学者参加了讨论会。联合实验室、哲学系领导因出差在外派人代表主办单位致辞，欢迎各位专家来华科大参加量子力学基础专题讨论会。

华中科技大学赵国求教授作了《论如何消解物理学中现象对观察者的主观依赖性》及《找寻本征态叠加的物理机制》的主题报告。在《论如何消解物理学中现象对观察者的主观依赖性》报告中，赵国求指出："客观描述微观量子客体，需要增进时空概念的新理解。复数时空是实时空在微观世界的拓展，量子力学时空是双 4 维复时空 $W(x, k)$，它是闵可夫斯基时空 $M^4(x)$ 的复数拓展和推广。双 4 维时空量子力学（抑或'双 4 维协变量子力学'）能够消解量子现象对观察者的主观依赖性，客观描述微观量子世界物理现象。"

在《找寻本征态叠加的物理机制》报告中，赵国求认为，经典力学中状态变化具有因果关联（力学因果性），而量子力学中，量子跃迁（突变）假设消解了相邻本征函数之间的因果关联，造成了类空间隔的引入和本征态平行并存，量子叠加态有可寻的物理机制。量子测量将引起连续补偿作用的引入，量子场转向经典场，时空非定域的消除，双 4 维时空向 4 维时空的全域转换，不存在量子态的非定域坍缩。

杭州师范大学李康教授作了《量子力学魏格纳函数形式简介》的报告，介绍了威格纳函数在量子力学中的应用。李康教授指出以下内容。①Wigner 函数形式的量子力学具有很多优点，只要从经典的哈密顿量出发，从星乘的本征值方程就可以给出相空间的准概率分布函数，即 Wigner 函数。经典理论过渡到量子理论很自然，测不准关系隐含在星乘符号里面。②从 Wigner 函数出发研究量子测量和量子计算将更方便。除此之外，它还在量子光学和核物理中有重要应用。③最重要一点，Wigner 函数在双 4 维协变量子理论中发挥更重要的作用，在《物理世界的理解——从超微观到宇观》的报告中，李康教授得到如下结论。第一，爱因斯坦相对论在微观和宏观范围内的权威性不容挑战。第二，在宇观下，考虑宇宙的演化等问题，郭汉英等人提出的 de Sitter 双不变量狭义相对论必须考虑，爱因斯坦方程宇宙学常数项自动出现，可以解释宇宙的加速膨胀效应。第三，在超微观下，空间是量子化的。即时空坐标用 Snyder de Sitter 空间的厄米算符描述。第四，考虑一个包含从超微观到宏观的时空理论，那就是杨振宁的五维 de Sitter 理论，这个理论中，将出现包含三个常数的狭义相对论。理论发展还有很长的路要走：首先 SO（1，5）狭义相对论的建立；其次在该狭义相对论基础上的广义相对论等。

李康教授的“双四维协变量子理论”与赵国求的“双 4 维时空量子力学”指的是同一概念。在“双 4 维时空量子力学”中，量子力学与狭义相对论是协调一致的。利用赵国求量子力学曲率解释中的量子曲率与场物质球物质密度的关系，Wigner 函数在双 4 维时空中有更加深入的应用，通过傅里叶变换，明确揭示了量子概率的本体论起源。

湖南大学物理系陈克求教授对纳米/分子器件热、电输运机理与计算设计进行了论述陈克求教授指出如下内容。①对纳米带体系，可以通过在纳米带中加入缺陷或掺杂的方式，增加声子散射，降低热导率，电子利用边缘态传输，不降低功率因子，从而增加体系热电性能。②纳米线可以通过形成驻波，或构筑核壳纳米线的方式增加声子散射，降低热导率，从而增加热电性能。③利用调控声子的波动特性而非声子的散射调控纳米体系的热导率达到增强热电性能的目的。④构筑异质结，增强声子散射，降低热导率，通过调控异质结的结构使电子共振隧穿，维持高电导率和功率因子，从而提高热电性能。⑤借助于压电效应，可将热直接转换成交流电。

陈克求教授的研究预示一个全新的发电机原理和发电设备的诞生，它是一个世界级研究成果，已经受到国际学术界的重视，陈教授的研究也将引导量子力学向这一领域的深入应用和发展。

国防科技大学罗建书教授作了《电磁拓扑及其应用》的专题报告。罗教授从如下四个方面展开讨论：①电子系统与电磁脉冲的交互作用；②电磁拓扑的研究特点；③电磁拓扑所涉及的主要数学问题；④电磁拓扑的研究现状。《电磁拓扑及其应用》探讨了保护电子信息系统免受高功率微波/射频所引起的各种有害电磁信号影响涉及的主要技术问题。

罗建书教授指出，在我国，清华大学、四川大学、西北核技术研究所、解放军信息工程大学和国防科技大学先后开展了这一领域的研究，但主要是从工程方面进行。国防科技大学在电磁拓扑的数学理论与方法研究上则先起一步，于2009年首次在数理学部获得国家自然科学基金资助。北京航空航天大学在信息科学部获得相关领域研究的重点项目资助。

理论基础是应用科学的基础，基础理论研究应该先行，罗建书教授的研究正好符合科学发展规律，他的研究成果一定会在这一科学领域起到重要基础性支撑作用。

国防科技大学欧阳合教授的报告阐述了一般Spin（p，q）－Dirac算子的内蕴定义。欧阳合教授指出，Clifford代数包含了实数、复数、Hamilton四元素，Grassmann外代数，因此在数学与物理中获得了广泛且深刻应用。尤其是20世纪30年代Dirac在建立他的著名的相对论量子力学电子方程时重新发现了Clifford代数及其在Dirac理论中扮演的重要角色更激发了后续的人们在纯粹数学、理论物理、计算机图形学、机器人运动学等方面做出的杰出的成果。更阐述了近年来Dirac算子在非交换几何上的重要角色。

欧阳合教授在快速引入了Clifford代数后，建立了Clifford代数与在外代数的自同态代数之间的一个自然同态$f=t\div\varepsilon: Cl\ (V,\ g)\ \rightarrow End\ (\wedge V)$。在给出了一般Spin（p，q）－从的定义后，给出了一个坐标独立的最一般的Dirac算子的定义。就像Clifford代数几乎包罗万象一样，证明：复分析以及Clifford分析中的－算子，Hestenes－Dirac算子（尽管Hestenes的定义根本就是有缺陷的）等都是Dirac算子的特例。特别地，利用自然同态，在微分形式的上的外微分算子及其对偶（相对于任意伪黎曼度量）上微分算子之和正好就是视余切空间的外代数从为 Clifford - 从时的 Dirac 算子：$D\cong\delta+d$!

曹天予教授在《中国社会科学报》撰文指出，非交换几何方法进入量子力学理论体系，是通过引进新型数学结构探测未知物理实体的结构性特征，从而建构该实体的一种新的量子力学方法。欧阳合的研究是其中的重要分支，与英国人彭罗斯的扭曲子空间异曲同工，而双 4 维时空量子力学也是这一大合唱中一员。

中国石油大学物理系门福殿教授的报告是《波函数与本征函数的分析》。门教授指出，波函数与本征函数是量子力学中具有基础性和重要性的两个概念，但在教科书中的一些节点，常常把波函数与本征函数混同而不加区别。需依据量子力学基本理论，分析波函数与本征函数的定义、性质及其意义，明确两个重要概念的不同。分析研究表明，波函数与本征函数是相互关联但又是有很多区别的两个概念，不能把任意的本征函数视为波函数，本征函数自身也可以不满足标准条件，在教科书（《初级量子力学》及《高等量子力学》）中应该既要体现波函数与本征函数的相互关联又要分析两者的区别，以利于在教学中更准确地把握量子力学的两个重要概念，加深对量子力学基本问题的理解。

量子力学基础性问题的理清及其基本概念的准确把握，是量子力学教学中的关键所在，利用量子力学基础性研究新成果，编写一本好的量子力学教材是广大教师和学生的希望，期待引起重视。门教授的高瞻远瞩对教好、学好量子力学具有深远的理论意义和现实意义。而“本征函数自身也可以不满足标准条件，在教科书中应该既体现波函数与本征函数的相互关联又要分析两者的区别”，是否涉及哲学讨论中波函数的分类问题，也引起了哲学学者的兴趣。

上海海事大学冯嘉礼教授的报告《矛盾对立统一规律诱导的时空 Topos 结构、时间测不准与人工智能》指出，Turing 问题“Can machines think”涉及“物质”变“精神”这一对基本矛盾，并诱导出一个从“一般物质”到“有生命”、“有意识”和“有智能”的次生矛盾链，导致矛盾对立统一、质量互变和辩证转化规律成为人工智能必须研究的基本问题。因距离 $x(u) \mid y(v)$ 及其变化规律，是表现两事物 $u \mid v$ 间存在矛盾和矛盾发展、变化规律的属性，

而极化恒等式，蕴含的以 $|y|\cos\theta$ 为（可变）单位对向量 x 的长度 $|x|$ 的解释；用向量 y 对向量 x 加以调制或加密，则得明文，反之，求解关于 γ_j 的特征方程则可得原文 x 的解密算法。①连同测量值为整数的要求，为轨道量子化提供了理论基础。②为人脑认识外部世界提供了基于基准变换的基本模型。为便于讨论事物 u 从产生的时刻 $t=i$ 向其矛盾对立物 v 运动，于时刻 $t=j$（u 与其相矛盾 v 的质 q_v（u））发生（非本质）质变 q_v^j（u），并于时刻 $t=T$ 转变为 v 或与 u 构成一个共同体 w（u，v），以及距离 x（u）$|y$（v）随时变 $|t_{it}$ 而变与矛盾发展、变化间的联系，令 $z(t)=z_t=x_t+iy_t$，分析了该 4 维表示诱导的锥和极限、Cartesian 闭范畴和子对象分类结构，即 Topos 结构，给出了函数的正交级数分解式、拓扑层结构和（微分）流形结构以及随时间变化的张量流模型，并以铯原子振动周期为基准单位，导致对时间 t（$<t_p$）的测不准问题为例，分析了 Planck 常数与数学中容许 $\varepsilon|0$（或 $\delta|0$）导致的一系列矛盾和冲突，以及它们在哲学、物理、数学、逻辑、思维科学和人工智能中的应用，提出了人工智能迫使科学回归哲学的观点。

武汉大学李宏芳教授作了《量子测量的主观性与客观性——从哥本哈根诠释到双 4 维复时空诠释》的报告。指出，在量子力学的哲学研究中，围绕量子测量的主观性与客观性一直存在激烈的观念之争。因为根据量子力学的叠加原则，微观量子在测量前，总是以概率的形式同时存在于多个状态的叠加之中，这些状态是相干的。但一经测量、观测作用就会破坏微观量子叠加态，使其从相干叠加态以一定的概率跃迁到相应的本征态。此时，量子相干性消失。我们观察到的是一个个确定的经典态。这就需要回答：在量子测量过程中，量子是如何向经典过渡的，是不是“主观介入”的结果？对这一问题的探究促进了量子测量理论的发展，增进了我们对量子测量的客观性/主观性的理解。

近年来，赵国求教授的双 4 维复时空诠释日益受到国内外物理学界和物理学哲学界的关注。这是中国学者对量子力学的概念基础进行自主创新研究的重要成果，是对国际上原有的量子力学诠释的一种新的超越。双 4 维复时空诠释突破了量子力学的传统解释，通过对微观量子运动时空的复数拓展，对量子力学的内部空间的物理本质进行了深层揭示，为我们呈现了一个逻辑自洽、简单明了的量子物理世界，不仅有助于我们了解量子概率的时空起源，而且对于量子测量问题的解决具有深层的认识论意义。

上海交通大学吴新忠博士作了《双4维时空量子力学与量子引力的前沿探索》报告。他说，量子力学中波函数的物理本质问题，是量子力学基础研究中的国际性难题与热点问题之一。赵国求教授积50年之力，在《运动与场》《物理学的新神曲》《从相互作用实在到量子力学曲率解释》等著作中提出的量子力学曲率解释基础上，由湖北科学技术出版社在2016年6月出版了《双4维时空量子力学基础》，提出了用双4维复数时空场物质球几何结构或场物质密度波来界定量子波函数的物理意义，此举大大推进了量子力学解释研究的深入，有助于解决量子力学在理论解释与实际应用方面出现的一系列概念困难与哲学难题，特别是量子力学与相对论的协调问题。

赵国求认为，微观粒子的质点抽象在时空动力学上是有条件的，量子现象的时空动力学机制表明微观粒子的位置不可能定义得比其康普顿波长更准确，这自然就打破了质点模型的适用范围。弦论与M理论认为，弦是在时空中振动着的一维客体，各种基本粒子可以看作具有不同频率和模式的各种弦。但弦论具有不可观察的额外维，超弦理论预言的超对称粒子至今没有发现，M理论预言的真空几何形态太多，尽管可以整合四种基本相互作用，但引力量子化依然困难重重。另一个比较有名的圈量子引力，仍假定物质的存在形式是场或点状粒子，在通常的“1+3”维时空中把引力场的Ashtekar联络量子化，引进自旋网络来表示量子态和实现引力场的量子化，出现了面积量子、体积量子与离散时空等新概念，并要求澄清量子力学的基础问题。圈量子引力在宇宙学中的应用，相当多模型与标准宇宙学模型冲突，在离散时空中如何重新表达量子场论的思路还不是很清楚，很可能是把普朗克空间与普朗克时间对应的能量-动量进行截断，这样一来质点模型仍然是有问题的。因为赵国求从康普顿物质波出发，限制质点模型的无限理论外推，在概念上牢固坚持相对论与量子力学协调的微观因果原理与洛伦兹协变性，有可能给出量子力学与量子场论的一种全新的几何学解释，并对量子引力的探索提供新的启示。

武汉大学王贵友教授的报告是《双 4 维时空量子力学基础研究之我见》。他说，赵国求教授长期从事量子力学曲率解释与基础研究，目前我们所看到的《双 4 维时空量子力学基础》一书与系列论文是这一研究的阶段性成果。这些研究成果含有大量新的独立的思考与见解，颇有创新性。就其基础性部分而言，值得关注的主要有以下几点：一是对量子力学给出了一种新的物理诠释，它试图把量子力学的数学结构、Ψ 函数、主要范例尽可能纳入可理解的经典物理框架中，给出一种更加符合传统的常规的解释；二是为量子力学理论构建一种新的理论模型，这是一种不同于传统的质点模型及波粒二象性模型的旋转的场物质球模型；三是为量子力学的数学结构建一种新的波函数公式，即从场物质球模型出发导出一种波函数公式，与从点模型（波粒二象性模型）出发假设的波函数公式的数学形式完全一致，于是量子力学的基本框架便可在一个新的基础上建立起来；四是试图为量子力学描述的物质波构建一种客观的双 4 维复空间背景。当然这些阶段性成果也含有一些问题与不足，需要进一步完善。例如，理论模型的自由度数目大量增加，定义与假设的数目大量增加，会使理论刻画的难度与复杂性大大增加。另外，科学哲学要求避免的特设性假说、形而上学假设也太多。这些都可能会影响理论的可接受性。

中国社会科学院蔡肖兵教授对赵国求教授的研究专门进行了点评：赵国求先生的双 4 维时空量子力学基础，是我国学者以科学哲学前沿研究——结构实在论为导向所做的很有意义的工作。结构实在论是吸收当今物理学及物理学哲学前沿研究成果的一种科学哲学前沿理论。近年来，赵国求将量子力学曲率解释进一步发展，在哲学、物理、数学表达上都做了很大的推进。赵先生及其团队已将其研究方向及具体方法与国际研究接轨，现在双 4 维时空量子力学对传统量子力学所涉及的基本问题已经有了相应的覆盖，达到了同样合理的程度。目前，通过发表英文论文，中国学者对量子力学基础与量子力学解释的研究成果也逐步介绍给世界，引起了相应的反响。著名物理学史学家美国波士顿大学曹天予教授 2016 年 5 月 31 日在《中国社会科学报》著文指出："近年来国内赵国求、李康、吴国林等学者力图通过双 4 维复时空，来把握量子概率的本体论起源，也属于这一类的大胆尝试，值得注意。"赵国求的研究成果得到国际著名学者的认可是值得庆贺的。

我们对双4维时空量子力学的期待是，尽量避免完全被传统量子力学数学结构吸引和导向，进一步拓展双4维的哲学含义，即使这些哲学拓展可能会带来较大的争议，也可以使得这种新理论的生命力更强，让物理学界在这种争议中重视这一新研究，从中获取新思维，并为它的发展贡献思想和行动。

武汉大学资深教授桂起权进行了总结评论性："赵国求从曲率解释到双4维复数时空解释的进展，来之不易!"桂起权教授回顾了双4维复数时空学术思想及武汉科学共同体的成长发展过程，既总结了经验，也提出了今后发展应该注意的问题。

桂起权教授认为，赵国求对量子力学的新解释，从曲率到双4维，是放在武汉量子哲学共同体的背景中成长起来的。思想演进大致可分三阶段。第一阶段，约自1998年起，赵国求开始摆脱孤军奋战，积极发起和参与"量子哲学共同体"活动，在"哥本哈根式"的自由争鸣的氛围中，继续独立思考，主要是锤炼了曲率解释和相互作用实在论。第二阶段，2007年8月，以结识曹天予为转机，哲学上接受了结构实在论，不久后又在物理上引进了复数时空，逐步开拓双4维复数时空解释。第三阶段，近年来，进入物理学者支持的新阶段。现阶段武汉共同体的三大要素：①武大"量子"团队；②赵国求近年来的学术朋友圈；③华科大万小龙领导的"量子团队"，就其特点分别做评论。桂起权教授对参加这次量子力学基础研讨会的数学物理方面的专家学者的报告和发言作简要评论。

会上，专家们围绕双4维时空量子力学基础及各位专家自己的研究课题展开激烈的讨论，争论中各表己见，针锋相对，据理力争。不过，通过反复讨论，在核心问题上达成了共识，也提出了继续深入研究的关键性问题，并做出了今后的远景规划，大家一致同意建立"武汉量子朋友圈"，巩固赵国求倡导的"武汉量子茶座"，以便会后加强联系和讨论。会议一致同意写好本次会议纪要，并出版电子版文集，预约今后择机再召开量子力学基础讨论会，推进双4维时空量子力学基础及相关课题研究，学者们之间预约了相互访问和讨论的的时间表，与会学者对本次会议的高度学术性表示积极赞许，期待今后继续发扬。湖南大学唐黎明、余继锋教授在讨论中对争论的学术问题所作的发言，让与会学者留下了深刻印象。

会前，赵国求还同张涛、罗教民、陈永等专家学者各自进行了学术交流，吴国林教授准备会后择机来武汉专门讨论，大会对他们的支持与关注表示感谢。

大会认为，这次会议十分成功，哲学、物理、数学学者齐聚，讨论十分深入、全面，既肯定了成绩，也有批评指正和展望。大会期待中国本土学术在专家们的帮助、指导下成功走向世界，希望专家们多来武汉走走，多提问题，在讨论中共同推进量子力学基础性问题的研究与发展。对专家们提出的问题，将同赵老师一起认真研究讨论，好好消化，争取做出满意的回答，推动研究继续深入发展。

大会对赵国求教授及各位参会学者的课题研究成果和本次会议的成功组织表示祝贺，对会议主办单位，与会专家学者的积极支持及大会工作人员的辛苦服务表示衷心感谢。

2017 年 5 月 8 日

《自然国学评论》学术集刊稿约及简介

一、集刊名称：《自然国学评论》

二、所属学科：中国哲学史、国学、比较哲学

三、集刊主编：张耀南

四、集刊周期：一年两号（2017 年创刊，每年 6、12 月出版）

五、主办单位：北京航空航天大学人文与社会科学高等研究院自然国学中心

六、出版单位：社会科学文献出版社

七、投稿邮箱：zhangyaonan119@ 126. com

八、《自然国学评论》集刊简介

《自然国学评论》以“凸显自然国学，完善国学体系，熔铸华梵中西，敦请返本开新”为办刊主旨，目标是为“实施中华优秀传统文化传承发展工程”尽绵薄之力。

《自然国学评论》主要刊载华学国学汉学比较研究、自然国学、人文国学、中华传统文化、中外哲学与文化比较研究、中外逻辑学与知识论比较研究、中外思维方式比较研究、文际传播格式等多学科的最新研究成果，鼓励原创性，欢迎观点新颖、视野独特、逻辑严密、气度恢弘之“宏大叙事”。逐渐形成自然国学研究、华学与批评格式研究、比较哲学与比较哲学史研究、比较文化学研究等领域的开放式、特色型学术研究新平台、新基地。

其他拟设栏目还有：汉学国学华学、比较国学、比较经学、思维方式研究、比较逻辑学与比较知识论、国学批评与哲学批评、史料钩沉、旧文新刊、名家访谈等。

Notice to Contributors Review of Nature Science Studies in Chinese Classics and Culture

(An Academic Collected Papers)

---

(1) Title: *Review of Nature Science Studies in Chinese Classics and Culture*

(2) Disciplines Involved: History of Chinese Philosophy, Study of Ancient China, Comparative Philosophy

(3) Chief Editor: Prof. dr. ZHANG Yao-nan

(4) Publication Frequency: Semiyearly (First Published in 2017 and Published in June and December Every Year)

(5) Sponsor & Organizer: Institute for Advanced Studies in Humanities and Social Science, Beihang University, China

(6) Publisher: Social Science Academic Press (SSAP)

(7) Email for Contribution: zhangyaonan119@126.com

(8) Brief Introduction:

i) Main Purpose: to highlight Nature science studies in Chinese classics and culture, to perfect the system of the study of ancient China, to integrate China & Ancient India & the West, and to seek for returning to the nature and developing the new, for the purpose of making efforts to "implement the project of inheritance and development of excellent traditional Chinese culture".

ii) Main Contents and Fields:

Nature Science Studies in Chinese Classics and Culture, Study of Arts & Humanities in Ancient China; Traditional Chinese Culture; Chinese and Foreign Philosophy and Their Cultural Comparison; Chinese and Foreign Philosophy and Their Cultural Exchange;

Study of Nature Science Studies in Chinese Classics and Culture, Study of Chinese Philosophy, Study of Chinese and Western Philosophy and Their Cultural

Exchange & Influence, Study of Critical Paradigm of Chinese and Western Philosophy & Culture; Study of Sinology and Sinologue; Study of Comparative Study and History of Comparative Study; Study of Comparative Culturology.

Other Columns in Planning: Hanlogy (Sinaeanlogy) & Chinalogy & Hualogy; Comparative Study of the Study of Ancient China; Comparative Study of Confucian Classics; Study of the Way of Thinking; Comparative Logic and Comparative Theory of Knowledge (or Epistemology); Criticism of the Study of Ancient China and Philosophy; Exploration of Historical Materials; New Publishing of Old Articles; Interview with Scholars; Criticism of Study of Ancient China and Philosophy, etc..

Contents

Abstract: This paper introduces the theory of the holism thinking in the natural Ancient Chinese Literature Search. It is the needs of holism of the age of science and the product of the era. It has full facts to prove that it is an integral part of Ancient Chinese Literature Search which is one of the two major components of the Ancient Chinese Literature Search (the other part is humanity in the Ancient Chinese Literature Search); While, this part has been lack in the one hundred years of Ancient Chinese Literature Search. For the revitalization of traditional culture, a group of pioneers had to put forward the major research topic. So, the natural Ancient Chinese Literature Search is the needs of the rejuvenation of Chinese traditional culture, and also being the sign of the construction of comprehensive Ancient Chinese Literature Search view. In this paper, It is pointed out that the natural Ancient Chinese Literature Search is a comprehensive knowledge across the China philosophy, history of science and technology and natural history, including China traditional thinking, Chinese traditional science and technology, natural history study , dozens of subjects or content Class. Finally in this paper, natural Ancient Chinese Literature Search is great historical and realistic value of knowledge with full of vitality. It can play a major role in Ancient Chinese Literature Search research, history of science and technology research, philosophy research. It is very important for the contemporary science and technology innovation and the construction of the modernization of science and technology with Chinese characteristics.

Keywords: Natural Ancient Chinese Literature Search; Humanity in the

Ancient Chinese Literature Search; Holism Theory Thinking; Comprehensive View in the Ancient Chinese Literature Search

Intention, Frame and System of Chinese Studies on Nature

Ma Xiao-tong / 034

Abstract: Chinese studies on nature and Chinese studies on humanities are the two parts of whole system of Chinese culture. The former is learning about regularity and to embody the tradition of science, the latter is learning about worth and to reflect the tradition of humanities. The frame of Chinese studies on nature consists of three rank orders of methodology in sense, principle and technology mirrored separately with doctrine, mode as well as art. , the system are constructed of eight knowledge categories which are heaven, earth, prosodic, calculation, industry, agriculture, arms and medicine. Cognition mode is the kernel of Chinese studies on nature, and includes three types: holism, reductionism and system theory. , system theory is the essential. Two peaks appeared in the developing course of Chinese studies on nature, one was in Qin and Han dynasty, another was in Song and Ming dynasty, both of them, philosophy was in the van, and science followed. Since midterm of Qing dynasty, Chinese studies on nature have declined, Western studies on nature have covered almost all of them except medicine, which has still existed in modern system of sciences. Western reductionism sciences at present arise clear malady, and system theory Chinese studies on nature can be used to correct it. Chinese medicine should bring into play leading effect, finish the modernization of itself, and then pull the brother categories reviving, finally push forward revolution of science together with rising Western system sciences.

Keywords: Chinese Studies on Nature; Tradition of Science; Three Rank Orders; Eight Categories; Two Peaks; Foundation Subject; Applying Subject

Tea and Coffee: The Comparison of the Chinese-Western Way of Thinking

Yuan Li / 047

Abstract: Differences in ways of thinking is an important cause of cultural differences, and the differences between tea culture and Coffee culture may due to the different Chinese and Western ways of thinking. It is a good way for us to understand the culture of tea and coffee by exploring the different ways of thinking that behind the Chinese and Western culture. The tea culture represents a holistic, processual, relational and intuitive thinking, as tea transcends its natural attributes and becomes a carrier of Chinese traditional moral and spiritual ideals; while the Western Coffee culture manifests a binary, linear, and logical thinking, and coffee is considered as an object to be researched and used scientifically and rationally, and itself seldom be taken as a intermediary for value bearer.

Keywords: Tea, coffee; Culture; Way of Thinking

System Theory Thinking of Traditional Chinese Medicine

Zhu Shi-ne / 065

Abstract: Traditional Chinese medicine is the first China natural science, and it is the first invention of Chinese scientific discovery, it created three miracle during 5000 years. Three practices put forward three scientific problems in twentieth century. It is promoting a new revolution in medicine and science. The achievements in the Chinese medicine were completely out of the sight of Western medicine. The inner cause is TCM has no reduced theory just like that of Western medicine. TCM followed the system theory of thinking, it is a product of traditional China systematic thinking as the ideological crystallization of complexity of health and disease research. The people-oriented thinking mode of Chinese medicine theory system firstly revealed by QIAN Xue-sen, he stressed that the science of human body must have a system concept, which is the traditional Chinese medicine point of view, development of systematic thinking is the right way to western medicine. The research of system theory in TCM, improved the level of system theory thinking in TCM to modern level. 6 basic principles were put forward, namely Yuan-whole, non additive, organic, functional, orderliness, autonomy. System theory of traditional Chinese medicine is a branch of system science, is a new achievement in modern TCM research, will become the latest development of human medical mode of thinking.

Keywords: Natural Sinology; Chinese Medicine; System Theory; Chinese Medicine System Theory; Medical Thinking Mode

"Dual 4-dimensional Space-time Quantum Mechanics Basis" and Quantum Gravity Research

Wu Xin-zhong / 087

Abstract: Based on the curvature interpretation of quantum mechanics, Professor Zhao puts forward dual 4-dimensional space-time quantum mechanics, and gives the physical meaning of the quantum wave function by the geometrical structure or material density wave of the material sphere in dual 4-dimensional space-time quantum mechanics. These efforts contribute greatly to the further study of quantum mechanics interpretation, and are helpful to solve a series of conceptual difficulties and philosophical problems in theoretical interpretation and practical application of quantum mechanics, especially the coordination of quantum mechanics and relativity. However, in order to solve a large number of difficult problems in quantum mechanics and quantum field theory, and finally integrated into the space-time framework of general relativity or similar gravitational theory, we need more profound physical intuition and philosophical insight, more difficult mathematical space breakthrough and more frontier experimental verification.

Keywords: Dual 4-dimensional Space-time; Quantum Curvature; Quantum Gravity

Objectivity of Quantum Measurement

From Copenhagen Interpretation to Dual 4 Dimension Plural Time-Space Interpretation

Li Hong-fang / 099

Abstract: There have been the drastic concept debates on the subjectivity and objectivity of quantum measurement in philosophy of quantum mechanics. Physicists do their endeavors to solve the paradox of quantum measurement. However, whether Copenhagen interpretation which is dualistic or von Neumann's apparently monistic attempt or environmental induced quantum decoherence which is also ideally in pursuit to anti-dualism, neither can avoid the logical or philosophical contradictions. The Dual 4 Dimension plural Time-Space Interpretation based on the criticism and absorption of Copenhagen interpretation and decoherence ideas tries to explain quantum measurement and quantum decoherence to eliminate the paradox of quantum measurement and elucidate the spacetime origin of quantum probability, which has presented us a new insight in the research of the conceptual foundation of quantum mechanics.

Keywords: Quantum Measurement; Objectivity; Copenhagen Interpretation; Decoherence; Dual 4D Plural Spacetime Interpretation

The Scientific Principle of Typical Information Method and It's Application in Tunnel Project

Li Shi-hui / 111

Abstract: The issue in the study of an open complex giant system (OCGS in the area of astronomy, geoscience, biology and the humanities is lacking the reliable information with complete, definite and unanimous data. Under the guidance of Mao Zedong military thought, a theoretical frame of system and information sciences has been applied on qualitatively explanation and mechanism elucidation of the kind of OCGS, Typical Information Method (TIM) has been used in this study and the difficulty has been preliminarily solved. The characteristics of TIM are:

1. A few typical individual (system) can be discovered, and it has been monitored and controlled by modern science and technology.

2. It's a typical information source, and can be used in integrating the mathematical model made-up by meta-synthesis.

3. By analogy and analysis of similarities and differences, the model can be used in other individual to forecast and control its behavior in a critical moment or stage.

4. Undergo massive examinations and developments in site, the effectiveness of TIM surpass other conventional methods.

5. Thus, this key problem can be solved step by step.

TIM is a scientific principle and method which is advanced by The Mao Zedong and Qian Xuesen School of complex science, and is an application and development of the methodology of the Chinese traditional natural learning— "quxiang bilei" and trigresm in China of our time.

Keywords: Open Complex Giant System; Typical Information Method; Quxiang Bilei; Trigresm; Tunnel Project

Theoretical System of the Sphere-heavens, Horizon , Sea Level, Ground Floating in Ancient China

Song Zheng-hai / 129

Abstract: For the traditional view on earth in the ancient China, there were different views. The basic thought is spherical before 1980s, but since 1980s, there is a fundamental change on it which is smooth. This change is too smooth and it seems abnormal. But actually, the academic circles have not advocated the spherical earth view in public. While, they also kept silence on the smooth earth view. The author believes that the shape of the earth problem is not only the problems of the earth, but also concerned with the problems of the sky and the sea. So the relevant issues are not flat with big contradiction. To solve the doubts, we must start to establish a comprehensive theory of the sea, sky and earth in a relevant way from the macro view. This paper tries to discuss the " Theoretical system of the sphere-heavens, horizon , sea level, ground floating in ancient China"

Keywords: Sphere-heavens Theory; Horizon View; Sea level View; Physiographic Navigation; Yuan Qi and Tide Theory; Horizon Map System; Zheng He Navigation; Meridian Survey

Zhu Zi's Discussion on the Influence of Qi（气）on Virtues

Zhang Kai-zuo / 142

Abstract: Zhu Zi thinks that Nature is Ren Yi Li Zhi（仁义礼智）, and the formation of Ren Yi Li Zhi is influenced by Qi which includes Yuan Heng Li Zhen（元亨利贞）, the four seasons and Wood Gold Fire Water（木金火水）. He inherited the Cheng Brothers' thoughts of Life（生意）, Respectively Speaking（偏言）and Generally Speaking（专言）. Respectively speaking, Yuan, Spring,

Wood and Ren are separately equal to Heng Li Zhen, Gold Fire Water and Yi Li Zhi. Generally speaking, Yuan, Spring, Wood and Ren separately include Heng Li Zhen, Gold Fire Water and Yi Li Zhi because Yuan, Spring, Wood and Ren all have Life, which also runs through Heng Li Zhen, Gold Fire Water and Yi Li Zhi. In Zhu Zi's earlier years, influenced by Zhang Zai and Cheng Yi, he thinks that Innate Nature（天命之性）and Qi are independent of each other. But in his latter years, he begins to think that there is only one Nature, which is the Postnate Nature（气质之性）. The Postnate Nature includes the Innate Nature, Talent（才）and Temperament（刚柔缓急之性）, and they are integrated together.

Keywords: Ren Yi Li Zhi; Life; Postnate Nature

An Elaboration of the Source of Knowledge of Mohist Dialectician

Abstract: The so-called "the origination of knowledge", i. e. the approach to knowledge generated or acquired by human, is basically divided into two types of direct and indirect knowledge in terms of the theory of knowledge. Academia at present always consider "the originations of knowledge" in *Mohist Canon*, of which the originations of knowledge are divided into three categories of experience (亲), hearsay (闻) and explanation (说), as the originations of direct and indirect knowledge. However, according to the auther's exploration, these three categories of "the originations of knowledge" in *Mohist Canon* can be actually divided into three approaches in total, which are the direct and indirect knowledge, as well as the integration of both above respectively. Thus, it has already broken through the current research level of Mohism on the origination of knowledge. In addition, in accordance with the author's absorption and synthesis of various veiwpoints of the study of later generations on Mohism, these three categories of the originations of knowledge in *Mohist Canon* can be also found that each category of that may subdivided into two forms of "*si*" (死) and "*huo*" (活). To sum up, they constitute the framework of "Six Forms of Three Categories" of the Originations of Knowledge of *Mohist Canon*, through which we can find the immensity, abstrusity and profundity of the theory of "the origination of knowledge" in *Mohist Canon*, or which may provide the new perspective and pointcut for the further development and thorough breakthrough of the Mohist study on "the orgination of knowledge" at present, and also has a certain value of reference.

Keywords: *Mohist Canon*; the Knowledge of Experience; the Knowledge of Hearsay; the Knowledge of Explanation; Two Forms of "*si*" and "*huo*"

Thought research of *Four classics of the Yellow Emperor* and *Inner Canon of Huangdi*

Abstract: Based on the comparative study of the idea and thinking method between *Four classics of the Yellow Emperor* and *Inner Canon of Huangdi*, the Effects of *Four classics of the Yellow Emperor* and *Inner Canon of Huangdi* were discussed from the following six aspects. Dao Qi and Essence Qi theory; Following Dao and homeopathy thinking; treatment according to the times ; keep balance thinking; circumferential view and Qi blood circulation theory; Yin and Yang connotation and Yin and Yang theory.

Keywords: *Four classics of the Yellow Emperor* ; *Inner Canon of Huangdi* ; Academic thought; Thinking method

Abstract: This article deals with Li Zehou's theory of sedimentation as the origin of aesthetic appreciation and the development of art. Li Zehou was a representative of the debate about aesthetics, which inflamed several intellectual spirits in China in the 1950s. Essentially, the debaters strove to establish the Marxist ideology of aesthetics, but simultaneously managed to set in place the theoretical foundations for aesthetics that refused the conceptualization and sloganization of art. In such a social and political context, Li Zehou has created his philosophical art theory and aesthetics.

For Li, art and aesthetic experience have the potential to lead human beings to attain perfection in a process of cultivation. Human beings became able to appreciate art and aesthetic feelings or attitudes through mental forms or sedimentation (jidian 積殿), which is the process of the accumulation and condensation of the social, the rational, and the historical to become something individualistic, sensuous, and intuitive; this is accomplished through the humanization of nature.

In order to evaluate Li Zehou in the context of global aesthetics, this essay exposes some traditional Chinese elements contained in his aesthetic thought and also offers a critical examination of two concepts that were created in Europe and in China, respectively, and which bear several similarities: on the one hand, it deals with Li Zehou's theory of sedimentation as the origin of aesthetic appreciation and the development of art. On the other, it investigates Carl Gustav Jung's concept of archetypes, comparing it with Li's crucial notion of sedimentation. Differences that manifest themselves through the contrastive analysis of both concepts and their ideational backgrounds, can namely simultaneously serve as an exposition of certain discursive or paradigmatic differences between Western and Chinese thought.

Keywords: Li Zehou; Sedimentation; Carl Gustav Jung; Archetype; Chinese Aesthetics

Abstract: The Jesuit Jean Franoise Foucquet's (1665 – 1741) understanding on traditional culture of China, succeed from his tutor Jachim Bouvet, focuse on the method of the dialogue between "Confucianism and Christianity" to study the Confucian Classics, especially "The Book of Changes". Foucquet's works *Sur les irrégularités des mouvementscélestes* (*The Research on The Irregular Phenomena in Celestial Motion*) in the Vatican Library has not yet accepted by the Academia. In this paper, based on an overview of the ideological content, highlighting Foucquet's attention to the importance of the thought of Taoist. He combins *Yi Jing* and the classics of Taoist, take the "Tao" as the core concept to connect the Chinese and Western culture. His thoughts not only creats the mode of "Dialogue between Christianity and Taoist", but also develop the new theory method for the Catholic mission in China.

Keywords: Dialogue Between Confucian to Christiaity; Dialogue Between Christianity and Taoist; Yi Jing; Jean Franoise Foucquet; Taoist

图书在版编目(CIP)数据

自然国学评论. 第一号 / 张耀南主编. -- 北京:
社会科学文献出版社, 2018.1
ISBN 978-7-5201-2169-9

Ⅰ. ①自… Ⅱ. ①张… Ⅲ. ①国学-研究 Ⅳ.
①Z126.27

中国版本图书馆CIP数据核字(2018)第016151号

自然国学评论(第一号)

主　　编 / 张耀南

出 版 人 / 谢寿光
项目统筹 / 柴　宁　刘俊艳
责任编辑 / 刘俊艳　王蓓遥

出　　版 / 社会科学文献出版社·集刊运营中心(010)59366533
　　　　地址:北京市北三环中路甲29号院华龙大厦　邮编:100029
　　　　网址:www.ssap.com.cn
发　　行 / 市场营销中心(010)59367081　59367018
印　　装 / 北京季蜂印刷有限公司

规　　格 / 开　本:787mm×1092mm　1/16
　　　　印　张:18.25　字　数:276千字
版　　次 / 2018年1月第1版　2018年1月第1次印刷
书　　号 / ISBN 978-7-5201-2169-9
定　　价 / 58.00元

本书如有印装质量问题,请与读者服务中心(010-59367028)联系